中国传统文化概论

张 斌 ◎ 著

吉林出版集团股份有限公司

图书在版编目（CIP）数据

中国传统文化概论 / 张斌著 . — 长春 : 吉林出版集团股份有限公司, 2020.7（2025.1重印）
ISBN 978-7-5581-8728-5

Ⅰ.①中… Ⅱ.①张… Ⅲ.①中华文化－概论 Ⅳ.①K203

中国版本图书馆 CIP 数据核字 (2020) 第 107374 号

中国传统文化概论

著　　者	张　斌
责任编辑	王　平　姚利福
封面设计	李宁宁
开　　本	787mm×1092mm　1/16
字　　数	218 千
印　　张	11.75
版　　次	2021 年 3 月第 1 版
印　　次	2025 年 1 月第 2 次印刷
出　　版	吉林出版集团股份有限公司
电　　话	010-63109269
印　　刷	炫彩（天津）印刷有限责任公司

ISBN 978-7-5581-8728-5　　　　　　　　　定价：58.00 元
版权所有　侵权必究

前　言

中国优秀传统文化是中华民族生生不息之根，也是现代社会无法消弭的中华民族的精神标志。中国优秀传统文化是中华传统文化中优秀成分的集合，蕴含着中华民族精神最优良的文化基因，凝结着亿万中华儿女深层次的精神追求，并被一代又一代的炎黄子孙传承发扬。

中国传统文化的内容相当庞杂，其中有精华，也有糟粕。我们要大力弘扬中国传统文化，与时俱进，赋予其时代价值和新的内涵，不断继承和提升中华民族的文化核心价值，努力克服社会主义事业发展中的重重阻力。所以，坚持用科学的态度，正确把握文化立场、文化取向、文化选择，将继承和创新有机地结合起来，全面认识、分析批判、继承中国传统文化，改造和吸收传统文化，使其自我更新为现代服务。

中国传统文化作为中华民族的精神之根和文化之魂，历史源远流长、内容博大精深，是一座丰厚的精神宝库。优秀传统文化凝聚着中华民族自强不息的精神追求和历久弥新的精神财富，是发展社会主义先进文化的深厚基础，是建设中华民族共有精神家园的重要支撑。在全球化和市场经济冲击导致世界各民族精神家园日渐荒芜的当下，传承中国优秀传统文化，繁荣社会主义文化，树立文化自信、制度自信、理论自信和道路自信，建设中国特色社会主义先进文化，最终实现中华民族的伟大复兴意义重大。

本书在编写过程中参阅了国内外大量的著作、论文和权威网站的资料，借鉴了众多专家、学者的科研成果，再次一并表示衷心感谢。由于时间仓促，本书在创作过程中难免存在疏漏之处，敬请各位读者指正！

目 录

第一章 中国传统文化概述 ……………………………………… 1

第一节 文化与中国传统文化 ……………………………… 1
第二节 中国传统文化的类型及特点 ……………………… 7
第三节 中国优秀传统文化的功能 ………………………… 12

第二章 中国传统文化的载体 …………………………………… 19

第一节 语言文字 …………………………………………… 19
第二节 文房四宝 …………………………………………… 24
第三节 文化典籍 …………………………………………… 28

第三章 中国传统礼仪文化 ……………………………………… 34

第一节 中国传统礼仪文化的基本内涵 …………………… 34
第二节 中国传统礼仪文化的基本内容 …………………… 39
第三节 中国传统礼仪文化的当代价值 …………………… 44

第四章 中国传统艺术文化 ……………………………………… 56

第一节 古代文学 …………………………………………… 56
第二节 书法艺术 …………………………………………… 65
第三节 雕塑艺术 …………………………………………… 70
第四节 戏曲艺术 …………………………………………… 74
第五节 绘画艺术 …………………………………………… 80

第五章 中国传统建筑文化 ……………………………………… 86

第一节 宫殿建筑 …………………………………………… 86

第二节　园林建筑 ·· 89
　　第三节　陵墓建筑 ·· 94
　　第四节　民居建筑 ·· 99

第六章　中国传统服饰与饮食文化 ······························· 103

　　第一节　服饰文化 ··· 103
　　第二节　饮食文化 ··· 107
　　第三节　酒文化 ·· 113
　　第四节　茶文化 ·· 117

第七章　中国传统器物文化 ·· 121

　　第一节　铜器 ··· 121
　　第二节　陶瓷 ··· 123
　　第三节　玉器 ··· 126
　　第四节　漆器 ··· 128
　　第五节　织绣 ··· 131

第八章　中国传统史学文化 ·· 136

　　第一节　中国古代史学的思维特征 ···························· 136
　　第二节　中国古代史学的发展特征 ···························· 138
　　第三节　中国古代史学的伟大成就 ···························· 141
　　第四节　古代史学传统与中国传统文化 ····················· 148

第九章　中国传统文化的传承与发展 ····························· 155

　　第一节　全球化与中国传统文化 ······························ 155
　　第二节　中国优秀传统文化当代的传承困境 ··············· 158
　　第三节　中国优秀传统文化当代传承建构 ·················· 162

参考文献 ··· 181

第一章 中国传统文化概述

第一节 文化与中国传统文化

一、文化本质与文化概念界定

对于文化概念，国内外学者倾注了极大的注意力，然而，一个最基本的问题却都没有得到很好的解决，这就是如何界定文化概念。文化概念不能得到根本的确认，文化问题的研究就难以取得实质性的进展，因为文化到底是什么都没搞清楚，其他说得再多也难以切中本质。文化是一个含义非常丰富的概念，虽然一般地给文化下一个定义并不难，难的是从深层次上揭示文化的本质，这也许正是还无法形成比较一致的文化概念的原因。但关于概念的揭示又是不能不做的，因为一个准确的概念往往是一门学科成熟的标志。上述看法已经阐明了文化界定困境的原有及其解脱的出路。也就是说，离开了对文化本质问题的把握，文化概念就难以得到科学界定。

从哲学角度来看，文化是人的本质对象化的产物。人与动物的区别在于人具有自觉自主的意识，能够依靠劳动对客观世界和主观世界进行改造，以使之符合人的生存发展需要。因此，文化是"人化"的产物。同时，由于文化形成之后，对于人类进一步认识和改造世界具有能动的指导作用。人类在改造客观世界的过程中，也在不断改造主观世界，以使主观世界更好地适应变化发展的客观实践的需要。在此过程中，文化发挥了巨大的教化、引导作用，起到了"化人"的客观效果。基于此，人是文化产生过程不可或缺的因素。离开了人，文化就不存在。自然界的万物是在人的改造下，才具有文化的性质。因此，文化的人本规定性，是文化最本质的规定性。当然，这并非意味着人的一切活动结果都是文化。由于人类在变革实践过程中，一直伴随着对客观世界规律的探索和人类价值的追求。其中，对客观世界规律的探索，产生了一些科学的认识；对人类价值的追求，产生了不同时代的价值观念。

从总体上看,求真、求善、求美是人的精神活动的产物和目标。其中,真理是以客体尺度为基础,价值是以主体尺度为基础。因此,"真理本身不是价值,但'真'同表示价值的'善'和'美'相联系时,则具有价值的含义,可以指一种特殊类型的价值。获得真理是人类所需要、所追求的目标,真理具有为实现合理价值提供保证的价值"。人类活动的最高境界就是在求真、求善、求美过程中获得自由。文化不是一般的知识、技术,它既由人来创造,又在塑造人。人的价值追求既是一切活动的总动力,又决定了一切活动的总方向。文化既体现了人的价值、反映了人的价值追求,又体现在人所创造的实践成果中。因此,文化反映的是价值,而非事实,它的功能是价值判断而非事实判断。从人类社会来看,人的本质是社会关系的总和。而社会关系正常运转,必须确立为多数人所认可的价值观念,这些价值观念通过制度、伦理、审美标准等转化为制约人们行为方式的规范。因此,文化具有"化人"功能的根源在于其蕴含着价值元素,这种价值元素归导着人们如何看待善、美,抱着什么目的去进行求真和运用真理。正是基于此,无论持哪种文化概念观的学者都在价值观是文化的核心这个问题上达成基本共识。

在现实中,有的人将科学技术也当成文化、将文化等同于文明,事实上这是将文化概念泛化的一种表征。因为科学技术体现的是求真,是推动生产力发展的重要动力,科学技术更大程度上是用来改造客观世界,是人与自然、实践相联系的工具,而价值观则指导着科学技术的运用,价值观是依附于人而存在并发挥作用,科学技术则可以不依附人而存在并发挥客观作用。科学技术的发达程度是与人类文明联系在一起的,由于它没有蕴含价值判断的成分,因此,科学技术一旦被发现或发明,它在本质上就成为独立于人的客观存在物,是作为人改造世界的工具而存在的。从人类发展历史来看,人类掌握科学技术是一个知之不多到知之较多的过程,在这个过程中,人类文明发达的程度就逐步向前跃进。在人类社会之初,在掌握科学技术不多的情况下,人类的文明程度会低一些,但不会无法生存。而价值观念是伴随人类社会而出现的并贯穿于人类一切活动的始终,人类历来是根据客观环境和实践的变化而不断进行调整,进而使自身在客观现实中获得更大的需要和满足。总体上看,科学技术是直线式发展的,而文化是波浪式发展的。也就是说,历史上的价值观念未必比今天落后,今人的精神境界也未必比历史上的人物要高。文化发展程度高低取决于两个因素:一是价值观念与现实的适应程度以及人类文明发展总方向的符合程度;二是作为价值观念承载物的文化载体的先进程度。判定一种文化是高是低、是先进是落后,应当分别从这两个方面分别进行评价。因此,科学技术虽然与人类的精神世界相联系,也是人类精神活动的一部分，但由于它反映的是对客观世界及其规律性的真理性认识，价值评判不是评价科学技术的准绳，科学技术本身没有价值判断的成分，而文化必然含有一定的价值取向、价值标准，因此，科学技术不属于文化。

我们认为，文化是人类在改造自然、社会和人本身的历史活动中，赋予物质、精神产品以及人的行为方式以人化形式的特殊活动，必然含有价值评判的色彩，它主要展现的是人的趣味、爱好和需要，而不是智力与能力。这是文化的基本内涵，也是文化的本质规定。当然，文化不是抽象的，价值观虽然是文化的本质和核心，但不等同于文化的全部。文化的内涵既体现在蕴含价值观元素的人们的活动成果和活动方式之中，也体现在人们的精神生产、观念形态和思维方式之中。因此，文化必然是以人化的形式存在，必然以反映一定群体价值取向的思维方式、观念形式、实践形式、活动产品等具体表现形式来显现。基于此，所谓文化可以界定为人类在改造主客观世界中所呈现的价值观念以及承载人类价值观念的精神产品和物质产品以及人自身的统一体。一方面，没有承载价值观的物质或科学技术不能称之为文化，另一方面，文化也不能停留在价值观层面，它必须以物质、制度、人作为载体。文化作为实践的产物，它人类按照一定价值观念进行思维、评价事物并改造、创造事物的一种实践，是特定群体价值理念和实践品格以及蕴含价值观元素的创造物的综合体。因此，文化是由作为文化本身的群体价值观和文化载体两个方面构成。文化可以分为作为价值观层面和文化载体层面两个基本层面。作为文化本身的价值观并不直观地呈现出来，而是通过一定的载体来展现。由于人既是文化的创造主体，也是文化的载体。人作为特定文化的载体，主要通过人的思维方式和行为方式来体现。因此，文化作为"人化"的产物，既以人为直接载体，也以人之外的其他实在物为载体。文化载体既包括以人的思维方式、行为方式为直接载体，也包括以各种物化的、习俗的、制度等文化产品为间接载体。其中，价值观是文化的本质和内涵，文化载体是文化的外延。只有价值观层面的文化才是真正意义上的文化，即"文化本身"。

二、传统文化、中国文化与中国传统文化

"传统文化""中国文化"和"中国传统文化"是相互关联的三个概念，都是立足于"文化"视角提出的范畴。

传统文化是相对于现代文化而言的。学界对传统文化的理解不一，至少有四种观点：第一，认为传统文化是在过去一个很长的历史进程中形成的文化；第二，认为传统文化是从过去一直发展到现在的东西，是现代文化的反

映；第三，传统文化是指根植于自己民族土壤中的具有稳定形态的东西，但又有动态的东西包含于其中，是过去与现在交融的过程，渗入了各时代的新思想、新血液；第四，传统文化不仅表现在各种程式化了的理论形态方面，而且更广泛地表现在人们的风俗习惯、生活方式、心理特征、审美情趣、价值观念等非理论形态方面。

传统文化不等同于古代文化，它产生于农业时代，主要指封建社会的文化，而现代文化主要产生于工业时代和信息时代。对于不同时代来说，传统文化的内涵不同。传统与现代之间本无一条明显的分界线可寻，文化的转型也决不意味着文化的断裂，传统文化与现代文化之间不是结果的统一性创造过程。传统文化所蕴含的代代相传的思维方式、价值观念、行为准则，一方面具有强烈的历史性、遗传性，另一方面又具有鲜活的现实性、变异性，是不断开创新文化的历史根据和现实基础。所以，所谓传统文化，是指在长期的历史发展过程中形成并发展起来，保留在一个民族中间具有稳定形态的文化，它负载着一个民族的价值取向，影响着一个民族的生活方式，反映着一个民族自我认同的凝聚力。

中国文化主要是针对文化的民族性、国度性而言的。世界历史上，各个民族、国家分别在不同的自然、社会历史条件下，创造出属于自身的文化。中国是我们中国文化的摇篮。把中国作为一个地理概念时，其内涵经历了一个渐次扩展的过程。我们今天所说的中国文化的地域范围，是中华人民共和国成立后，中国政府与各邻国所签订的边界条约并最终确定的中国疆域。在这片疆域范围内生活的中华民族是中国文化的创造主体。中华民族是现今中国境内由华夏族演衍而来的汉族及其他55个少数民族的总称。

在漫长的历史年代里，随着疆域的扩大，社会的发展，中国境内各族间联系纽带日益强化，民族共同体诸要素（包括共同语言、共同地域、共同经济生活以及表现于共同文化上的共同心理素质）渐趋完备。进入近代，由于西方资本主义殖民势力的侵入，中国境内各族更增进了政治、经济、文化上的整体意识，进一步形成了民族自觉观念，"中华民族"遂成为包括中国境内诸民族的共同称谓。中国文化是中华民族对于人类的伟大贡献。独具特色的语言文字，浩如烟海的文化典籍，嘉惠世界的科技工艺，精彩纷呈的文学艺术，充满智慧的哲学宗教，完备深刻的伦理道德等，共同构成了中国文化的基本内容。

中国传统文化，是指中华民族在漫长的历史长河中创造的独具特色的民族文化。从静态上考察中国传统文化，它是以往人们所创造的物质和精神成果，这些成果凝聚了中华民族的一整套生存样式，体现着民族的精神品质，并以静态的文本样式存在于当代。但是这种静态的文本存在不意味着中国传统文化的静止僵化，而是经历着发展和变化的，是一种生命的绵延。作为这种生命，它正如李泽厚所说的是一种根深蒂固的文化—心理结构，不仅是自觉意识到并加以批评继承的东西，而且是民族意识深层的集体无意识。从动态上看，我们今天面对的文化成果，是不断筛选、积淀、交叉和融合的结果。除了人们不自觉地加以继承的文化—心理结构的集体无意识，自觉地意识到并试图加以批判继承的传统文化成果也是以文本的形式呈现的。

三、中国传统文化的含义

（一）中国传统文化的概念

中国传统文化，是指在长期的历史发展过程中形成和发展起来的，保留在中华民族中间具有稳定形态的文化，其包括中华民族传统的思想观念、思维方式、价值取向、道德情操、生活方式、礼仪制度、风俗习惯、宗教信仰、文学艺术、教育科技等诸多层面的内容。

（二）中国传统文化的多维度释义

1. 从其根源和功能来理解，中国传统文化是中华民族在中国古代社会形成和发展起来的比较稳定的文化形态，是中华民族智慧的结晶，是中华民族的历史遗产在现实生活中的展现。

该思想体系主要体现在三个方面：一是凝聚之学，中国传统文化是内部凝聚力的文化，这种文化的基本精神是注重和谐，把个人与他人、个人与群体、人与自然有机地联系起来，形成一种文化关系；二是兼容之学，中国传统文化并不是一个封闭的系统，尽管在中国古代对外交往受到极大限制的条件下，其还是以开放的姿态实现了对外来文化诸如佛学等的兼容；三是经世致用之学，文化的本质特征是促进自然、社会的人文之化，中国传统文化突出儒家经世致用的学风，其以究天人之际为出发点，落脚点在修身、治国、平天下，力求在现实社会中实现其价值。

2. 从时间维度来理解，中国传统文化包括中华文化的过去式、现在式和将来式文化。

第一，文化的过去式，即中华先民从夏商周至1840年所创造的哲学、宗教、科技、教育、文学、艺术、兵学等成果，以及中国古代的价值观念、思维定式、风俗习惯等，这构成中国传统文化，同时也是中国传统文化的过去式。

第二，文化的现在式，即从过去一直延伸到现在的文化观念。这里我们需分清"传统文化"和"历史文化"的界限。并非历史上出现过的文化都属于传统文化，由于文化具有不断产生又不断淘汰的特征，所以只有那些具有重要价值且具有生命力的文化，才得以积淀、保存、延续下来，而成为后来文化的组成部分，这可被称为传统文化。任何时代的文化都不是空中楼阁，其必然继承和发展传统文化，这种继承和发展的对象就是传统文化。那些曾经出现在各个历史时期的不少文化现象，也曾流行一时，但其作用和价值在当世就不大，更对后世无影响和作用，这乃历史文化。因此可以说中国传统文化在当代的作用和影响就是中国传统文化的现在式。

第三，文化的将来式，即对未来的文化建构产生作用和影响，成为未来文化的重要组成部分文化的。文化是一条不息的河流，今天的文化是昨天的演变和发展，明天的文化是今天文化的必然延续。同理，中国传统文化典籍中所包含的伦理观念、生活态度、价值体系、思维方式，不仅存在于过去和目前，而且毋庸置疑地对未来社会产生重要作用，这就是中国传统文化的将来式。

在我看来，所谓中国优秀传统文化，是指中国传统文化的精华所在、精神所在、气魄所在，是体现民族精神的价值内涵。她在中华民族发展历程中，在中国思想文化发展历史上，曾经起过积极的作用，迄今仍有合理价值，能够为中华文化的现代传承和创新发展起到积极作用，能够促进社会进步和民族发展，主要体现于思想文化的层面。简言之，所谓中国优秀传统文化，就是中华民族长期发展过程中形成的、有着积极的历史作用、至今具有重要价值的思想文化。可能有人会说，器物文化中的那些卓越的工艺品，制度文化中的某些精粹的成分，难道不属于优秀传统文化的范畴吗？当然是。但那些卓越的工艺品和精粹的管理思想，是由相应的思维方式、价值取向和审美情趣所指导所决定的，蕴含着特定的精神内涵。因此，把优秀传统文化纳入思想文化的范畴，或者说从思想文化的层面发掘传统文化的现代价值，并不为过。实际上，从操作的层面看，我们所要传承弘扬并创新发展的优秀传统文化，主要是无形的方面，正所谓"形而上者谓之道"也。以爱国主义为核心的中华民族精神，天下为公的崇高理想，己立立人己达达人、己所不欲勿施于人的忠恕之道，贵和尚中的和谐思想等，都是无形的精神财富，是生生不息代代传承的中华民族价值观的正能量。今天我们所要弘扬的中华优秀传统文化，要建设的中华优秀文化传承体系，在我看来，正是从精神内涵的层面切入，以思想文化为主导的那些内容和范围。

第二节 中国传统文化的类型及特点

一、中国传统文化的类型——趋善求治的伦理政治型文化

关于中国传统文化的类型有多种分法，而其基本类型属于趋善求治的伦理政治型文化。

伦理和政治的联姻，是中华文化系统的一大特征。

（一）趋善求治的伦理政治型文化形成的历史源流追溯

该特征形成有其长远而深厚的渊源。至少从周代开始，伦理和政治就已经结下不解之缘。周公旦在总结商朝灭亡的教训时指出：商纣王由于不尊重、不实施德政而导致国家的灭亡"皇天无亲，唯德是辅"在此基础上，周公旦提出"敬德保民"伦理政治思想。王国维在《殷周制度论》中指出：周代政治制度与道德间的深刻联系"其所以祈天永命者，乃在德与民二字。文武周公所以治天下之精义大法，胥在于此，故知周之制度典礼，实皆为道德而设。而制度典礼之专及士大夫以上者，亦未始不为民而设也"。虽然春秋战国时期，政治动荡，礼崩乐坏，思想文化界却空前活跃，诸子并出。但值得强调的是，虽然诸子学派各执己见、争论不休，但在政治热情的高昂和重视伦理道德两方面却惊人的一致。

（二）趋善求治的伦理政治型文化的表现

1. 诸子学派都有极高的政治热情

"周秦之际，士之治方术者多矣。百家之学，众持异说，各有所出，皆有所长，时有所用。虽然，阴阳、儒、法、刑名、兵、农之于治道，辟犹撩之于盖，辐之于轮也。"尽管诸子百家政见各异，但其理论目标，都在论证"治道"。不仅如此，他们还热衷于政治实践活动。孔子说："苟有用我者，期月而已可也，三年有成。"孟子说"如欲平治天下，当今之世，舍我其谁！"。墨子主张"兼爱""非攻"，其弟子直接参加宋国的反侵略战争。法家更是以实行政治专制，推行社会变革为宗旨，导演了各国的变法活动。即使是"其学以自隐无名为务"的道家，并非与政治无涉，老子归隐，不过是在实现其"小国寡民"的政治理想无望的情况下，政治热情的一种扭曲表现，庄子更有

"应帝王"的种种设计。

2. 诸子学派都高度重视伦理道德

孔子以"仁"为"至德"。"仁"以"亲亲"为出发点，推及"尊尊""孝悌""忠信"。孟子将孔子的道德学说条理化为：父子有亲、君臣有义、夫妇有别、长幼有序、朋友有信。墨家分析天下大乱的原因时指出起不相爱，臣子之不孝君父，所谓乱也。若使天下兼相爱，国与国不相攻，家与家不相乱，盗贼无有，君臣父子皆能孝慈，若此则天下治。道家也注重伦理探讨，老子反对儒家的忠孝仁义，却倡导"贵柔""知足""不为天下先""不争"等道德信条。法家虽然以冷酷严峻著称，但也提出"臣事君，子事父，妻事夫"等规矩为"天下之常道"。管子更以"礼义廉耻"为国之"思维"，认为"不恭祖旧则孝悌不备，四维不张，国乃灭亡"。

3. 政治事功与伦理劝导的相辅相成

春秋战国时代的"百家争鸣"，对于中华文化理论系统的发展，具有决定性的规划方向的意义，中华文化后来所形成的伦理政治型的范式，绝对与诸子百家的上述特点有关。

政治事功与伦理劝导是中华文化所讲求的相辅相成的两大核心内容。孔子说"道之以政，齐之以刑，民免而无耻；道之以德，齐之以礼，有耻且格"意为用政令法治诱导百姓，用刑罚整治百姓，百姓只能克制自己，而不知道犯罪是极为可耻的事；用道德诱导百姓，用礼法整治百姓，他们不但认为做坏事可耻，而且言行都归于正道了。这里强调了"德治"的重要作用。

其实，不仅仅是儒家认识到"德治"的重要性，上述所述可看出诸子都比较重视"德治"作用。"德治"的实质就是"阳儒阴法"。"阳儒阴法"的策略之所以是一种成熟的治国策略，原因在于：其一，它代表了一种兼容并蓄的政治心态，这样，就既避免了纯任儒家的迂腐柔弱，也避免了纯任法家的苛察严酷。其二，"阳儒"即公开倡导儒家思想，说明汉代统治者已经清楚地认识到教化人心和思想宣传的重要性。同时，"阳儒"也代表汉代统治者已经意识到"诛心"比"诛形"更加重要，这是治国技巧更加圆熟的标志。其三，"阴法"即在实际政治活动中推行并依靠法家，说明汉代统治者已经告别了传统儒家的空洞的政治理想主义，而具有了清醒的政治现实感。

二、中国传统文化的特点

历来论及中国传统文化的特点，往往也是论述甚多、意见不一。归纳起来，中国传统文化的特点可以大致分为以下四个主要的方面：重视人生和入世的人文思想；重视纲常伦理的道德教化；重视中庸和谐的处世哲学；重视坚韧顽强的文化性格。

（一）重视人生和入世的人文思想

很早开始，中国的思想家中间就充盈着对人类自身存在价值的思考，他们追求济世强国的理想，探究人的命运和希望。庞朴指出，人文主义是中国传统文化的一大亮点。受中国社会历史发展过程的影响，中国传统文化中的重视人伦、重视人生与入世、强调人与自然和谐共存等思想，蕴含着丰富的人文主义精神。中华民族文化得以不断延续，很大程度上是得益于有着重视人生与入世的人文思想支持的传统文化。著名哲学家唐君毅先生这样描述："中国文化精神永远不会衰落，在其发展过程中可以有高峰、有低谷，可以表现出好的或者坏的形式，可以对历史进程发挥促进作用或阻滞作用。但就其根本来说，中国传统文化的精神追求永远是追寻更完善的自我。"

从中国古代历史意识形态层面来看，人们受长期居于主导地位的儒家思想影响最为深刻。我们看到中国历史上从未出现大规模的宗教狂热，更没有欧洲那样宗教控制政权的社会现象，其深层次原因便可归结于这种积极入世的处世哲学。中国古史的发展脉络，是以由家族走向国家，以血缘纽带维系奴隶制度，形成种"家国一体"的格局。几千年中，中国社会并未长期存在如同古代印度和欧洲中世纪那样森严的等级制度，社会组织主要是在父子、君臣、夫妇之间的宗法原则指导下建立起来的一种宗法集体。中国文化提倡"人与天地参"，将人提到与天地对等的地位，从而对人生的体验生发出一种平实与理性，成为重人生、讲入世的人文思想传统，强调将个体的努力与家族和国家的发展统一起来。

（二）重视的伦理纲常的道德教化

受儒家"忠孝"思想的影响，中国传统文化中伦理道德的思想意识非常深刻。不同于西方人注重人人自由平等，没有严格的长幼尊卑疆界；在中国传统文化中不只肯定个人价值，而是在以家庭为基本单位的基础上，在伦理纲常的约束下，强调人对家、国乃至天下所做的贡献。"中国传统文化素以人为本位，重视伦理道德始终贯穿于中国传统文化的发展过程，并在中国传统的处世哲学、历史发展、政治军事和教育思想中皆有体现。"中国的伦理，是指人际关系的规则。在中国传统文化里，人与人的关系君臣、父子、兄弟、夫妇、朋友五种。儒家文化强调"三纲五常""四维六德"。这些思想意识有一定的消极之处，比如三纲——君为臣纲、夫为妻纲、父为子纲，有着忽略人的自身价值和应有权利的消极成分，是对古代人民尤其是广大妇女极大的束缚。但其积极之处在于强调了人的社会责任和历史使命，成为制约人的行为的理念和调适人我关系的准则。我国的古代文化重德，观六德（知、仁、圣、义、忠、和），可知中国优良的文化传统对个人道德修养的最高要求。"地势坤，君子以厚德载物。"《周易》将人的道德修养与天地合一。春秋时代，孔孟更是以"德"为先建立了儒学体系，开启了德育教化的新局面，为社会的安定有序、和谐发展起了巨大的推动作用。在教育方面，中国古代历来高度重视，主张国家想要振兴富强，就必须尊师重教。《荀子》中记载："国将兴，必贵师而重傅"；《朱舜水集·劝兴》中阐述道："敬教劝学，建国之大本；兴贤育才，为政之先务"，意即重视教育是建国的根本，培养人才是君主治理国家的首要任务。许多儒学思想家都提倡重视教育，希望通过教育，统治者能够成为圣明之主，臣民能够"化民成俗"。中华民族素来视教育为民族生存、国家安定的命脉。新中国成立以来，科教兴国战略更成为中国的一项基本国策。在中国的历史进程中，伦理纲常的道德教化一直作为调和人际关系的准绳，以其深入人们思想观念的精神支柱作用维系着整个社会的正常秩序。在现代，我国市场经济高速发展的环境下，更应注重精神文明中的思想道德体系建设，充分发扬传统道德中与时代相适应的部分，保持我国政治、经济、文化健康有序发展。

（三）重视中庸和谐的处世哲学

儒家思想所提倡的"中庸"与"和谐"对中国传统文化产生了深远的影响，奠定了整个中国传统文化的最高价值原则，规定了中西文化的基本差异。西方文化的表现形式上是一种"强者为王、适者生存"的霸文化，具有强烈的排他性。在强势文化观念导向下，我们看到以美国为主导的西方国家表面上宣扬民主、人权，实际行动中却在攻打阿富汗、伊拉克等国，让战地人民流离失所、苦不堪言，严重地打乱了世界和平的秩序。而中国人是崇尚"和"的民族，力求在人与自然、人与人以及人类自身的各个方面寻求和谐统一，获得本真。"和"文化贯穿中国传统文化的始终，从上古河洛文化到后来的阴阳五行术数，再到相关后世著述，皆秉承"天地和而万物生，阴阳接而变化起"的思想，将自然万物看成一个相互统一、和谐发展的整体。对于"中和"的解释，《中庸》有载："喜怒哀乐之未发，谓之中；发而皆中节，谓之和。"所谓"中"，须用中正平和的心态对待事物，并在实践中保持这种心态，保持实物的均衡协调。所谓"和"，指和睦、和平、和谐。《中庸》还提到："中也者，天下之大本也；和也者，天下之达道也。致中和，天地位焉，万物育焉"

之说。集"中庸"与"和谐"于一体，便是"中和"。"中庸"的文化追求是"和谐"，"中庸"与"和谐"是中国优秀传统文化的精华部分，是中华民族永恒的文化信念和价值追求。中华文明之所以延续至今，在五千年的历史长河中经历无数风浪而致远流长，与中国传统文化中的"中和"思想是分不开的。基于天人合一思想上的"中和"，在现实社会中有着团结、融通、凝聚、协调作用，它作为中国民族特有的价值观念、文化信仰和治世理论，融合在中华民族的血液中世代流传。在当今世界普遍呼唤和平与稳定发展的时代，"中和文化"不只是能作为民族文化能强国富民，更是能发挥其胸怀天下的普世价值促进全世界的和平稳定发展。

（四）重视坚韧顽强的文化性格

细看不断抗争奋进的中国历史，历经了各种内部动乱和外族侵略而屡获新生，若问是什么样的精神在支撑着苦难深重的中华民族？我们看到的是，在长期的、曲折的发展过程中创造出坚韧顽强的中国传统文化。这种坚韧顽强的文化性格，不仅仅推动了我们民族国家的兴旺繁荣，更在有外敌侵略、政权易主等民族危难之时，成为人们勇于反抗和斗争的强大精神支撑。坚韧顽强的文化性格是中国传统文化的基本精神之一——自强不息的根基，是中国人积极的人生态度最集中的理论概括和价值提炼，也是人们处理天人关系和人际关系的总原则。这种坚韧顽强的文化性格，可以从中国历史上无数志士仁人诸如岳飞、文天祥、谭嗣同等不降其志、不辱其身，鞠躬尽瘁、死而后已的英雄事迹中找到支撑。首要强调"刚"的品德，并十分重视坚韧顽强性格的培养。有志向有德行的人，须有临大节而不夺的品质，既要刚毅和坚韧，又要有强烈的历史责任感和使命感。中国传统文化提倡实践为崇高理想而不懈奋斗，强调人们要有担当道义、不屈不挠的奋斗精神；鄙视饱食终日而无所用心的人生态度。这种坚韧顽强的文化性格已经内化为中华民族人民的一种自觉的意识和性格，集中体现了人生在世，要为崇高理想竭尽全力奋斗的正义追求，为国家民族建功立业的远大理想。在这种坚韧顽强的文化性格的影响下，中华各族人民紧紧团结在一起激流勇进、自立自强，使得中华民族长期屹立于世界民族之林，历尽艰难而弥坚。

第三节 中国优秀传统文化的功能

一、建构与导向

文化通过价值观念和制度设计对社会整体秩序进行宏观安排,并引导社会成员向设定的路径和预期的方向共同前进,达成个人与国家、社会行为的一致性,引导国家、社会计划性与阶段性的发展。具体而言,就是在国家慢慢形成和逐渐完善的历史过程中,主要就如何合理安排国家的过去和现在的关系,如何处理传统制度与现实安排的关系中,文化所处的地位和发挥的作用。这涉及现实与理想及传统与现代等问题,涉及国家中的个人如何对待历史,对待国家在当下的历史定位,对待国家重大事件的态度,对未来理想的把握以及对国家和民族命运的设定等等。例如:对天道与人道相互联系的关注与阐述是民族文化的重要内核,注重天人关系的和谐统一更是优秀传统文化的明显标志。古人通过对天人关系的阐述建构起君权神授的国家政治的唯一形式,文化在时间的长河里构建完善君主专制的国家社会治理形式,使其达到顶峰。在上古社会中,天被认为是最高道德、最高正义的终极存在,"以德配天"就是圣哲们对这个终极存在的精神追求。其后,在由天到道,道贯天、人、道、德合一的演进中,不管它是否保留"天命"旗号,道都被视为自然理性和社会理性的统一体,道德都被上升到天所固有、与天合一的终极本体的高度,它既赋予天、道以价值理性的内涵,又赋予人以精神升华的动力。如果说天是人间的立法者,那么领受天意、体现道德、表率天下的先知就是代表道义权威的圣人,天的权威还是与人相结合,道义权威就被依附在个人崇拜的基础上,为君王崇拜奠定了基础。

另外,在中国历史发展的每一个朝代,无论是群雄逐鹿的分裂时期,还是欣欣向荣的大治时期,每一朝代的王侯都是追求统一的政治目标,将国家民族的统一作为终生的政治理想。统一的文化精粹建构了国家的有序和民族的团结,夯实了封建制度的稳定性。"它给我们带来了一个安详而有层次的社会,使我们的国家2000多年来始终维持大一统的局面。"四海一家,万邦和协是中华子孙从古至今一直延续的心灵指归和精神模式。

在战国七雄的纷争中,最后秦始皇扫平六国,首创中国史上权力高度集中的统一政权。这仅仅只是个开始，诸多思想家们对国家政权统一的探寻却没有终止。在汉武帝时期，一代大儒董仲舒继承先秦儒家之传统，并从天人合一的层面，进一步拓展了天下一家的思想方向。董仲舒认为儒家思想是中国文化的主流，在中国政治文化发展中处于主体地位，其他百家思想只是对儒家思想的有益补充，是中国文化的支流。因此，他极力主张以儒家思想为主来对其他百家思想进行融合。随后，汉武帝听从他的建议，推行思想上的统一，罢黜百家，独尊儒术。董仲舒认为思想统一还可以进一步促进政治统一，他从天道的本意要统一出发，他认为天生万物的目的就是要实现统一，皇帝是受命于天来治理国家，对人民进行统治。各诸侯王又受制于皇帝，大臣服从于国君。这层层的统治关系，都是按照天道的要求来安排的，大一统是政治中的"阳"，诸侯王的力量永远被限制在一个可控范围，使它不危及中央政权，造成封建割据的局面；同时他也承认分封制存在的合理性，是"阴"，分封制可以有效巩固中央政权。董仲舒精心设计的"天人感应"的神权学说，将"大一统"政治体系中的一切都规范化、制度化，不断巩固汉代皇室的统治，中央集权专制制度在思想上得到了完善和巩固。虽然，在天道的建构下，大一统成为中国政治体制发展的唯一路径，固然维护和强化了最高统治者君临天下的绝对权威，但是在历史发展的进程中，大一统的思想为中国建构了统一的多民族国家共同的精神纽带，对维护国家统一，对于统一民族心理和民族观念，凝聚民族精神，提升民族文化认同感起到了促进作用。

二、互动与整合

在主流思想和价值观的范畴下，将各个民族不同的文化思想和价值进行整合，同时每一个历史阶段不断对主流文化和价值观进行整合，逐渐形成一个统一的有机融合的文化体系，这是优秀传统文化在历史发展历程中的又一功能。中国传统文化的孕育、形成和发展，历经数千年的发展历程。在这个漫长的历史过程中，许多其他民族文化、地域文化在传统文化的大格局中起着不同的作用，不同历史阶段的不同文化思想也不断碰撞整合，他们相互影响，彼此互动对话，对原有的诸多文化单元、文化内容、不同的地域文化和不同的阶层文化，起着重要的互动与整合的功能。

中国古代文化是在多元一体的格局下发展起来的。优秀传统文化是在一个区域内由许多不同民族、地区，从事各种劳动的人们一起努力创造的，所以文化一定会呈现多姿多彩的形态。我们可以依据文化阶层可以分为精英文化与大众文化、官方文化与民间文化，根据文化地位可以分为主流文化与非主流文化，根据文化地域可以分为：中原文化、闽越文化、西域文化、江浙文化等等，根据文化流派可以分为：儒释道等等。这些不同类型的文化，在优秀传统文化数千年演变进程中，彼此联系、彼此影响，最终形成了今天辉煌灿烂的传统文化。沿着中国传统文化演变轨迹，大致有三次大规模的整合的过程。第一次是发生在夏商时期的以华夏文化为主流，将东夷和苗蛮文化融于其中的整合；第二次是发生在两周时期的以"礼"文化为核心，各派文化的互动与整合；第三次是秦汉至清末时期的以"外儒里法"为主的派别融合、学术统一的价值整合，特别是秦汉时期的文化整合，标志中国传统文化的格局基本定型。在整个传统文化的演进历程中，各种类型文化单元都直接根源于农耕经济的宗法制文化基因，宗法制是维系整个封建社会秩序的重要形式，宗法制影响着各种形式的文化单元相互整合，并为各区域、民族和派别的文化深度整合创造统一的社会心理基础。另外，从华夏文化孕育，经夏商到西周的定型，形成了"礼"文化。西周时期"礼"之文化既来源于殷商之"神"文化又区别于"神"文化，它是夏商两代"神"文化整合的产物。到了春秋战国时期，诸侯争霸，社会动荡不安，与此相呼应，诸子兴起，百家林立，均以"救时之弊"为目的进行文化创造，开启了气势恢宏的"百家争鸣"时代。到了秦统一六国，在政治、经济和文化制度上也实行统一的政策，实现"车同轨""书同文""行同伦"。到了汉代，经过汉武帝和董仲舒的"罢黜百家"，确立了儒家"独尊"地位，从此开始儒学成为学术研究的正统，不断融合其他各家各派的理论学说。因此，在以儒家文化为主流思想文化价值观的框架中，原有的单元文化在保持自身个性的同时，不断表现中华民族文化的整体共性，各个文化单元的相互渗透、相互影响、相互包容、相互整合，塑造了中国优秀传统文化的宽容、广博、深邃、务实的整体面貌。

三、教化与培育

文化是一种把人从野蛮状态中解放出来，使人变得成熟的力量。传统文化在古代社会中通过对人民实行熏陶、教化和归融，对人的精神进行培育，从而使主流价值观社会化和政治化，使社会生活秩序合乎人情义理，将国家与个人的诉求趋于一致，将人的自私欲望和个人诉求融入温文敦厚、和谐稳定的风俗之中，从而实现人的德性的培养、心灵的塑造、家国的和谐和社会的稳定。古代政治家们为了追求社会的稳定和天下的太平，使人人各安其分、遵纪守法，自觉维护社会稳定，所以极其重视发挥优秀传统文化的教化功能，通过兴办学校、发展教育，在全社会倡导"道之以德，齐之以礼"，使人民"有耻且格"，通过教育和社会习俗的养成，使人们把维护社会安定变成自觉行动。

在优秀传统文化中，古人充分加强"圣人之学"中"执政为民""以德为政""民为邦本"教育灌输，以明人伦为教育最终目的，以儒家思想的伦理道德为基本教育内容，以孝悌为伦理道德的基础，以"学以致其道"，培养"治国平天下"的君子为教育目标。孔子曾说："君子怀德""君子务本，本立而道生。孝悌也者，其为人之本与！"显然，孔子将道德视为学问的根本。所以《礼记·学记》中提到："教也者，长善而救其失者也"，教育是为了使人内心的善即道德不断增长。《大学》所说："大学之道，在明明德，在亲民，在止于至善。"孔子的教育目的也是培养"笃信好学，守死善道"的君子。所谓君子，其境界是"修己以安百姓"。孔子认为，君子应该"学以致其道"，并培养自己拥有治理"千乘之国""千室之邑""使於四方，不辱君命"的能力。孟子从"施仁政"和"性善论"两个层面强调了教育的目的和作用。孟子认为教育的重要作用就是"得民心"，"得民心"是帝王施行"仁政"的关键目标，而教育是"得民心"的最有效措施。他说："善政不如善教之得民也，善政民畏之，善教民爱之。善政得民财，善教得民心"这是因为"以力服人者，非心服也，力不赡也；以德服人者，中心悦而诚服也，如七十子之服孔子也。"所以他认为教育的目的在于"明人伦"，确立规范的社会伦理秩序。汉代董仲舒从天道属性出发，主张统治者应当实行"德教"。他认为天道是"阳尊阴卑"的，由于"天数右阳而不右阴，务德而不务刑"，王者应"承天意以从事，故任德教而不任刑"。他具体提出了以"三纲五常"为教育的主要内容，即"君为臣纲，父为子纲，夫为妻纲"。"仁、义、礼、智、信"，这也逐渐成为之后古代统治者在社会进行道德教育的主要内容。扬雄也继承和发扬了"重德"的教育传统，认为"道德修养"是君子学习的目的，"学者，所以求为君子也"。他认为"常修德者，本也"，道德成为一个人最重要的素质。唐代，韩愈提出了"明先王之教"，重视儒家道统的教育，即强调学习儒家经典和伦理道德，他认为教育的目的在于"仁义道德"，所以他提出了"明乎人伦，本乎人生"，强调伦理道德是做人的根本。到了北宋，著名文学家教育家张载更是将伦理道德放在教育的首位，他强调教育应以"明善为本"，并明确提出了"德薄者终学不成"的理念。理学大师朱熹承袭了历史上诸位儒家学者的一贯以来的主张，认为教育主要的目的和作用就在于"明人伦"。他说："父子有亲、君臣有义、夫妇有别、长幼有序、朋友有信、此人之大伦也。立、序、学、校皆以明此而已。"他在《尤溪县学记》中提到："立学校以教其民……必始于洒扫、应对、进退之间，礼、乐、射、御、书、数之际，使之敬恭，朝夕修其孝悌忠信而无违也，然后从而教之格物致知以尽其道，使知所以自身及家、自家及国而达之天下者，盖无二理。"他认为，如果有人能做到"明人伦",也就可以成为圣贤。清末王国维认为历史上大多数的教育家都是以道德作为教育主体"无不以道德为中心",他指出,德育有着极其重要的作用,不仅有利于培养"完全之人物",更是有助于社会的稳定,所以必须重视道德教育的作用。他说因此孔孟都看到了教育可以"变民风,化民俗,正人心"的作用。董仲舒甚至将国家的兴盛强衰都归于礼乐教化。"凡以教化不立,而万民不正也。夫万民之从利也,如水之走下,不以教化堤防之,不能止也。……古之王者明于此,是故南面而治天下,莫不以教化为务。立太学以教于国,设庠序以化于邑。渐民以仁,摩民以义,节民以礼,故其刑罚甚轻而禁不犯者,教化行而习俗美也。"认为教育可以使万民正,习俗美,这正是看到了教育具有净化人心的作用。

由此可见,在历史的长河中,重视道德教育,以"明人伦"为主体的教育思想成为我们优秀传统文化的一个重要功能,德育的思想影响了我们的祖祖辈辈,也使得中华民族的道德伦理成为世界文化之林中一道亮丽的风景线,重视道德教育的思想观念也必将随着我们对优秀传统文化的传承,不断延续和传承下去。

四、传承与创新

传统文化传承与发展是文化元素与价值观念持续积淀的过程,在每一代中华民族成员的代际传承中,实现中华民族文化的大繁荣和大发展,使中国传统文化保持旺盛的生命力。传统文化在历史发展过程中,不断承继先王贤圣的思想,保持传统文化的完整性和延续性,同时面对新环境和新挑战,不断创新丰富古代先贤的思想,使思想文化与日俱新,保持鲜活的生命力。

从整个世界人类发展史来看,无论世界哪个国家,所处于何历史时期,都是以以前先辈所创造的物质和精神财富为基础的,中国也不例外。中国每个时期的思想家不断寻找探寻传统文化中的精华,寻找传统文化与当代相融通的内容,在先王贤圣的思想世界中寻找具有普适价值的内容,架构起当前时期需要的思想体系,再通过完备的传承体系:从治家格言、族规祖训到社会非正式制度的规训和约束,从王侯大儒的思想引导到国家正式制度的各种规范,从"家国同构"的社会制度安排到"修身、齐家、治国、平天下"的社会共同理想,使传统文化主轴日益牢固、完备和丰富。也正是在不断地继承和创新中,展现了中国传统文化无比强大的生命力和社会整合力。

黑格尔认为:"我们在现世界所具有的自觉的理性,并不是一下子得来的,也不只是从现在的基础上生长起来的,而是本质上原来就具有的一种遗产,确切点说,乃是一种工作的成果——人类所有过去各时代工作的成果。"我们只有在文化发展的历程中不断坚持传承民族文化，巩固民族文化根基和价值本原，才能使中华民族基因和血液日益凸显，同时在传承中不断创新，实现百花齐放，彰显优秀传统文化经久不衰的生命力。

五、认同与归属

传统文化历经岁月沉淀，是中华民族祖祖辈辈思想观念和价值体系的凝结，是一个民族共同的记忆组成，是一个民族共同的心理基因，是一个民族共同的精神气质，是构成民族的核心要素。失去了本民族的优秀传统文化，就如同无根之木，失去生命的内在，就如同流浪者，失去了家园。亨廷顿认为"文化认同对于大多数人来说是最有意义的东西"。"文化认同"是人们在民族共同体的长期生活中对共同体中的文化特质、文化结构、文化体系的肯定性接纳，特别是对文化价值内核的接纳，在接纳的过程中还把它们与原有文化内在价值体系相结合，形成稳定的文化选择取向。文化认同是民族共同体繁衍不息的精神根本，是民族全体成员共同的心理基因。因而，文化认同是民族认同和国家认同中最关键的要素，起决定性作用。梁启超曾言："凡一国之能立于世界，必有其国民独具之特质。上自道德、法律，下至风俗、习惯、文学、美术，皆有一种独立之精神。祖父传之，子孙继之，然后群乃结，国乃成。"优秀传统文化是决定整个民族凝聚力大小的关键因素，这是因为作为文化深层要素——心理意识和价值本原等是决定文化认同的关键，因为只有经过心理认同和价值的整合与过滤才能成为全民族共同的社会记忆，传统文化才能成为构成民族认同感和凝聚力的核心要素。这些核心要素通过民族心理和社会记忆的传承，并非一朝一夕一蹴而就，而是在长期历史演变历程中经过数代人不断累积形成，并且在形成后就拥有了相对稳定的模式。与风俗、习惯和制度、礼仪等浅层文化相比，价值内核与思想观念具有内隐潜存、稳定少变的特点。它们深深地铭刻在民族每个成员的思想中，成为中华民族感情的黏合剂，铭刻在每个社会成员的内心中。在外力的刺激和激发下，它还会强化，成为促进群体团结、发展的动力。经过3000年发展历程的中华文明，形成了丰富的文化价值认同，如认同自己是炎黄子孙的一员，认同自强不息是我们民族的精神，认同宽容、仁者爱人、和实生物是我们民族的价值理念，认同执政为民、以民为本、民为邦本是我们民族的优秀思想，认同中国是世界文明古国、礼仪之邦，认同以"仁爱"为核心的道德追求，认同"生于忧患，死于安乐"的历史精神，认同古代四大发明、中医学是我们民族的自豪，这些一个个最基本的文化元素和富有深邃含义的风俗习惯所形成的"文化认同"成为整个中华民族共同的心理基础。

如德国学者李斯特所描述的那样，在这个共同体中生活的人们拥有"共同的历史、共同的荣誉"，他们与整个民族和国家"一起缅怀过去，憧憬未来"。他们无论身在何方，都拥有着共同的文化情结，有着共同的文化取向，有着共同的文化焦点，他们为民族共同体取得的每一个进步欢欣鼓舞，为民族共同体遭遇的每一次挫折揪心不已，文化认同将民族共同体中每一个人的力量都凝聚在一起，发挥着不可估量的作用。

第二章 中国传统文化的载体

第一节 语言文字

汉语言文字是汉民族的语言文字，主要指中国语，现在其有着众多的称呼又称中文、华语等。汉语言文字的分布范围广。在全世界范围来讲，汉语言文字的分布区域比较广泛，主要是以中国为主，主要分布在东亚、东南亚等区域。汉语有着独特的艺术魅力，这不仅表现在读音上，更多的表现在其书写形式上。汉字在字体上类似于方块，比较工整，而且很多字在外形上对称。汉字作为一种书法，已经在世界范围内流行。特别是古代书法大家的书法作品拥有着极高的艺术价值，纷纷被收藏。

一、汉语言文字的特点

虽然汉语作为一种延续数千年的语言，但是还是存在着时代上的差别。自从新文化运动开始后，古代汉语与现代汉语在各个方面都存在着不同。以汉语今后发展运用为目的进行研究，因为对于汉语的特点分析，下文主要是针对现代汉语的特点进行研究，主要包含以下几个方面。

（一）语音的特点

语音作为人类自我表达的形式，对于一种语言来说，有着某一特定区域的特性，因此也形成了其独有的特点。那么汉语的语音方面也有着其自身的特点。

1. 元音多。拥有数目庞大的元音是其语音的重要特点，也是区别于其他语言的主要因素。

2. 没有复辅音。在汉语音节中，音节内辅音一般不连用，例如没有 bm，lk 等，因而噪音较少。

3. 拼写上使用较少的附加符号。相对于其他语言特点，尤其是日语而言，汉语拼音很少在字母上加入附加符号。在使用中，汉语拼音只加入了两个附加符号，分别是声调符号和"ü"。

4. 音节整齐简洁。在语音音节中，大多数在结构组成上基本表现为辅音在前，单元音或复元音在后。很少出现辅音在后边的现象，这样就使得汉语音节的结构整齐而简洁，音节数目少。而且需要注意的是，汉语音节采用了双字母，对于英语等语言，汉语拼音在字母方面有所不同的是，汉语拼音采用了 zh、ch、sh、ng 四个双字母，而英语的字母均为单字母。

5. 声调方面主要有四个调类。汉语拼音在声调方面主要采用阴平、阳平、上声、去声来表示表示汉字的调值，此来区别每个字的读音。

（二）汉字特点

汉语区别于其他语言最大的特点就是在于汉字。而且汉语的独特魅力也是来源于汉字。因此汉字的主要特点包括以下几个方面。

1. 汉字字形结构复杂，总体呈方块形状。汉字在外形上如同方块，在结构上主要分为上下结构、左右结构、半包围结构及全包围结构，这种独特的构字结构使得汉字在外形上就呈现出平面型方块体文字。

2. 汉字具有表意的功能。汉字作为象形文字具有表意的功能，有的汉字在外形上就同其含义相同，如汉字"山"，从外形上来看同山峰极其相似。

3. 汉字具有一定的超时空性。随着经历了数千年的变迁，但是汉字在字形、字音等大体上没有太大的改变。这使得虽然年代久远，但是后人对古代的文化、文学等相关的文字记载能够识别，这样就是使得文化能够更好地得到传承。另外虽然中国存在着众多的方言区，而且每种方言之间都存在着很大的差别，但是各大方言区的人们可以通过汉字来进行交流，加强各地区之间的联系。

（三）词汇的特点

1. 单音节语素多，尤以双音节词为主。汉语词形比较简短，在从古代汉语到现代汉语的发展过程中，其在词形方面逐渐由单音词向双音节词发展。如"欲—欲望""发—头发"等。而且现在新造的词汇也多为双音节词。

2. 构词广泛运用词根复合法。汉语中的很多合成词都是运用复合法的方式来使用词根构成，如"火山""江湖"等。

3. 同音语素多。例如"qí"就有"其、齐、骑、琪、旗、棋、祁、崎、岐、崎、麒"等相同音节的字。再如"liú"就有"留、刘、流、瘤、硫、榴、浏、琉、鎏、馏"等相同音节的字。

（四）语法特点

汉语虽然属于汉藏语系中的一种，但是却又相对独立。汉语在语法方面于其他语言相比有着自身独特之处。

1. 汉语很少通过字形来作为表示语法意义的方式，主要采用语序和虚词两种固定的方式。以英语为例，在表示语法意义的词形变化方面，汉语就与其存在很大的不同。例如英语"He believes me"和"I believe him"中，同一个词"他"，处于主语（he）时和处于宾语（him）时词形存在不同。同是一个代词"我"，处于主语（I）时和处于宾语（me）时词形不同。同是一个动词"相信"，当主语是第三人称时"believe"要加"s"，主语是第一人称时则不用加。而在汉语中，"他相信我"和"我相信他"里中两个代词"他"和"我"无论处于什么位置，词的形态都是不变的。

2. 词句结构方面。汉语中的词句结构组成方式比较固定，都有着固定的语法结构。即主谓式、动宾式、偏正式、联合式、补充式。这种固定的语法结构不仅体现在构句上，而且在组词上。如词"河流"，短语"河水流动"，句子"河水流动了。"都是有陈述关系的主谓结构。

3. 量词和语气词比较丰富。在汉语中，量词的丰富使用是汉语的独特之处，相对英语的"a""an"，汉语有着众多的量词，例如"一辆车、一条河、一座山"等。语气词的使用同样是汉语的特色，在同一句话中，不同语气词的使用往往会表达出不同的意思。例如"是你吗？""是你吧！"。

二、汉语言文字之美感

中国的汉语属于汉藏语系。记录汉语的文字符号即汉字，是世界上最古老的文字之一。它是一种象形字，至今仍停留在表意阶段。这和西方以表音文字为语言符号的印欧语系相去甚远。汉语因此独特的文字符号，以及在此基础上形成的词汇和语法构成独特的汉语言之美。

语言是由语符、语义（此处指一个字符的意思）、词汇和语法四个要素组成。其中语符、语义属于一个层面，而词汇和语法属另一个层面。"从内容和形式来看，语义是内容，语音是形式，语言是由语义和语音两个要素构成；从建筑语言的材料来看，词汇是材料，语法是规则，语言是由词汇和语法两个要素组成。"实际上，这四个要素中的最基本单位是语符（音符和形符），也即能指。它们构成了语言的实体部分，再通过横向联合形成词汇，并在语法结构的规则下组成句子，最终指向这个物理世界和心理世界。

语符包括音符和形符。清代沈德潜谈道："诗以声为用者也，其微妙在抑扬抗坠之间。读者静气按节，密咏恬吟，觉前人声中难写、响外别传之妙，一齐俱出。朱子云'讽咏以昌之，涵濡以体之'真得读诗趣味。"这说明诗的美感首先是从语言的音符部分得来。

中国的律诗最能体现中国文字的音乐美。音乐美主要表现在两个方面：一是旋律的反复，一是节奏的起伏。这两点表现在律诗中就是句尾的押韵和联句的平仄对仗。《文心雕龙·声律篇》中提到"异音相从谓之和，同声相应谓之韵"，其中，韵就是韵脚，指在偶句句末上同一元音的重复，形成声音之回旋，正如音乐中旋律之再现，给人一种回旋之美；而"异音相从"是指诗中的平仄对仗。汉语言学家王力指出平仄交替就是一种节奏。在音乐中，节奏是强拍与弱拍的周期性交替，而诗歌中节奏是以"平平仄仄，仄仄平平"（这是四言诗的平仄之调，五言、七言中的平仄在此基础上加以变化）的图式交替出现，也是弱音（仄）和强音（平）的交替。特别值得提出的是，这种"平平仄仄"的抑扬顿挫之美是汉语所独有的。因为只有在汉语中，"平上去入"这四个声调的变化具有区别语义的作用。

那么，为什么能从声音高低，节奏强弱中感到诗的美呢？归根到底，语音和音乐一样，首先是诉诸感觉的。语音的轻重缓急引起感情上的喜怒悲欢。我国古代诗论里就曾对"四声"引起的不同情感作过生动描绘："平声平道莫低昂，上声高呼猛增强，去声分明哀远道，入声短促急必收藏。"

中国的汉字是一种表意的象形字，所以在语言的形符上，与表音的印欧语系的形符相比，更容易"望文生义"，也即汉字的形符和语义之间更有一种通透性。这与汉字的造字法有关。汉字造字法，传统有"六书"之说：即象形、指事、会意、形声、转注、假借六种。其中前四种是主要的造字法。象形，是把词所称谓的事物的形状、特征、用线条描画出来，以此记录该词；指事一般是在象形字的上面加上指示性的符号或用纯符号组合起来创造新字；会意是把两个或两上以上的象形字或意义相关的字拼合起来另造新字；形声是一种半意半音的造字法。其中，"形旁"是字的表意部分，"声旁"是字的表音部分。由此可见，汉字中大多数字是在象形字的基础上发展而来的。在这里，我们先撇开汉字本身间架结构的匀称、整齐之美不提（这是汉语书法学研究的对象），汉字作为记录汉语的符号，其形和其音一样具有功能作用，在一些文学作品中能达到独特的审美效果。这就是陈望道在《修辞学的中国文学观》所说的"文章上这就不免很有些人在字音所致的'听觉效果'之外，并注意字形所致的'视觉效果'，而有所谓的'字面问题'了"。又如徐岱在《艺术文化论》中例举鲁迅先生的《阿长和山海经》里的一段描写："一到夏天，睡觉时她又伸开两脚两手，在床中间摆成一个'大'字，挤得我没有余地翻身。"认为这个"大"字，将长妈睡觉时大大咧咧的姿态刻画得活灵活现。

确实，这个"大"字用在这里，与其说是利用它的语义，不如说是充分展示了它的形符，正是"大"字的形状，让人立刻想到了长妈不雅的睡态。这种效果只有重形象的汉字才能不着痕迹地表现出来。

三、汉语言文字对中国文学的影响

（一）汉语言文字使得中国文学更具有艺术魅力

汉语言文字作为中国人民智慧的结晶，已经拥有上千年的历史。一直以来，汉语言文字都肩负着传承中国文化的重任，使中华文明源远流长。从先秦至今，中国文学一直都以其深厚的思想影响着一代又一代的中国人。文学的往往都是以语言文字的形式表现出来的，读者也都是通过阅读语言文字来了解文学所要表达的思想和内涵。因此，汉语言文字在一定程度促进了中国文学的发展，促使其思想内涵的传播。汉语言文字以其特有的方式记载和传承着中国文学。其独特的文字表现形式、结构、含义、语音，都使得中国文学具有独特的艺术魅力。因此，无论是唐诗、宋词，抑或是元曲，我们都可以看见汉语言文字赋予中国文学的独特魅力。

（二）汉语言文字赋予中国文学更为广阔的意境

意境美是中国文学历来所极力追求的，是文学艺术魅力的重要表现。千年以来，汉语言文字从形体、语音等都发生了重要的改变，同时也一直影响着中国文学。汉语言以其文字所体现的含义经过不同的组合展示出不同意境。中国文学正是通过这种汉语言文字的组合来营造出不同的意境，使中国文学体现出其独有的思想内涵。例如，唐诗里的诸多诗句，都是通过不同字句的组合来展现出不同的意境，从而反映出诗人的心境。又如，小说中的各种场景的描写、人物的刻画等，都是通过语言文字的叙述来营造出一种特有意境，从而引发读者的想象。

汉语言文字是世界上最古老的语言，目前发现最早的文字为甲骨文，而且汉语作为民族共同语最早出现在先秦时期。由此可见从数千年前至今，汉语从未间断过，具有极强的连续性。正式这种极强的连续性，使得汉语具有很高的艺术价值和历史意义，也方便后人对古代文化的研究，更便于文化的传承。从上述分析来看，汉语言文字具有独特的特性，也正是这种独特性使得其对中国文学产生着重要的影响。它作为中国文学的基础，是传承文学思想的形式和载体，其不仅赋予中国文学独特的艺术魅力，而且还使中国文学更具意境美。

第二节 文房四宝

文房四宝是指笔（毛笔）、墨、纸（宣纸或书画纸）、砚的总称，是中国独特书写与绘画必备的文具与载体。中国古代绘画的工具和材料基本上是由笔、墨、纸、砚构成的，人们通常把它们称为"文房四宝"大致是说它们是文人书房必备的四件宝贝，因为中国古代文人基本上都是又能书又能画，是离不开笔、墨、纸、砚这四件宝贝的。

中国画是用毛笔、墨以及中国画颜料，在特制的宣纸或绢素上作画。主要是通过线条的粗细、长短、曲直、刚柔，墨的干湿、浓淡变化，体现"笔精妙墨"的艺术效果。中国绘画具有独特的风格特征和形式语言，不是孤立存在的，它与所运用的工具材料，各种表现技法有关，能绘制出各种独特效果的画面。这些必备的材质就是我们通常说的笔、墨、纸、砚。笔墨纸砚是我国传统的书写工具，也是中华民族艺术中绚丽的瑰宝。千百年来，它以独特的神韵和风采、精美博深的艺术造型，引发着使用者的激情和遐想，为灿烂的中华文化谱写出了累累篇章，被誉为"文房四宝"。

一、笔墨纸砚的发展渊源

文房一词最早起源于南北朝时期，意指官府掌管文书之处。唐代以后的文房则专指文人书房中的笔、墨、纸、砚，被誉为"文房四士""文房四贵""文房四物"等别称。

文房四宝一直是文人雅士书斋中的珍爱之物，也是中华民族的国粹，是中华书法与绘画必备的工具与载体。文房四宝通过画面展现中国"文房"的雅韵所在，表现中国传统文化的魅力与悠久的历史。

（一）笔

在林林总总的笔类制品中，毛笔可算是中国独有的品类了。传统的毛笔不但是古人必备的文房用具，而且在表达书法和绘画的特殊韵味上具有与众不同的魅力。

毛笔的制造历史非常久远，早在战国时，毛笔的使用已相当地发达。最早的毛笔，大约可追溯到两千多年之前。西周以上虽然迄今尚未见有毛笔的实物，但从史前的彩陶花纹、商代的甲骨文等上可寻觅到许多用笔的迹象。

东周的竹木简、缣帛上已广泛使用毛笔来书写。湖北省随州市擂鼓墩曾侯乙墓发现了春秋时期的毛笔,是目前发现最早的笔。古代的笔的品种很多,从笔毫的原料上来分,就曾有羊毛、马毛、麝毛、獾毛、狸毛、鼠须、狼尾、狐毛、獭毛、雉毛、猪毛、胎发等;从性能上分,则有硬毫、软毫、兼毫;从笔管的质地来分,又有水竹斑竹等竹、紫檀鸡翅等木、象牙、牛角、金、银、瓷等,不少属珍贵的材料;从笔的用途来分,有山水笔、花卉笔、叶筋笔、人物笔等。

现在我们常见的毛笔品种较多。软毫笔,一般是用羊毫加工制成,柔软,含水量大。大型的如"提斗""抓笔"等,中小型的如"鹤劲""鹤脚"等等。兼毫笔,是用硬毫与软毫相间制成的,刚柔适中。如"紫毫""白云"等。

(二) 墨

墨也是古代书写中必不可缺的用品。借助于这种独创的材料,中国书画奇幻美妙的艺术意境才能得以实现。

《述在书法纂》上说:西周"邢夷始制墨,字从黑土,煤烟所成,土之类也"。说是黑土,可能是指黑色一类矿物质,或矿物颜料,那么甲骨文上的黑色字,倒出现得更早。说是煤烟所成,却是西汉以后的事。在人工制墨发明之前,一般利用天然墨或半天然墨来作为书写材料。据东汉应劭《汉官仪》记载:"尚书令、仆、丞、郎,月赐愉糜大墨一枚,愉糜小墨一枚。"愉糜在今陕西省千阳县,靠近终南山,其山石松甚多,用来烧制成墨的烟料,极为有名。从制成烟料到最后完成出品,其中还要经过入胶、和剂、蒸杵等多道工序,并有一个模压成形的过程。墨之造型大致有方、长方、圆、椭圆、不规则形等。墨的外表形式多样,可分本色墨、漆衣墨、漱金墨、漆边墨。

墨的特点是:"落纸如漆,色泽黑润,经久不褪,纸笔不胶,香味浓郁,丰肌腻理。"墨分"油烟"和"松烟"两种,油烟墨用桐油或添烧烟加工制成,松烟墨用松枝烧烟加工制成。油烟墨的特点是色泽黑亮,有光泽。松墨的特点是色乌,无光泽。

中国画的墨,一般是加工制成的墨锭。选择墨锭时,先要看它的墨色。看墨泛出青紫光的最好,黑色的次之,泛出红黄光或有白色的为最劣。磨墨的方法是要用清水,用力平均,慢慢地磨研,磨到墨汁浓稠为止。为了方便,现在一般书画都采用墨汁,以一得阁和曹素功所产为佳。但讲究用墨的人仍采用研磨徽墨的办法,创作书画。

（三）纸

纸是中国古代四大发明之一，曾经为历史上的文化传播立下了卓著功勋。即使在机制纸盛行的今天，某些传统的手工纸依然体现着它不可替代的作用，焕发着独有的光彩，古纸在留传下来的古书画中尚能一窥其貌。

中国古时候绘画多画于帛和绢上。大约到了宋元时代，人们才开始大量用纸作画。绢和纸各有特点，纸是植物制品，绢是丝织品。笔墨画在纸上，容易表现出笔墨和色彩的变化。画在绢上，其画的光洁度就更强一些。

我们现在主要是用纸作画，一般是宣纸。宣纸质地绵韧、纹理美观、洁白细密、经久不坏，并善于表现笔墨的浓淡润湿，变化无穷。古代诗人誉为："滑如春冰密如茧"，历代文人墨客书画名家无不珍爱喜用。用宣纸题字作画，墨韵清晰、层次分明、骨气兼蓄、气势溢秀、浓而不浑、淡而不灰，其字其画，跃然纸上，神采飞扬、飞目生辉，产生出特殊丰满的艺术效果。

（四）砚

古代的书斋中，除笔、墨、纸外，还有与之相配的砚，砚也是文房四宝中不可缺少的一员。砚是磨墨用的，要求细腻滋润，容易发墨，并且墨汁细匀无渣。大概在殷商时期，砚随墨的使用始以粗见雏形。砚也有石砚、陶砚，砖砚、玉砚等种类之分，最负盛名的是广东产的端砚和安徽产的歙砚。

砚即是砚墨器又称砚台，它是绘画与书法的辅助品，砚如手足般配合笔墨纸，必然使书法与绘画达到尽善尽美之境界。

二、文房四宝的价值及意义

中国画独特的风格特征和形式语言不是孤立存在的，它与所运用的工具材料紧密相连，它是材质和技法的综合产物。在绘画过程中，表现技法和工具材料都有着同样重要的作用，使用特定的工具材料能制做出特定的笔墨肌理和创造出独特的画面效果，因此，绘画材料与笔墨之间相辅相成、缺一不可。

在中国画中，毛笔、墨、宣纸、砚台是最基本的工具材料。在中国绘画中，笔墨是表现形象、塑造形体的重要工具，纸是中国绘画的载体，砚台是绘画与书法的辅助工具。在传统中国画中，普遍使用圆柱体的"毛笔"，它和宣纸、墨、砚形成了最佳组合，能表现出特有的笔情墨韵。由于中国画是运用较单纯的形式语言——笔、墨来塑造形体，所以中国画是非常讲究笔墨的。古代画家就说过："有笔有墨谓之画。"也就是说只要有了笔墨，才能称之为中国画，没有笔墨就不成其为中国画，或者说有笔无墨或有墨无笔，都不能算是好画。这说明笔墨对中国画来说是何等的重要。

那么，用笔和用墨是怎样的呢？

一般说，用笔就是指线条。线条是中国画造型的基本手段。线条不仅用来表现物体的轮廓，也用来表现物体的质感和明暗。因此，中国画线条的变化是很丰富的，有轻、重、缓、急、粗、细、曲、直、刚、柔、肥、瘦等种种区别。单是中国古代画人物衣服的褶纹，就总结出了十八种描法。而且古代中国画家们在实践的基础上还总结出了用笔的"五忌""六要"。用笔五忌是指忌刻、板、枯、弱、结；用笔六要是指一要自然有力，二要变化有联系，三要苍老而滋润，四要松灵而凝炼，五要刚柔相济，六要巧拙互用等。再说用墨，用墨主要目的是表现物体的色彩、明暗等。墨虽然是黑的，但中国画却有"墨分五彩"的说法，五彩是指黑、浓、淡、干、湿。古人说"墨即是色"，浓淡水墨可代替各种色彩。用墨讲求皴、擦、点、染交互为用，干、湿、浓、淡合理调配，以塑造形体，烘染气氛。用墨还要有浓淡相生相融，做到浓中有淡，淡中有浓，浓要有最浓与次浓，淡要有稍淡与更淡。这都是中国画的灵活用笔用墨之法。

一笔一画的深浅浓淡、渗透润化以及水分的多寡都极其讲究，这就对中国画的载体——纸的渗透性、晕化性、呈色性等方面的性能提出了很高的要求。同时，不同的形式语言对纸张的质地、形式和种类又有不同的要求，淋漓酣畅的水墨大写意要求渗透滋韵的生宣纸；潇洒灵动的小写意要求润化有度、托色承形的宣纸；兼工带写、刻画细致的"精笔画"要求上浆刷胶的半熟纸；精勾细染、谨细入微的工笔重彩则要求"滴水不漏"的熟纸。中国绘画有砚如手足般配合笔墨纸，必然使书法与绘画达到尽善尽美之境界。

文房四宝的悠久历史是中国劳动人民的创举与智慧结晶，不仅是几千年的文化用品，也是中华文明的一个象征。中国的毛笔是举世无双的书写工具，古埃及的麓笔，欧洲的羽毛笔早已退出历史舞台，而毛笔从漫长的历史岁月中走出来至今兴盛不衰足见其强大的生命力。中国的墨不仅仅是一种书写用品，它也是举世无双的艺术品，它的存在让纸和笔真正完美结合，融为一体，从而演绎了"挥毫泼墨，跃然纸上"的精神。而纸的发明是世界文明史上的大事，更是书法与绘画史上的大事。我国是世界上发明造纸术最早的国家，这是对世界科学文化的巨大贡献。砚台不仅仅是研磨器，还是中华民族文化的有机组成部分。国家有关领导人曾在中国文房四宝协会的大会中如此赞美到："笔佳十美警世，墨香百里可闻，纸好千年不变，砚固万代同辉。"

第三节 文化典籍

中国是世界文明古国之一，具有五千多年的历史和灿烂的文化。浩如烟海的经史典籍、诗词歌赋、曲艺小说散文游记等等，把中华风韵与历史人物及各地的自然社会风貌相结合，构成了华美的乐章，产生了巨大的魅力，对中国古典文学的鉴赏，不仅是一种美的享受，更能从中得到有益的启示。

一、中国古代文化典籍反映了中国的历史，是开启中国历史之门的钥匙

中华民族，是富有历史意识的民族，在中国古代，记载中国历史的典籍是很多的。从中我们可以认识中国社会的兴替发展及其规律。例如，由孔子根据鲁国史料编纂而成的《春秋》，成书于公元前481年，不仅在中国而且在全世界是最早的一部编年体史书，它比西方最早的编年体史书——希腊希罗多德的《希波战争史》还早半个世纪。《春秋》记载了从鲁隐公元年（公元前722年）至鲁哀公十四年（公元前481年）间共242年的历史，涉及120多个国家。这一时期正是新兴的地主阶级逐渐取代奴隶主贵族统治的社会大变革时代。《春秋》的主要内容是记述当时各诸侯国统治阶级人物的活动和纷繁复杂的历史事件，鞭挞混乱的社会现象，为后世确立作者心目中理想的是非标准。虽然《春秋》总共只有约1.8万字，记事过于简略，对历史事件只记结果，未述原因经过，而且记史中"为尊者讳，为亲者讳"，多用曲笔掩饰，但毕竟为后人留下了两千多年前珍贵的史料，使我们能从中窥见当时的社会变动规律。

古代典籍中另一部历史巨著，是汉朝司马迁呕心沥血写出的《史记》。明代李贽曾说："《史记》者，迁发愤之所为作也。"（《藏书·司马迁传》）。《史记》与《春秋》的体例不同，它是中国第一部纪传体通史，即以人物而不是以年代顺序为主体写史。全书130篇，分十二本纪、十表、八书、三十世家、七十二列传，以本纪和列传为主体，计52万多字，记述了自黄帝至汉武帝元狩元年（公元前122年）之间2600多年的历史。《史记》取材广泛，史料翔实，既记载了帝王将相的世系和他们的活动，也记载了当时人民群众反抗暴政的斗争和下层人物的事迹，广泛地反映了宏阔的社会政治生活。如《高祖

本纪》记述了汉高祖刘邦反秦和统一中国的历史业绩和他冷酷、虚伪、狡诈的性格;《项羽本纪》塑造了项羽摧毁秦朝统治的英雄形象,指出了他自矜功伐,骄傲自大是导致失败的原因;把秦末农民起义领袖陈胜列入《世家》,充分肯定陈胜、吴广起义反秦的正义性和不朽功绩说明司马迁的见识;《廉颇蔺相如列传》通过完璧归赵、渑池之会、负荆请罪等事件的叙述,刻画了蔺相如的机智勇敢和先国后私的高尚品德,也表现了廉颇爱国和勇于改过的可贵精神;《游侠列传》写了侠义之士救危扶困,见义勇为的行为;《酷吏列传》则详尽描写张汤、义纵、王温舒、杜周等人的残暴,等等。因此,《史记》比较客观地反映了当时的历史,具有较高的历史真实性,体现朴素的唯物主义思想。

值得一提的是,《史记》不仅是一部记载历史的鸿篇巨制,而且还是一部优秀的文学名著,堪称文史结合的典范。在司马迁笔下,一个个人物塑造得有血有肉,鲜活灵动,栩栩如生地展现在读者面前;一个个事件描写得跌宕起伏,引人入胜,使人有亲临其境之感。因此,《史记》对后来的史书和其他文学作品产生了巨大的影响,曾被译成英、法、俄等多种文字,也被历代文人注释,广为流传。中国现代文学巨匠鲁迅将其誉为"史家之绝唱,无韵之离骚",这是对《史记》极高的评价。

在历代众多的典籍中,还有一部由北宋著名的历史学家司马光编著的《资治通鉴》。这是中国第一部编年体通史,共294卷,300万字,上起周威烈王二十三年(前403年)韩、赵、燕三家分晋,下至后周世宗显德六年(959年),覆盖从战国到五代间1362年的历史。据司马光自述,他编著《资治通鉴》的目的,在于"鉴前世之兴衰,考当今之得失,嘉善矜恶,取是舍非"。这部史书详细记载了历代重大政治事件的发生和影响,以及历次战争的经过和交战各方采取的战略、策略,反映了各个时期经济政治制度的变革和人民生活的状况,还有河道,水利整治的情况等。从为封建统治者提供借鉴着眼,书中对历史上的统治阶级骄奢淫逸导致失败,作了一定程度的揭露和谴责,对统治阶级内部的斗争作了详细的记载,特别是对历史上的农民起义,如赤眉绿林起义、黄巢起义等。作从治国平天下的初衷出发,强调"为治之要,莫先用人"的思想,如齐威王与魏惠王论宝的一席对话,语言生动,含意深刻,体现了人才对于治理国家的重要性。可以说,司马光写《资治通鉴》,确实用心良苦。此书问世后,不仅对史学、文学领域产生很大影响,而且对后来经济、社会发展尤其是政治、军事斗争、治理国家有很大影响,许多统治者和领袖人物都把它作为必读书,从中吸取政治营养。

二、古典文学中充满爱国主义精神，是进行爱国主义教育的宝贵教材

中国几千年的历史中，涌现出许多爱国者，他们以文学作品言志或抒情，体现了崇高的爱国主义情怀。这些人物和他们的作品流芳千古，教育和鼓舞了一代代中国人。

屈原是伟大的爱国主义诗人，生活于战国后期的动荡年代，自幼受到良好的教育，培养了美好的政治理想和高尚的道德情操。他渴望举贤授能，修明法度，使楚国强盛，对祖国深存一分执着的热爱。由于触动旧贵族的利益，后遭党人诬陷，屈原被楚怀王疏远，黜退，但仍不改爱国之志。这种情感，表现在他的《离骚》《九章》等作品中。屈原为了表达宁为玉碎也不改节从俗，坚定地忠于理想，深信自己的信念，赋诗曰："民生各有所乐兮，余独好修以为常。虽体解吾犹未变兮，岂余心之可惩？"面对国家命运危在旦夕，屈原不惜以生命来反抗黑暗，体现了爱国主义的崇高气节："既莫足与为美政兮，吾将以从彭咸之所居。"屈原的精神，代表了中华民族在长期奋斗中所形成的爱国主义精神。这种精神，激励着后人，不少志士仁人在民族危亡时刻，都以屈原精神激励自己，表达自己的爱国热情。

宋代的民族矛盾非常尖锐，辽、西夏、金不断侵扰中原，1127年北宋王朝被金所灭；1279年南宋为蒙古军所亡。这一时期，许多爱国志士为抗击侵略，维护祖国统一，进行了英勇不屈的斗争，写下许多气壮山河、可歌可泣的爱国主义篇章。岳飞、陆游、辛弃疾、文天祥是其中最杰出的代表。

岳飞是南宋家喻户晓的民族英雄，其母在他背上刺下"精忠报国"四字，成人后统率岳家军抗金，多次重创敌军。他的《满江红》字里行间充满爱国精神："靖康耻，犹未雪，臣子恨，何时灭。驾长车踏破，贺兰山阙。壮志饥餐胡虏肉，笑谈渴饮匈奴血。待从头，收拾旧山河，朝天阙。"这首脍炙人口的爱国名篇，是岳飞用热血和生命谱写而成的，充分体现了中华儿女抗击外强，不可欺侮的豪情壮志。几百年来，每逢国家民族危亡之际，岳飞和这首《满江红》，都成为鼓舞人们坚持民族气节，抵抗侵略的精神支柱。陆游出生不久，金兵大举南侵，北宋灭亡，受父辈爱国言行影响，立志要扫胡尘，清中原，为祖国统一献身。陆游一生坎坷，多年不得志，晚年罢官回归故乡山阴（今浙江绍兴），虽身为"野老"，但仍关心国事，始终坚持收复中原，统一祖国的壮志。弥留之际，陆游口占七绝《示儿》："死去原知万事空，但悲不见九州同。王师北定中原日，家祭无忘告乃翁。"这种临终仍念念不忘国家统一的爱国情怀，是十分朴素，却十分感人。辛弃疾以词见长，也是从小受

到爱国思想熏陶，素怀报国忠心，虽政治上屡遭打击，但始终不堕爱国之志。辛弃疾词具有鲜明的特征，即抒发对中原故国的怀念和收复失地、统一祖国的战斗激情。如他思念异族铁蹄下北方故土的词句："何处望神州，满眼风光北固楼"《南乡子》)。"郁孤台下清江水，中间多少行人泪。西北望长安，可怜无数山"（《菩萨蛮》)。抗敌御侮，收复中原成为他诗词的最强音："袖里珍奇光五色，他年要补天西北"《满江红》)。辛弃疾词充满豪情，气壮山河，体现了热爱祖国、嫉恶如仇的思想感情，在思想性和艺术性上代表了南宋爱国词的最高境界。

文天祥，号文山，庐陵（今江西吉安）人，宝祐四年进士第一，曾任右丞相兼枢密使。他在国家民族危亡之际，历经九死一生，囚禁中不受元军威胁利诱劝降，始终坚持民族气节，从容就义。其爱国精神被后人誉为"文山精神"。他的《正气歌》鲜明地体现了高昂的爱国主义精神和坚贞的气节："在齐太史简，在晋董狐笔，在秦张良椎，在汉苏武节；为严将军头，为嵇侍中血，为张睢阳齿，为颜常山舌；或为辽东帽，清操厉冰雪；或为《出师表》，鬼神泣壮烈；或为渡江楫，慷慨吞胡羯；或为击贼笏，逆竖头破裂。是气势磅礴，凛冽万古存。当其贯日月，生死安足论。"《正气歌》中所颂扬的坚持爱国精神和民族气节的英雄人物，是中华民族的脊梁，他们所体现的浩然正气，横贯日月，万古长存。

爱国主义精神是古典文学中永恒的主题，它对中国民族精神的形成和发展产生着重大而深远的影响。近现代以来，无论是秋瑾的"莽莽神州叹陆沉，救时无计愧偷生"（《感愤》）。梁启超的"献身甘作万矢的，著论求为百世师"《自励》)。还是鲁迅的"寄意寒星荃不察，我以我血荐轩辕"（《自题小像》)。毛泽东的"天若有情天亦老，人间正道是沧桑"《人民解放军占领南京》）等等，无不贯穿这一条爱国主义的主线，以至今天仍然激发人们热爱祖国的感情，它是鼓舞人们为祖国的统一而奋斗的强大力量源泉。

三、中国古典文学中对自然风光的描绘，给人以美的享受

历代的文人墨客，运用各种艺术手法，描绘祖国的大好河山，其风格淳朴自然，语言生动优美，感情真挚充沛，人们从中领略了大自然的美，激发了对祖国锦绣河山的无限深情。例如：汉末建安时期的一代枭雄曹操，在《步出夏门行》中描写大海："秋风萧瑟，洪波涌起。日月之行，若出其中。星汉灿烂，若出其里。"寥寥数十字，写出了大海碧波汹涌，吞吐日月，包孕宇宙的磅礴气势。南朝谢灵运，其诗寄情山水，多写江南山水名胜，细致精工，开山水诗之先声，给文坛带来清新气息。他在《登池上楼》中写道："潜虬媚

幽姿，飞鸿响远音。薄霄愧云浮，栖川作渊沈。""池塘生春草，园柳变鸣禽"。诗中充分展现了大自然的恬静纯洁，读后令人耳目一新。

到了唐朝，诗坛名家群星荟萃，各种风格流派的作品百花争妍，歌颂自然风光的诗作大量涌现，达到创作繁荣的顶点。被誉为初唐四杰之一，以《滕王阁序》而负盛名的王勃，写过一首五言律诗《山中》，云："长江悲已滞，万里念将归。况属高风晚，山山黄叶飞。"短短20字，把奔腾而逝的大江、飒飒的秋风、漫山的黄叶和游人的怀归之情都包含其中。孟浩然是著名的田园诗人，他描写洞庭湖的景色："八月湖水平，涵虚混太清。气蒸云梦泽，波撼岳阳城。"这首诗清新流畅，有很强的韵律感，恢宏壮阔，酣墨淋漓，宛如一幅泼墨写意画，读之使人身临其境，深感洞庭湖烟波浩渺，雄浑有势。王维是用诗描写山水风光的丹青妙手，他笔下的大自然，景色清幽，优美如画。如他的《山居秋暝》："空山新雨后，天气晚来秋。明月松间照，清泉石上流。竹喧归浣女，莲动下渔舟。随意春芳歇，王孙自可留。"诗人运用丰富的想象，寓情、景于诗中，自然天成，山峰、明月、松树、清泉、睡石、竹林、浣女、荷塘、渔舟，构成一幅和谐、宁静的山水画，令人心旷神怡，美不胜收。

古典诗词中对自然风光的描写，还有另一种粗犷、雄浑的风格，主要体现在描写西北边塞的诗中。如岑参的名篇《走马川行奉送出师西征》："君不见，走马川，雪海边，平沙莽莽黄入天。轮台九月风夜吼，一川碎石大如斗，随风满地石乱走。匈奴草黄马正肥，金山西见烟尘飞，汉家大将西出师。将军金甲夜不脱，半夜行军戈相拨，风头如刀面如割。马毛带雪汗气蒸，五花连钱旋作冰，幕中草檄砚水凝。虏骑闻之应胆慑，料知短兵不敢接，车师西门伫献捷。"诗中描图写了塞外之夜滴水成冰、狂风怒吼、飞沙走石的自然景象，以此衬托出守边将士不怕艰苦、不畏牺牲的英雄气概，读后使人感到热血沸腾，对英勇将士肃然起敬。

李白是中国古典诗歌浪漫主义的伟大诗人，写下许多描绘自然风光的优美篇章。对于蜀道之难，他的诗作可谓绘声绘色："上有六龙回日之高标，下有冲波逆折之回川。黄鹤之飞尚不得过，猿猱欲度愁攀缘。青泥何盘盘，百步九折萦岩峦。扪参历井仰胁息，以手抚膺坐长叹。问君西游何时还？畏途巉岩不可攀。但见悲鸟号古木，雄飞雌从绕林间。又闻子规啼夜月，愁空山。蜀道之难，难于上青天，使人听此凋朱颜。连峰去天不盈尺，枯松倒挂倚绝壁。"李白这首诗大开大阖，气势如虹，荡气回肠，把艰难险峻的蜀道，生动地展示在人们眼前，其文采华美，语言生动，具有高度的艺术审美价值，不愧是古代诗苑中的一枝奇葩。

宋代也出了不少著名诗人，他们对大自然的描写，平易自然，畅达优美，富有情趣。如唐宋八大家之欧阳修、苏轼,就留下许多名篇。历来文人墨客有不少写西湖的诗,但欧阳修的《采桑子》所描写的西湖,别有风味,具有独特的风格:"群芳过后西湖好,狼藉残红。飞絮濛濛。垂柳栏杆尽日风。笙歌散尽游人去,始觉春空。垂下帘栊。双燕归来细雨中。"自古描写庐山美景的诗词有四千多首,但苏轼《题西林壁》写庐山,与众不同,可谓独树一帜:"横看成岭侧成峰,远近高低各不同。不识庐山真面目,只缘身在此山中。"这首诗笔墨清新疏淡,立意新颖,寓理于景,借助写庐山的景物,阐述了当局者迷,旁观者清的哲理,给人观察事物以深刻的启示,读后耐人寻味,爱不释手。古典文学中这些描绘自然风光的优秀篇章,展示出一种摆脱世俗种种烦恼,使心境得以宁静,也使自我得以充分体现的人生境界。沉浸在这一人生境界中,不仅能与自然产生一种亲和力,而且可以净化自己的灵魂,激发挚爱人生、热爱祖国的热忱。

中国古典文学高超的艺术成就、广博的内容和深刻的思想,是留给我们的宝贵财富,几千年来对中国社会发展产生了广泛而深远的影响,显示了中华民族卓越的智慧和奋斗精神,启发人们不断从中汲取思想营养。它给我们以深刻的启迪:在不断走向现代化的今天,人们更应该继承中国古典文学中的精华和优良传统,并把它发扬光大,传承后世。

第三章 中国传统礼仪文化

第一节 中国传统礼仪文化的基本内涵

中国传统礼仪文化曾经占据着人们生活的主要部分，一个人的生老病死、言谈举止都与礼仪文化相伴相随。礼仪文化也是一种不断发展着的文化，随着社会的进步，它会越来越趋于理性。

一、礼仪文化的内涵

礼仪文化这个词只是近代才出现的。它经历了从礼、礼仪、礼制、礼治、礼仪文化这样一个历史演变的过程。可以说随着人类文明的发展进程，礼从人类的精神寄托起步，经历了人的修养标准、社会管理工具，到成为一种文化现象的演变过程。而文化是人们世代相传的生活方式，礼仪从神坛上走下来成为文化的一个分支，则是回归了本源。

礼仪文化可以定义为人们世代相传的处理人与人、人与社会、人与自然之间关系的方式，也就是以礼仪为内核的人类的精神和物质体系的总称。它表现为礼仪思想、礼仪制度、礼仪内容、司礼人员、礼仪活动、礼仪器具、礼仪作品、礼仪产业等。而礼仪其实包含了礼和仪两个方面，礼是本质，仪是形式，用来表示对天、地、人的尊敬的一系列思想观念和言行举止。在现代社会有用礼貌、礼节等概念替代古代礼仪的趋势，其实有失偏颇。礼貌是指人们相互交往中表示敬意和友好的举止行为，礼节是指日常生活或交际场合互相问候、致意、祝福、慰问等方面的外在行为规范。它们都属于礼仪的范畴，但不能与礼仪画等号。礼仪文化是一个更为广义的概念。

礼仪文化是一个非常复杂的文化体系，是中华传统文化的重要组成部分，它与群体和个人的素质形象息息相关，在公共关系、对外交往、商务活动、职场管理、信息沟通等方面发挥积极作用，对社会经济发展具有重要的意义。

二、礼仪文化的特征

一般来讲，礼仪文化具有历史性、发展性、时代性、规范性、群体性等多方面的特点。

（一）礼仪文化的历史性

礼仪文化不是忽然出现的，它是经过几千年的历史传承，伴随着人类文明的产生而产生，变化而变化的，它的发展具有历史延展性。中国的礼仪文化有着悠久的历史，有文字记载的礼仪文化从三皇五帝就开始出现，到西周初步形成完善的架构，经过汉唐宋明清等朝代不断修订完善，形成了具有中国特色的、严密的礼仪理论和实践体系。新中国建立后，具有浓厚封建思想的礼仪体系已经被彻底打破，但是新的社会主义礼仪体系尚未完全建立。新的礼仪思想和内容正处于与西方民主自由思想交接融合的过程，目前我国的礼仪结构呈现出散乱、孤立和片状的形态。每一个历史阶段的礼仪都是根据当时社会生产力和生产关系的具体情况，对上一历史阶段礼仪文化的修改和完善，使之成为统治阶级重要的统治手段，可以说，各个历史阶段的礼仪文化大同小异，但又有各自的时代烙印。

（二）礼仪文化的发展性

礼仪文化必然是随着社会进步而不断发展变化的，包括它的内容结构、功能定位、表现形式、各种载体等等都在发生深刻的变革。我国礼仪文化的变化发展大致经历了四个阶段：一是初步形成阶段，二是系统化阶段，三是体系完善阶段，四是重建阶段。第一阶段主要是在原始社会，出三皇五帝创建的礼仪体系，主要表现为敬天事人的一些基本程序和规定，体现在各种祭祀活动中的礼仪，"礼立于敬而源于祭"，目前在《尚书》中有相关论述，如《舜典》中记载有"修五礼、五玉、三帛、二生、一死赘，如五器，卒乃复。"第二阶段主要在西周、春秋战国时期，礼仪成为统治工具主要体现在《周礼》《仪礼》《礼记》三部经典著作中对周代的礼仪体系进行完整的论述。第三阶段是封建社会的礼仪，从秦汉叔孙通规范汉朝礼仪开始推行以礼治国，涌现出一大批的礼学家和礼学著作，戴圣编纂《礼记》，郑玄著作《礼记正义》《周礼注疏》《仪记注疏》，唐孔颖达著《五经正义》《仪礼注疏》《礼说》《礼记集解》《礼记集说》《礼书通故》《礼书纲目》。第四阶段是新中国成立以后，重新构建了以公民平等为要义的礼仪体系，对一些束缚社会发展的礼仪形式进行了抛弃。

礼仪文化的发展是与社会政治经济状况紧密相连的，在等级森严的封建社会，其礼仪文化强调了等级、服从、统一、强制等特点，而今天的礼仪文化则显得更为人性化和柔性化。纵观礼仪文化的发展过程，我们不难发现如下几个规律：一是礼仪本质的不变性，即不管什么朝代，礼仪都是为了表达人与人、人与天、人与祖宗、鬼神等之间的互相尊重关系。因为尊重是人在任何历史阶段都存在的一种个性，也就是马斯洛所说的人的一种高层次需求。一个人得到尊重，首先要给予别人尊重，所以礼仪是人与人之间交往必不可缺的理念和态度。二是礼仪文化从强制向自由发展，礼仪文化在尊重他人这个本质不变的前提下，越来越尊重他人的自由，也就是个性的发展，礼仪由单向的尊敬表达，变成双向的沟通和理解，只要礼仪的本质已经表达到位，形式变得越来越不重要。三是礼仪制度的贯彻落实从硬性管制向柔性管理发展，在古代，礼仪是一个关系到天、地、神、祖宗、国君、上级等的身份，是一件异常严肃的事情，要求非常严格，一旦违反礼仪规定，往往会受到严厉惩罚，甚至可以株连九族。而现代礼仪更多地依靠个人自觉和社会舆论监督来落实执行，而不会采取刑事处罚或行政处分等强硬手段。四是礼仪调节的对象从高度统一向群体性发展，以前的礼仪制度大部分是面向全社会的、大一统的规范，相当于宪法的地位，现在许多礼仪制度仅仅局限于某些行业、某个社会群体中适用，如外交礼仪、警察礼仪、军队礼仪、商务礼仪、老师礼仪、学生礼仪、公务员礼仪等。五是礼仪文化从被动接受向主动学习方向发展，过去许多礼仪是违背人性的，因而人们并不十分情愿接受，只是迫于舆论压力不得不执行，如磕头跪拜、妇女裹足、妇女不准出入公共场合、笑不露齿等等。如今人们习礼的目的已经发生了根本性的变化，是真正出于表达尊重、展示形象而主动地去学习礼仪，接受礼仪。

（三）礼仪文化的时代性

礼仪是时代发展的产物，它必然与一个时代的政治、经济、文化、民族风俗等多方面的因素紧密相连，并带上丰富的时代烙印。所谓"仪，宜也。"就指礼仪必须具有适宜性，符合社会现实的需要，也就是要与时俱进，它充分强调了积极入世的理念。礼仪文化在不同的历史时期都有不同的表现形态，如在原始社会主要通过舞蹈、唱歌、祈祷等礼仪活动传承礼仪文化。到封建社会，礼仪具有至高无上的权威和社会地位，有"《六经》皆礼"的说法，可以说一切政治活动几乎都围绕着礼进行，主要分为吉、凶、军、宾、嘉五种礼，连打仗也要双方列阵，互通使者，先礼后兵，可以说礼无所不在。到了近代，礼仪文化就更加丰富多彩，其约束力逐渐变弱，形式却更加多样，有些通过立法要求全社会执行，如《国旗法》就规定了对待国旗的礼仪，《宪法》规定了法律面前人人平等的社会关系；有的成为规章制度被要求某些行业或群体执行，如《人民警察警容风纪管理条令》对警察的着装、礼仪、纪律等进行规范化管理；还有些通过风俗习惯被人们自觉接受，主要是社交礼仪，如宴请礼仪、婚庆礼仪等等。比如在中国，人人会遇到的拜年礼仪，就从传统的三跪九叩、作揖鞠躬、见面问好，发展到现在的寄送贺卡、电话拜年、微信拜年等，礼仪被加进了越来越多的科技元素和现代化元素。

（四）礼仪文化的规范性

规范性实际上就是统一性，礼仪既然是一种共同遵守的社会交往守则，那么必须获得社会大众的一致认可，要有一个统一的认识和统一的做法。礼仪"巩固了群体的交往规范，给个人行为提供了道德制裁，为共同体平衡所依赖的共同目的和价值观念提供了基础"。礼仪是人际交往中的重要组成部分，尤其在古代我国对礼仪都有十分明确严格的规定。人生的历程就是从一个阶段走向另一个阶段的过程，也是人们的身份、地位和角色不断变换的过程，而这个过程中总是与各种礼仪相伴，如诞生礼仪、成年礼仪、学生礼仪、结婚礼仪、丧葬礼仪，每一种礼仪都有个基本的规定，比如古代祭祀礼仪中对程序、位次、动作、衣着、祭品、语言等都有严格规定。礼仪就是协助人们实现角色转换的重要手段，因此礼仪必须要有严肃性；越规范，越严肃，这种心理转换的功能越强大，所以孔子曾说祭祀"与其易而宁戚""祭如在，祭神如神在。吾不与祭，如不祭"。祭祀等各种礼仪就要求参与者做到虔诚和规范。可以说，礼仪就是用简洁的、明确的方式来表现一个社会文化的基本样式和价值取向，成为体现上下有别、尊卑有序的社会秩序的"标本"或"样板"，因此才有文化研究的"活化石"之称。孔子说"不学礼，无以立"，礼既然要实现节制和裁度人的行为，规范性是一个必然要求。

（五）礼仪文化的群体性

礼仪文化非常丰富多彩，这主要体现在不同的群体，有着不同的礼仪文化，如不同的年龄段、性别、社会阶层、不同的职业、民族、宗教信仰、区域等等，都有着多样化的礼仪形式。《礼记》说"礼缘情而作"，可见礼仪文化是相当人性化的。"礼从宜，使从俗。"礼对不同的群体有着不同的规定和要求，并不是对任何人都一刀切，这就是礼的群体性。《曲礼》中说"天子穆穆，诸侯皇皇，大夫济济，士跄跄，庶人僬僬"。可见礼仪在不同阶层中的要求和作用是不同的。当今社会礼仪的群体性主要表现为具有一定的阶层性、区域性、职业性。礼仪的阶层性是由礼仪的本质决定的，因为礼仪本身就是为了区别人类的阶层而存在的，礼仪就是将不同阶层的人区别开来，为其打上深深的阶层烙印，即便在西方国家白领阶层和蓝领阶层也天然地存在着不同的礼仪规范，在我国更是如此，不同级别的领导在出访、接待、会议、宴请等活动中都有不同的规定和要求。礼仪的区域性则主要是由我国文化的多样性决定的，我国是一个多民族的国家，每个民族都有自己独特的礼仪，不同的地域也有不同的礼仪，仅以婚礼为例，我国就有着丰富多彩的礼仪文化和地方习俗，在云南丽江至今还有走婚的习俗。礼仪的职业性是由现代社会经济活动的不断发展而体现出来的一个新特点，许多职业逐渐形成固定的职业文化，如军队、警察、法官、体育、宗教等，都对从事该职业的人员进行了相应的礼仪规范，体现出鲜明的职业特色。军队、警察的着装，上下级敬礼，集会等都有明确的规定；法官开庭审判对着装、仪式、程序也有严格要求；一些体育运动要求运动员相互施礼以示尊重对手，如跆拳道、柔道、武术。

三、礼仪与礼仪文化的关系

从广义上讲，礼仪文化是一切与礼仪有关的人类活动的总称。而礼仪是"一种便于固定、便于实行、便于审视、便于继承的生活化了的文化仪式"。礼仪是礼仪文化的基本构成与核心元素。从表现形式上来看，礼仪是个人必备的一种修养，是在人际交往中自始至终地以一定的、约定俗成的程序、方式来表现的律己、敬人的完整行为；而礼仪文化是一种宏观的社会氛围，是社会各界围绕礼仪而展开的一系列物质生产和精神活动，它包含了礼仪活动、礼仪思想、礼仪研究、礼仪教育以及与礼仪有关的各种衍生物，是嫁接在礼仪这个树干上的一切人类物质和精神活动。

研究我国传统礼仪文化离不开礼学，因为礼学曾经在古代盛极一时，是士人学子不可避免的一门学科。礼学，是指一切关于礼的学术活动的总称，它与我国传统哲学、宗教、政治、经学、道德学紧密相连，互相交织渗透，是一门极为重的学科。

礼学为社会关注是从西周开始，经历了春秋战国百家争鸣，孔子将其纳入儒家理论之中，其弟子们对其进行全面阐述，到汉代已经形成了比较成熟的礼学体系，标志着礼学成为一门完整的学术体系。在我国各个朝代都涌现出一批精通礼学的学者，他们的著作是我们研究传统礼仪文化的思想宝库和主要资源。

四、中国传统礼仪文化的边界划定与主要内容

中国礼仪文化经历了一个漫长的历史演变与发展过程，虽然传统礼仪文化与现代礼仪文化并没有明显的时代界限，也无法划定一个准确的时间，但

还是有一定的阶段性，呈现出一些特点将传统礼仪文化与现代礼仪文化区分开来。

（一）中国传统礼仪文化的时空界限

中国传统礼仪文化是一个非常宽泛的概念，它是中国传统文化的重要组成部分，也是古人立身处世的必修之学。它和中国现代礼仪文化有着天然的联系，有所区别。可以说中国现代礼仪文化是结合了中国传统礼仪文化与西方现代礼仪文化中具有积极意义、符合当代中国实际的部分。

我们这里所研究的中国传统礼仪文化主要是指新文化运动之前中国历代先贤的礼仪思想、各朝代的礼仪规范、礼仪活动、礼仪事件、礼仪文物等，以及礼仪衍生物等所体现的物质文化和精神文化。这些礼仪文化并不是都要我们去效仿、去执行，而是有的需要继承、并付之以行动；有的则成为一种文化现象或艺术形式被欣赏；有的则是成为一种非物质遗产应该加以保护；当然还有的需要我们进行批判、摒弃；有的需要我们加以修订。

（二）中国传统礼仪文化与中国现代礼仪文化的关系

中国传统礼仪文化是指一切与中国传统礼仪有关的物质文化和非物质文化的总和，它包含了中国传统礼仪文化思想、中国传统礼仪文化形式以及中国传统礼仪文化的研究、教育、发展和运用等各方面的物质和精神。中国传统礼仪是中国传统礼仪文化的重要元素与核心元素。

中国现代礼仪文化则是在中国传统礼仪文化基础上，借鉴了西方现代礼仪文化，与现代人的生活方式和生活习俗相适应一种新型文化。

第二节 中国传统礼仪文化的基本内容

中国传统礼仪文化经过几千年的历史发展已经形成一个复杂的体系，内容涵盖到社会生活的方方面面，所涉及的领域也已经突破传统的伦理学范畴，而且进一步拓展到社会学、心理学、伦理、道德、政治、法律、人类学、经济学、文化学、教育学等各个领域。其内容体系主要包括礼仪思想、礼仪制度、礼仪形式、礼仪器物、礼仪研究、礼仪教育。

一、礼仪思想

礼仪思想就是对礼仪的认识、理解，用来指导制定礼仪制度、进行礼仪实践的一些基本原则。它包括礼仪的起源、本质、目的、要求、功能、作用、特点，是比较抽象的一些概念，是礼仪之纲，也是放之四海而皆准的真理，永远不会过时。这样的思想很多，散布在中国传统文化当中，而主要集中于《三礼》中。礼仪思想是传统礼仪文化的基础与核心，是礼仪文化产生与发展的指导思想和立意根本，主要解决人类为什么要创造礼仪，明确礼仪在人类发展中的社会定位、目标意义、功能价值、发展方向等问题。我国传统礼仪思想极为丰富和深刻，它集中呈现于儒家经典著作和历史典籍中，如《礼记》《仪记》《周礼》《四书五经》《二十四史》《诸子集成》等著作中均有浓墨重彩的表述。这些思想主要体现为仁爱、尊敬、中庸、和谐、秩序等方面。它与伦理道德紧密联系，是作为一个社会人应该遵守的一些基本规范。

如《曲礼》中所说的，"礼从宜，使从俗""礼不妄说人，不辞费。礼不逾节，不侵侮，不好狎""礼闻取于人，不闻取人。礼闻来学，不闻往教""礼尚往来，往而不来，非礼也；来而不往，亦非礼也。人有礼则安，无礼则危""夫礼，自卑而尊人""博闻强识而让，敦善行而不怠，谓之君子"等等，都是对礼仪本意的一些阐释。《中庸》中说"君子慎其独也""君子之道，譬如行远必自迩，譬如登高必自卑""君子素其位而行，不愿乎其外。素富贵，行乎富贵；素贫贱，行乎贫贱；素夷狄，行乎夷狄；素患难，行乎患难；君子人入而不自得焉""修身则道立，尊贤则不惑，亲亲则诸父昆弟不怨，敬大臣则不眩，体群臣则士之报礼重，子庶民则百姓劝，来百工则财用足，柔远人则四方归之，怀诸侯则天下畏之""君子之道，淡而不厌，简而文，温而理，知远之近，知风之自，知微之显，可与入德矣"等，对如何做一个谦谦君子提出了一些基本原则，这些都是光辉灿烂的礼仪思想，永远照耀着炎黄子孙。

中国传统礼仪文化中最闪光的就是所蕴含的礼仪思想，主要包括尊敬、谦和、礼让、孝顺和仁爱思想。它揭示了一个和谐社会所有个体所需具备的最基本素养，也就是古人常说的"谦谦君子"的基本元素。尊敬，原意是指尊崇敬重长者，就是用尊来敬高贵的人。中国传统礼仪文化中的尊敬思想主要体现为下对上的一种态度，包括对天地、神明、祖宗、国家、领导、长辈等在思想、工作、生活以及言行举止上应该实施的礼节。谦和，就是谦逊和气，是与人交往应该表现出的一种气质和礼节。《晋书·良吏传·邓攸》中所指，"性谦和，善与人交，宾无贵贱，待之若一。"就是有修养地审视自己，有涵养地看待他人。礼让，就是守礼仪，懂谦让，是面对现在纷繁复杂的竞争社会应该具有的一种涵养。孝顺，狭义上讲是对敬心奉养父母、顺应父母意志，广义上则指爱敬天下之人、顺应天下之心。这是中华民族的传统美德，孝顺在中国传统礼仪文化上有很多表现形式，虽然有的形式已经不适应时代要求，但其基本思想永远不会过时。仁爱，就是仁慈博爱。一般是指长辈对晚辈，上级对下级，强者对弱者应该采取的人生态度和处世方式。也是中国传统礼仪文化的重要内容。这些丰富的礼仪思想已经上升为一种具有普遍适用性的人生观，已经得到世界各民族的认同。

二、礼仪制度

礼仪制度是根据礼仪思想，结合时代特点而对人们在礼仪方面所做的一些强制性、普遍性的规定。在很长一段时间内，它的约束性相当于法律。它是由权威部门对礼仪文化所做出的成文或不成文的规定。在我国封建社会有专门的部门（礼部）负责研究、制定和修改这些制度，并与国家律法融为一体。如《唐律》《大明律》《大清律》等制度中都含有礼仪制度。还有民间的一些关于礼仪方面的规定在局部范围内实施，从某种意义上来讲也是礼仪制度。如一些家族中有"家训""族规"，行业中也有"行规"。礼仪制度是礼仪思想的充分体现，它代表了中国传统礼仪文化的继承与发展历程，呈现出一些时代烙印，对研究礼仪文化具有十分重要的参考价值。

礼仪制度是礼仪文化的核心内容，就是对礼仪的具体实践做出的一些规定，包括对长幼之序、男女之别、生死之礼、祭祀天地、先祖、鬼神等礼仪活动的程序、方法、操作的具体要求。

在中国传统文化中，礼仪作为封建统治阶级的工具，形成了十分完备的制度体系，对各个阶层都具有法律效力，如果违背轻者受到道德谴责、家族斥责，重者受到刑罚，甚至株连九族。当然这些规定，有些还有价值，有些已经是束缚人们思想和行为的桎梏，已经被彻底打破，有的却蕴含着深厚的人文思想，值得我们加以吸收和继承，还有一些需要根据时代的特点加以修订。

三、礼仪研究

礼仪研究就是以往所谓的"礼学"，它是指不同时期礼学家们对礼仪文化的历史发展所进行的记录、阐述、争论和探索，主要表现为各种礼仪文化的著作和言论。礼学在封建社会是十分重要的学科，是文人入仕必备的修养。在和平年代，一个不懂礼仪的读书人根本无法进入官场。许多政治家、思想家本身就是礼学方面的专家，他们的著作中也绕不开礼仪这个课题。

礼学就是关于礼仪的所有学术活动，其研究范围涉及历代礼仪、官制、礼论、礼俗、礼变等各个方面，囊括古今中外所有的典籍、文物和礼仪制度，它是古代文人的一门必修课，属于显学，在"六艺"中占据了十分重要的位置。《汉书·礼乐志》中说"六经之道同归，礼乐之用为急"。[①] 礼学产生于春秋时期，主要由孔子开创，到汉代渐成体系，成为儒家思想的核心内容。我国古代几乎所有的思想家、政治家、文学家，都有着很深的礼学造诣，经过两千多年的封建礼教熏陶，我国涌现出了众多的礼学大家，其中最主要的有孔子、孟子、荀子、郑玄、孔颖达、戴圣、戴德、朱熹、程颢、程颐、王阳明、黄宗羲、戴震等，他们的著作如浩瀚的大海，成为我们民族精神的宝库，值得我们不懈开掘。

中国传统学术以经、史、子、集四部为纲，其中经学是传统中国价值体系、人生观的载体，是中国文化的核心。而礼学又是经学的核心，所以研究礼学是研究中国传统文化的基础。礼与《诗》《书》《春秋》《易》等经典关系紧密，自古就有"以礼说《诗》"的传统，而《易》中也有诸多涉及礼的内容，《春秋》也是按照礼的原则来记录鲁国历史的。可见，研究礼离不开六经，研究六经自然也不能忽视礼学。

现代社会由于西方民主科技思想的兴起，礼学在我国已经失去了主导地位，但仍是掌握我国传统文化的钥匙，是国学大师们的必修之学。而且，礼学是我国独一无二的一个文化体系，需要我们加以继承和发扬光大。可以说，中华民族的复兴必须是文化的复兴，而文化的复兴就是礼仪之邦的复兴，就是礼学的复兴。美国所倡导，并正在向全世界输出的"美国价值观"，虽然有它适应科技社会的一面，但也有诸多弊端。中华民族要在民族之林中定好位，用科技文化综合实力来彰显和倡导"中国价值观"，礼仪文化是必不可少的元素。

四、礼仪器物

礼仪器物主要是指用来实施礼仪活动的各种物品的总称，它是礼仪文化的固化载体和辅助手段。在我国传统礼仪文化中，这一类物质极为丰富。比较常见的有金银、玉器、香炉、酒器、鼎、樽、衣、帽、缨带、房屋建筑、坟墓以及陪葬品等等。这些带有礼仪文化印记的文物常常成为判断持有者身份的重要凭证。礼仪器物的制作和使用是十分严肃的工作，要接受官府和社会的监督，它代表了一个人的身份地位，一旦"违制"会受到严厉处罚，如果被打上"图谋不轨"的罪行，甚至会满门抄斩、株连九族。所以研究礼仪器物及其背后的故事也是我们明晓礼仪文化的重要内容。

礼器是礼的物质形式之一，是用来表达礼仪、代表身份等级的各种器具，包括祭祀用品、官服、佩饰、庆典、葬丧物品等等。古代将三礼之学称为"名

[①] 张丰乾：中国礼文化 [J]. 博览群书，2001(07):72-74.

物度数之学",所谓名物度数之学主要包括各种器物的名称、形制、质地、尺寸、用处等,并在此基础上衍生出了金石学,就是以流传于世的青铜器、碑刻、铜镜、兵器、玉器、带钩、钱币等为研究载体,通过对这些礼器和相关文献的考古,对古代礼仪制度甚至历史文化的研究都具有非常重要的意义。

古代礼仪中涉及的礼器非常之多,而且规格、使用都有严格的规定。如《礼记·礼器》中专门对礼器的使用原则进行了规定。有的以大为贵,有的以小为贵,有的以高为贵,有的以下为贵,有的以文为贵,有的以素为贵。还说:"礼也者,犹体也。体不备,君子谓之不成人。设之不当,犹不备也。礼有大有小,有显有微。大者不可损,小者不可益,显者不可掩,微者不可大也。"《礼记·内则》中则《玉藻》一文对服饰中的礼仪进行了严格的规定,其中对佩玉进行了规定,君子必佩玉,右征、角,左宫、羽。而且对天子、公侯、大夫、世子、士所佩之玉及其组绶的颜色进行规范。《丧大记》对丧葬中用到的礼器摆设等也做出了规定。还有《深衣》中说"古者深衣,盖有制度,以应规、矩、绳、权、衡"。古代礼器的使用是非常谨慎和严谨的,必须根据身份、地位、场合来规范使用。

五、礼仪教育

礼仪教育是指国家、社会、家庭对其成员在礼仪思想和行为习惯方面所做的宣传、教化和培育。礼仪教育曾经是我国教育体系的重要组成部分,它主要包括家庭礼仪教育、社会礼仪教育、学校礼仪教育等方面,它是培养青少年健康人格,养成自尊、自爱、自律良好品德的重要途径。今天,专门的礼仪教育已经不再是家庭和学校教育的主要内容。由此导致青少年礼仪教养的缺失,这是个深刻的教训。

中国传统礼仪文化内容博大精深,涵盖了生活的方方面面。我们可以从多种角度对其进行分类,比如可以从职业的角度分为商务礼仪、社交礼仪、军队礼仪、外交礼仪、学校礼仪、餐饮礼仪、庆典礼仪、司乘礼仪等;从人生的阶段可以分为出生礼仪、成人礼仪、婚嫁礼仪、丧葬礼仪、祭奠礼仪、节日礼仪等;从不同群体又可以分为各种民族礼仪、区域礼仪、宗教礼仪、单位礼仪、家族礼仪等;从每个人所处的角色地位可分为师生礼仪、夫妻礼仪、朋友礼仪、晚辈礼仪、长辈礼仪、上级礼仪、下级礼仪、平级礼仪等。由此可见,传统礼仪文化与我们的日常生活紧密结合、无所不在。

第三节 中国传统礼仪文化的当代价值

当今世界的竞争不只是军事、经济、科技的竞争，更是文化的竞争。文化对于一个民族、一个时代具有不可替代的作用。中国传统礼仪文化作为中华文化的重要组成部分，具有深远的当代价值。

一、中国传统礼仪文化能够改善经济发展环境

随着社会经济的不断发展，经济体制日益健全完善，人口素质逐渐提高，文化产业日渐发展，中国传统礼仪文化在经济发展中的作用越来越明显，甚至直接或间接地影响着经济环境和经济效益。

（一）对经济管理具有辅助作用

如何理顺组织关系，充分调动员工的积极性，激发他们的创造力，是现代企业管理的重要目标。管理具有组织、计划、领导、控制和激励等职能，可以说礼仪在这五项职能中无所不在。首先，一个组织是由众多单位及个体组成的，他们必须按照一定的逻辑结构有序地组织起来，进行分工协作，在企业这个巨大的网络中，每个人在各自的岗位上担任着独特的角色，并与周围的人发生各种各样的关系，包括领导与被领导关系，服务与被服务关系，竞争与合作关系，等等。这些关系必须依靠严格的规章制度来调节，有许多规章制度本身就是礼仪的化身，如工作流程制度、请示汇报制度、请销假制度等等，还有些规则里面也包含着诸多的礼仪成分。其次，许多企业将员工按照一定的等级进行分类排序，发挥了很好的激励作用。比如搞一些星级员工，评选各种先进模范、荣誉称号，给员工赋予一定的职务级别、专业技术职称级别、技术等级，甚至每个等级用不同的标志物将他们区分开来，或者举办隆重的授奖大会，给他们各种不同的礼遇。再次，在组织内部营造一种良好的人际关系，既有公平竞争，又有团队合作；既有严格标准，又充分体现人性化。将人与人的关系变得更加理性、更加积极、更能激发人的潜力。最后，用礼仪管理，有助于打造一支具有核心竞争力的员工队伍，从而大大提高劳动生产率。礼仪成为人际关系的润滑剂，成为人力资源管理中的催化剂，用得好了就能够有效提升员工素质和整体形象，形成人际关系与经济效益的良性互动。

（二）为企业发展提供良好外部环境

外部经济是经济学名词，最早由马歇尔提出，指的是由于消费者或其他人和厂商的产出所引起一个人或厂商无法索取的收益，一般包含三种情况：市场规模扩大提高中间投入品的规模效应，劳动力市场供应，信息的交换和技术扩散。礼仪主要是通过改善劳动力市场的整体环境提供具有较高礼仪修养的高素质人才而实现外部性。而且这个外部性的影响对企业和整个社会都是有利的，能够实现整个社会的共赢。如果每个企业都推崇礼仪准则，所有职工都懂得礼义廉耻，践行仁义礼智信，恪尽职守，兢兢业业地工作，忠诚地为企业贡献聪明才智，对顾客热情服务、诚实守信、互相尊敬、协调配合有序，无疑会大大降低企业之间互相提供销售和服务的公关成本，提高办事效率，从而带来收益的增加。相反则一个企业礼仪混乱，有制度不执行，人际关系出现严重危机，上下级之间、部门之间、员工之间互不信任、互不尊重，办事推诿扯皮，效率低下，就会导致外部不经济，也就是给别人造成无法补偿的成本。

（三）传统礼仪文化是文化产业的重要元素

文化产品中许多地方都能直接或间接地找到礼仪文化的踪迹，如：出版发行包含了各种礼仪图书、期刊和音像制品；广播影视中礼仪更是随处可见，各种服饰、礼仪、礼节，从策划咨询到体现这些礼仪的物品产销，都应该属于礼仪产业；创作、表演、文博、文化研究、文艺培训等领域都含有丰富的礼仪元素，各种古代礼服、礼器的挖掘、研究、展出、保护都是具有中国特色的文化产业，文化培训中更有专门以礼仪为培训内容的公司；文化创意和设计服务中，婚庆公司就属于专业的文化设计服务；文化休闲娱乐服务中，旅游景区、摄影扩印也有各种礼仪服务，如景区礼宾、婚纱摄影等；工艺美术品的生产中的首饰、礼仪服饰等也可归为礼仪产业；印刷包装、经纪代理、文化出租、会展服务、乐器制造、焰火生产等，也都与礼仪文化有关。

二、中国传统礼仪文化能促进国家软实力的提升

在以和平与发展为主题的现代社会，软实力是一个国家崛起的重要因素。依靠霸权和战争征服世界的时代已经过去，未来的时代是靠国家形象、国家魅力等软实力来吸引世界的时代。这种软实力主要体现为一个国家发展模式、文化和认同等只能意会的非经济、非军事的东西。当前，我国虽然在经济建设方面突飞猛进，引起国际社会的高度关注，但是在软实力方面还无法与西

方竞争,所谓软实力是指一个国家依靠其在政治价值观、文化和外交政策上的吸引力来影响他国偏好的能力。主要体现为这个国家的文化、教育、法制环境、国家凝聚力、创造力、亲和力以及国民心态、国民形象、民族精神、国家凝聚力等等。对我国来讲,传统礼仪文化无疑是一项重要的软实力,在输出经济的同时,我们应该大力加强传统礼仪文化软实力的输出。

(一)提升中国文化吸引力的突破口

中国文化作为四大文明古国唯一延续至今的文明体系,本身就对世界产生了巨大的吸引力。随着改革开放的深入推进,研究中国文化的外国人越来越多。历史证明,西方学者越是深入地了解中国文化,就越会对中国古代文明发出由衷的赞叹和喜爱。它确实成为人类最伟大、最深邃、最丰富的思想宝库和文化遗产。它的价值远远没有得到有效开发和利用。

近年来,随着遍布全球的孔子学院迅猛发展,孔子作为中国文化的名片已经获得世界的广泛认同。在当今世界尤其是西方世界的眼中,中国真正值得他们尊重的是孔子。美国学者迈克尔·巴尔说,孔子学院比国家形象宣传片和媒体网络更能体现中国崛起。多年实践证明,孔子学院不只教会外国小孩学习汉语,更是有力地传播了中国传统文化,向全世界推销了中国流传几千年的思想文明体系,让更多的人了解中国文化,喜欢中国文化。这比耗费巨资打造的宣传片更有实效。它很好地展示了一个谦逊平和、懂得理解尊重、尊崇文明礼貌的中国形象,而不是西方媒体中妖魔化的中国。中国要进一步赢得世界的尊重,必须更加有力地传播这样一种令人向往的、具有全球共同偏好的儒家思想。

传统礼仪文化作为儒家文化的核心内容应该而且完全可以成为增强中国文化吸引力的突破口,让世界了解中国,首先要让世界了解中国传统礼仪文化。一旦世界真正了解了中国传统礼仪文化中对待自然、社会和人类的光辉思想和理性态度,了解了几千年来中国人对大同世界的不懈追求,中国文化必然会产生巨大的号召力和凝聚力。

(二)处理国际关系的重要准则

在当今国际关系中,冷战时期的军事竞争越来越引起人们的反感。世界需要一个更加理性平和文明的秩序,需要刮起一阵平等、尊重和礼让之风。中国传统礼仪文化为处理复杂的国际关系提供了许多有用的准则。

中国自古以来注重以德治国,礼仪天下。如孟子的"仁者无敌"思想,指出"得天下有道:得其民,斯得天下矣;得其民有道,得其心,斯得民矣……人不亲,反其仁;治人不治,反其智;礼人不答,反其敬——行有不得者皆反求诸己，其身正而天下归之。"孙子倡导的"不战而屈人之兵"，"上兵伐谋，其次伐交，其次伐兵，其下攻城"。等军事思想。这些思想都是软实力的重要体现。在今后的国家关系中，我们要善于运用传统礼仪文化的思想，与世界各国和平共处，互相尊重主权和领土完整，加强全方位的合作，优势互补，互利共赢，实现人类的共同繁荣。在我们几千年的历史中，不乏用礼仪文化解决国家争端，处理外交事务的成功典范。比如，通过和亲外交，向周边国家输出了礼仪文化，从而将一些桀骜不驯的部落首领驯化成文明的国君；通过礼尚往来推动了民族的交流、融合与共同发展；通过礼仪文化化解了诸侯之间的矛盾冲突，避免了战争这些思想对处理当今的国际事务同样具有借鉴意义。

在跨民族、跨国域、跨文化的经济和社会交往中，如何更好地发挥传统礼仪文化的优势，许多国家注重将国际礼仪与国内礼仪进行有机结合，建立自己的礼仪文化体系。这也是我国传统礼仪文化面临的一项重要课题。随着我国国际影响力的增强，我们的传统文化正日益受到各国的关注。尤其是礼仪文化方面为我们参与国家交往提供了宝贵的思想源泉。比如在国际商务中，坚持互相尊重、彼此信任、友好合作的原则，在交往中充分展示个人教养、风度与魅力，给合作伙伴留下可亲可敬、可合作、可交往的信任感，显得非常重要。中国人自古以来养成的热情好客、谦虚谨慎、含蓄内向、礼尚往来等礼仪习俗都是我们在国际经济竞争中的优势。在国际政治方面也同样，我们一贯坚持的和平共处五项原则正逐渐被众多的国家接受和认可，越来越具有国际号召力。在国家关系中的礼尚往来，互相尊重主权，建立命运共同体等理念都蕴含着传统礼仪文化的思想。

（三）弘扬核心价值追求

美国一直努力向全世界传播以"民主、自由、平等"为核心的普世价值，这种价值观得到了世界大部分国家的认同。但这绝不是世界唯一的价值观。我们也应该大力弘扬我们的价值追求，这就是传统礼仪文化集中体现出来的诚信、尊重、文明、和谐、谦逊等有助于人类和谐相处、天下大同的理念。实践证明，中国传统礼仪文化能够让世界变得更温情、更富有人情味、更具有人性化，能够实现世界文明的多样化，使世界变得更加优雅、温馨、和谐。

如果能够广泛而有效地向世界传递中国人民热爱和平、崇尚礼仪文明的价值追求，将世界各个国家和各族人民团结一起，和平共处、互相尊重、平等互利、共同发展，构建一个和谐文明程度高度发展的人类社会，这将是中国最大的软实力。

富强、民主、文明、和谐、自由、平等、公正、法治、爱国、敬业、诚信、友善，这些中国人追求了几千年的共同价值，它同时也应该是全人类的共同价值追求。它将个人、国家和社会紧紧联系起来，追求个人利益与国家、社会利益的融合发展，个人价值与国家、社会价值的共同实现作为最高目标。这比宣扬个性自由的西方价值观有着更为宽广的视野和更为深刻的目标导向。个人拥有爱国、敬业、诚信、友善等优秀品质是实现国家的富强、民主、文明、法治的重要保证，也是社会和谐、自由、平等、公正的必经途径。个体的境界获得充分提升，整体的实力和环境才能得以净化，个体决定整体，整体也影响着个体。

三、中国传统礼仪文化能促进和谐社会的构建

中国传统礼仪文化是一个十分完善的体系，它全面规范了人与人、自然、社会之间的有序关系，对推动和谐社会建设具有十分重要的意义。

和谐是全人类的共同主题。改革开放三十多年来，我们大力引进西方文化，尤其是将科学技术引入到各行各业，如今无处不讲科技，火车、汽车、飞机、大炮离不开科技，就是养猪、养鸡、种菜也与科技紧密挂钩，有了科技的帮助猪能速成，粮食蔬菜能高产，科技极大地改变了人类社会的格局。但是，我们发现它在打破各种旧的不和谐的同时，也创造了新的不和谐。比较突出的诸如环境和食品污染问题、气候变化问题、诚信缺失问题、道德滑坡问题、人情淡漠问题等等。这其中大部分问题恐怕不是科技能够解决的，而必须依靠文化的力量。因此，中国共产党提出了构建社会主义和谐社会的宏伟目标，就是要利用中国传统文化的力量重构社会关系，其中中国传统礼仪文化担负着重要的责任。

（一）调节人与人和谐关系的重要手段

在儒家礼仪文化中一直尊崇君子的风度，将做一个谦谦君子作为人生追求的重要目标。所谓君子就是一种有才有德、有礼有节的理想人格，是几千年来中国人梦寐以求的光辉形象。

人与人之间究竟是一种什么样的关系？仅仅是西方所推崇的公平竞争、优胜劣汰关系吗？长期以来，我们过度强调了这种竞争关系，而忽视了人与人之间的互相尊重、礼让与合作。亲情、友情、爱情正一步步地被金钱蚕食，人们在各种资源的争夺中不顾颜面、道德与风度，为了眼前的利益将仁义礼智信置之脑后，甚至丧失了基本的伦理道德。这些问题的逐渐累积终于带来了严重的社会问题。在这种情况下，人们的确富起来了，可是人们的安全感、

幸福感、信任感、温暖感、尊重感等等却找不到了。现在，我们急需一种具有强大凝聚力的思想文化，能够将不同利益群体的理想、愿望和需求紧密联系起来，寻找一个共同的价值取向，这就是中国传统文化的力量。在中国几千年的历史长河中，无论是太平盛世还是动乱年代，无论是主流意识倡导还是非主流的极力诋毁，都没有阻断中国传统文化的传承和发展，成为影响和左右人们思想、行为和习俗的力量，成为凝聚中华民族的内在力量。毋庸置疑，礼仪文化作为中国传统文化的重要组成部分，对构建和谐的人际关系具有非常重要的意义。

马斯洛在需求层次理论中说，人达到一定阶段都有获得尊重的需求，而要获得别人的尊重，首先就要尊重别人，也就是要讲礼仪道德，懂得荣辱廉耻，待人接物要彬彬有礼，做一个气宇轩昂、风度翩翩的真君子。虽然，当今社会已经取缔了古代那些复杂死板的等级观念，但尊老爱幼、文明礼貌依然是人人需要遵守的基本礼仪道德。中国传统礼仪文化对人与人的关系高度重视，并提出了一系列处理人际关系的基本原则，一是礼尚往来的原则，如《礼记》中说："礼尚往来，往而不来，非礼也；来而不往，亦非礼也"。二是自卑尊人原则，如《礼记·曲礼上》中说："夫礼者，自卑而尊人，虽负贩者，必有尊也，而况富贵乎？"要求人们在处理人际关系时学会尊敬他人，"敬让之道，君子所以相接也。"三是宽仁博爱原则，对人要宽厚，讲仁爱，要善于体谅别人，推己及人，如孔子提出了"己所不欲勿施于人""己欲立而立人，己欲达而达人。"这些处理人际关系的基本思想是全人类共同遵守的、经久不衰的基本原则。

（二）调节人与自然和谐关系的重要保证

中国传统礼仪文化中到处闪烁着天人合一的光辉思想，古代的思想家们一直渴望着人与大自然的和平共处，以一种极为敬畏敬仰的态度对待大自然，并将敬神祭天视为最崇高的礼仪，对人类的耕种、砍伐、围猎、捕捞、开采、焚烧等行为进行了严格的规定。

然而，现在的人类自以为掌握了一些科技手段，就可以为所欲为，可以不必尊重大自然，甚至可以制服大自然了。我们为可以违背自然规律做出前人无法完成的事情，创造了一个个奇迹而沾沾自喜。我们甚至可以改变自然规律，可以改变生物的成长规律，可以克隆动物，可以改变基因的结构。然而，这一切依然不能证明人类可以在自然面前为所欲为。在一切肆意挑衅自然的行为得到大自然的惩罚之后，我们发现自然不是一个任人类随意宰割的对象，它也会发怒，也需要尊重，人与自然相处中也需要讲究礼仪道德。从人类的文明发展过程来看，所谓的科学就是在一次次自我否定中不断前进的，所以今天的科学就是明天的不科学，人类远未将自然彻底认识清楚，在大自然面前，还依然只是个乳臭未干的小学生而已。面对如此伟大的老师，我们还有什么理由不肃然起敬的呢？

中国传统礼仪文化将"天人合一"视为人与自然关系的最高目标，"礼法自然"是人对自然法则的基本态度，"立中制节"则是协调人与自然关系的基本准则，"天地位焉，万物育焉"则是人与自然关系的理想境界。如针对自然灾害《春秋繁露》中说："大旱祭而请雨，大水鸣鼓而攻社，天地之所为，阴阳之所起也。……变天地之位，正阴阳之序，直行其道而不忌其难，义之至也。"这些朴素的自然观突出体现在《周易》之中，诸如"一阴一阳之为道""夫大人者，与天地合其德，与日月合其明，与四时合其序，与鬼神合其吉凶，先天而天弗违，后天而奉天时"。等论述都蕴含了古人顺天而动，遵守自然规律，与天地万物和谐共存的思想。

（三）调节人与社会和谐关系的基本准则

随着社会的发展和民主自由思想的深入人心，以及人的素质日益提高，虽然那种严密的社会等级关系逐渐被消除了，但人与人之间的天然差别依然存在着，如在年龄、性别、辈分、主次、角色、知识、能力、职业、岗位等方面依然存在差别，这些都形成了复杂的人际圈和社会关系网。生活其中的每个人都是这个大社会的细胞，汤因比指出"社会是人类相互关系的总网络。社会的组成部分不是人类，而是人类间的关系"。要构建和谐社会，必须实施礼仪教化，使人人由恶向善，知书达理。正如荀子所说"古者圣王以人之性恶，以为偏险而不正，悖乱而不治，是以为之起礼义、制法度，以矫饰人之情而正之，以扰化人之情性而导之也"。

礼仪文化一方面通过强制手段端正和规范人的言为，逐渐摆脱野蛮，使人变得平静理智，行为得体，养成良好的礼仪修养和道德品行；另一方面以礼仪教化民众，使人人懂礼讲礼，懂得互相尊重，互相关心，形成一个和谐有序的社会氛围，达到大同。礼仪的这种作用是非常广泛的，古人主要通过祀礼、阳礼、阴礼、乐礼、仪辨、俗教等来教化百姓，所谓"一曰以祀礼教敬，则民不苟。二曰以阳礼教让，则民不争。三曰以阴礼教亲，则民不怨。四曰以乐礼教和，则民不乖。五曰以仪辨等，则民不越。六曰以俗教安，则民不愉"。中国传统礼仪文化形成一门重要的学科，对礼仪的本质、功能、理性价值、重要意义进行完整阐述，有着完善的理论体系，从而成为人们道德修养的必修课程，并对社会道德的形成发挥重要的作用。

在中国传统礼仪文化中，有许多思想至今依然发挥着重要作用，如《左传》昭公二十六年记载晏子曾说过"君令、臣共、父慈、子孝、兄爱、弟敬、夫和、妻柔、姑慈、妇听，礼也"。《礼记文王世子》中也说"言父子、君臣、长幼之道，合德音之致，礼之大者也"。这些协调人与社会关系的基本原则，通过道德教化的手段，使人人遵守礼仪，坚守强烈的"群体意识"与"和而不同"的处世原则。

1. 尊重准则

尊重他人，尊重社会，尊重自然，这是礼仪文化的最基本原则。尊重是人的基本需要，要获得别人的尊重，必须首先学会尊重别人。在与人交往中要尊重别人的人格，不要歧视他人，更不能伤害和侮辱对方，同时也要保持自尊，做到不亢不卑，这样才能保证和谐；与社会交往中，要懂得相互尊重，坚持人人平等，遵守公共道德和社会公共秩序，体现应有的文明修养和道德水平；同样在对待自然问题上也要注意尊重自然规律，不可肆意践踏自然、破坏生态环境，否则一定会遭到沉重报复。

2. 诚信准则

诚信原则就是坚持在礼仪活动中做到表里如一，真实无欺，信守诺言。我们知道，维系社会和谐不仅要靠法律，还要靠道德。德治与法治就像社会的两条腿，要同步发展，不可偏废任何一方。德治中最关键的是要建立完善的社会诚信体系。所谓"人而无信，不知其可也"。在我国传统思想中，诚信是人们立身处世的根本，是处理人际关系的重要道德原则。同样西方国家也非常重视诚信，将其作为商业和司法的基本原则。

3. 爱心准则

孟子说："仁者，爱人也。"社会要和谐，爱心是不可或缺的。爱是人类的一种原始生命力，是人与人相互体现关心、责任、尊重的过程。儒家思想一直重视这种人间温情，所以有"亲亲、尊尊、长长、男女之别，人道之大者也"之说。将仁爱之心看作人际交往的核心，并加之以"礼"为交往规范，由此约束人际互动中的行为，减少人际摩擦，化解人际紧张和冲突。爱是一种伟大的力量，它能够把人和万物结合在一起，并赋予万物以生气。罗洛·格说过"每一个人在感受到自身的孤独时，都渴望与他人结合。希望参与到一种比自己更大的关系中，在一般情况下，他往往通过某种形式的爱去战胜自己的孤独感"。弗洛姆在《爱的艺术》中提出健康人格包含了创造性的爱、创造性的思维、幸福和道德心。其中创造性的爱是源泉与核心。爱心准则在礼仪活动中充分体现为热爱地球、热爱自然、热爱祖国、热爱社会、热爱生活、真爱生命、关爱他人等等。

4. 理性准则

人的理性表现为以理智控制行为的能力，理性的产生与拥有标志着人类摆脱愚昧无知而走向智慧文明，理性是人类心理与精神成熟的象征，它曾被认为是"希腊精神的核心"。从人类发展史上来看，理性是人类发展的一个共同趋势。孔子深爱理性，深信理性，他要启发重仁的理性，他要实现一个生活完全理性化的社会，而其道则在礼乐制度。崇尚理性，追求理性是儒家礼文化矢志不移的目标，也是社会主义礼仪文化体系的基本原则。礼仪文化就是使人们在对待人、自然、社会等各种关系中，要根据伦理道德和社会规范而决定自己的言行。因此，从某种意义上来说，礼乐文化实际上就是一种理性主义文化。

四、中国传统礼仪文化能够促进理想人格的实现

关于理想人格，古今中外有不少人提出不同的标准，可谓众说纷纭。儒家的理想人生归根结底就是做一个正人君子。其标准主要有：内仁外礼，突出表现在仁义礼智信五个方面。所谓"志士仁人无求生以害仁，有杀身以成仁""君子义以为上""义以为质""非礼勿视，非礼勿听，非礼勿言，非礼勿动""人而无信，不知其可也"。中国文化对理想人格的追求侧重于人的社会性，而西方文化侧重于人的自然性、个体性，或者叫人的个性发挥。比如德国博物学家洪堡提出完美人性具有的六条标准：充分的自由性、适度的规律性、生动的想象力、高超的思辨能力、独特的个性、完整的民族性。

（一）理想人格的重要成分

人格是指人所具有的与他人相区别的独特而稳定的思维方式和行为风格，是一种具有自我意识和自我控制能力，具有感觉、情感、意志等机制的主体。通俗地讲就是人的整体精神面貌。我们通常讲一个人具有独特的人格魅力，就是说这个人非常善于处理人际关系，在性格、气质、能力和道德品质诸方面深深吸引着周围的人。理想人格则是一种完美的人格形象。它至少包含两个方面，即自然性和社会性。自然性就是指这个人的生理没有缺陷，而社会性主要包含了道德风范、知识修养、心理素质、仪表礼节等方面。比如，我国古代儒家倡导的理想人格就是正人君子。

作为正人君子应该拥有许多优秀的品质，其中礼仪就是必不可少的。比如，君子与人发生利益冲突时该怎么办？《礼记·儒行》告诉你"道涂不争险易之利，冬夏不争阴阳之和"。如大清宰相张英的《六尺巷》曾写道"千里修书只为墙，再让三尺又何妨？万里长城今何在，不见当年秦始皇"。这就是

正人君子的礼让之风。此外，还有很多优秀品质，如忠孝仁义、正道直行、天下为公、内圣外王等等，都是十分高尚的，对普通大众也是遥不可及的。因而，这种理想人格的现代价值更多地表现为个体在自我约束、自我控制、自我完善的前提下，以乐观向上的精神，积极进取，实现生命的价值和意义。

　　孔子将人格分为三个境界，即圣人、贤人、君子。而实现理想人格的次序应该是君子、贤人、圣人依次进行。现代社会关于理想人格的标准更加趋向于大众化了，如蔡元培认为健全人格包涵体、智、德、美四个方面的全面发展。还有的学者制定了更为详细的标准，《世界卫生组织宪章》将其界定为身体的健康、良好的精神状态、健全的社会适应能力和道德行为。燕国材提出了18项心理特征，诸如仁义礼智的完整道德、自强不息的进取精神、自我节制的调控能力、与人和乐的待人态度、谦虚逊让的美好德行、光明磊落的宽广胸怀、革新创造的变革精神、特立独行的完善人格等，在这些标准中，我们不难发现，礼仪是非常重要的组成部分。

　　（二）实现理想人格的重要途径

　　礼是人的存在方式，人本身就是一种礼的存在。孔子说："鸟兽不可与同群，吾非斯人之徒与而谁与？"说的就是人作为礼仪的存在，要在与社会的群居中，以自身的发展为终极目的，充分展示自身的生命价值。但是，人的思想及其价值存在于内心深处，很难通过肉眼观察到，因此必须通过言行举止和实践行动表现出来。而表达这种理想人格的最好方式莫过于礼仪道德。在古代，一个彬彬有礼、温文尔雅的君子形象往往代表着这个人的思想内涵、道德品质和人格魅力。所以说，礼仪就像一张名片，它能够不自觉地、生动地向人介绍了其内心世界。那么，传统礼仪文化如何体现理想人格呢？

　　礼仪是一个人思想道德水平、文化修养、社会交际能力的外在表现。要实现理想人格，必须拥有一颗强大的内心，要始终不渝地坚持自己的抱负，坚持原则，绝不随波逐流。要通过学、思、行、教来不断强化自己的修养。孔子说："君子博学于文，约之以礼，亦可以弗畔矣夫！"学的内容固然包括《诗》《书》《礼》《易》，同时要边学边思边行，要不断地将学到的修养外化于行，成为指导行为的习惯。其中，礼仪的教育与实践是必不可少的。

　　人格的形成离不开环境的影响。而在中国社会中，一个人理想人格的培养离不开中国传统礼仪文化的熏陶。我们从呱呱坠地就开始接受中国传统礼仪文化的教育，学习如何待人接物，如何与人打交道，如何与小朋友相处，从小就读过许多礼仪方面的典故，如孔融让梨、岳母刺字、将相和等等。上学了，老师教我们讲文明懂礼貌，见到长辈要问好，坐车要给老人让座；长大了，我们要请客送礼，各种人情往来必不可少。人的一生中几乎处处与传统礼仪文化相伴。不懂传统礼仪文化根本无法融入社会，更谈不上理想人格。

传统礼仪文化对完美人格的形成主要通过三个渐进的途径来实现，即约之以礼、行之以礼和重礼贵和。约之以礼，就是要尊礼，要以礼治国，以礼立身。"上无礼，下无学，贼民兴，丧无日矣。"所以传统礼仪文化能够为社会个体成长创造一个良好的环境，这是形成理想人格的前提。行之以礼就是要用礼，要培养理想人格必须尊崇礼、安于礼，并依礼而行。也就是要不断实践礼仪文化，在实践中完善自己。重礼贵和则是强调用礼来处理各种矛盾纠纷，解决社会问题，求同存异，达到修己安人之目的，从而实现天下大同。这也是"礼之用，和为贵"思想的反映。

（三）体现社会等差秩序的合理性

《书》曰："维齐非齐，此之谓也"。古人认为社会上的不平等是天经地义的事情，唯有不平等的社会等级名分制度，才能有效地维系社会群体，使社会处于整合状态。自古以来，正是这种等差秩序一直伴随着人类发展，并推动着人类的进步。正因为有了等差秩序，所以才会产生"亲亲，贤贤"等尚贤思想。正如孟子所言"天下有道，小德役大德，小贤役大贤"其实社会的等级地位与个体的德才是对应的，"论德而定次，量能而授官，皆使人载其事而各得其所宜，上贤使之为三公，次贤使之为诸侯，下贤使之为士大夫"。（《荀子君道》）而判断贤能的标准就是礼仪"取人之道，参之以礼；用人之法，禁之以等。"

孙中山曾经对"平等"的科学内涵进行深入的分析，他认为天生人类本来是不平等的，革命的始意是打破"人为的不平等""如果不管各人天赋的聪明才力，就是以后有造就高的地位，也要把他们压下去，一律要平等，世界便没有进步，人类便要退化。"因此，礼仪文化所倡导的等差秩序就是对每个人的天赋和努力获得的成就与地位的肯定，也是一种精神上的尊敬与激励，是推动社会进步的重要手段。

我们认为传统礼仪文化所倡导的等差秩序并非以占有财富为划分标准的等差级别，也不是以官职大小，更不是以出身尊贵为单一标准，也不是完全由弱肉强食主导的强权文化。它是多维的标准，包括了身份、地位、财产、贡献、德行等多个维度，应该是合乎自然的等差秩序，而非人为强加的等差秩序。西方国家所倡导的平等，本质上是一种机会的平等，而非待遇上的平等。同样我们传统礼仪文化中所倡导的等差秩序也不是机会的等差秩序，而是待遇上的等差秩序。为社会做出贡献的人、品德高尚的人，包括父母长辈理应得到更多的尊重,这是人类生存的基本法则。

  总之,中国传统礼仪文化是一个极为成熟的理论体系,也是中华民族宝贵的精神财富,它涉及国家、集体与个人,人文、社会与自然,精神、气质与外在形象等方方面面,因而具有重要的当代价值。它与现代科学、民主、自由、平等等思想的有机结合,必然能够焕发出时代的光芒。

第四章 中国传统艺术文化

第一节 古代文学

一、诗歌

(一)先秦《诗经》和《楚辞》

文学可以说是一面历史的镜子,能反观出社会的各种形态。先秦时期是中国古代文学的奠基时期,《诗经》和《楚辞》是这一时期的典型。

《诗经》是中国文学史上第一部诗歌总集,源于西周初期至春秋中期,共计305篇,是儒家重要的经典作品。《诗经》分《风》《雅》《颂》三部分。《风》主要是各个地方的民谣,《雅》主要是宫廷乐歌,《颂》主要是宗庙祭祀的乐歌。《诗经》内容充实,大多以生动的语言、独特的形象、饱满的感情展示社会生活,揭露社会矛盾,具有极强的艺术价值。

战国中晚期,正当黄河流域的诗歌已趋沉寂之时,出现了一部让世人瞩目且为之振奋的作品——《楚辞》。

《楚辞》的主要作者是伟大的爱国诗人屈原。屈原,名平,是楚国的贵族,大约生于公元前340年,死于公元前278年。屈原知识渊博,才干杰出,得到楚怀王赏识。后来楚国内部统治集团斗争,屈原无故受到诋毁,屡遭迫害。正确的政治主张未能实施,却被昏庸的楚怀王逐出国都,后被倾襄王放逐到江南。报国无门,最终自投汨罗江抱恨而死。

屈原的代表作是《离骚》《九章》《九歌》《天问》《招魂》,其中《离骚》是屈原整个人格思想和政治理想的集中体现,是屈原一生的集中写照。屈原在离乱的年代仍能志存高远,对后人的人格培养和文学创作产生了积极的影响。

《诗经》和《楚辞》是先秦时代中国南北两大文化的杰出代表,是中国诗歌现实主义与浪漫主义的两大源头。

二、魏晋诗潮

远在先秦时期，五言诗就有了萌芽，到建安时期有了充分的发展。汉末社会动乱，诗人们彰显个性和抱负，形成了极具社会特征的"建安风骨"精神。建安文坛出现了杰出的领军人物：曹操、曹丕和曹植，其中曹操的成就最大。曹操是中国历史上杰出的政治家、军事家和诗人，极具雄才大略。他的诗气势磅礴，抒发动乱中寻求统一的抱负，最具代表性的是《短歌行》。此诗跌宕起伏、豪情万丈、大气且柔肠，有极高的艺术价值和审美价值。

曹丕一生没有太大波澜，文学创作缺少深意。他的诗大多描写思妇和思乡之情及其休闲生活，缺乏历史使命感和远大抱负。但他的《燕歌行》却使七言诗趋于成熟，这也是曹丕在文学史上的主要贡献。

曹植，字子建，封陈王，死后谥号思，世称陈思王。因生活所故，前后期作品风格有很大区别，特别后期作品表现比较忧郁和压抑。所留作品诸如《赠白马王彪》《野田黄雀行》《吁嗟篇》《美女篇》等都表现出压抑和壮志未酬的痛苦。曹植是建安时代的主要代表人物，其诗具有很高的艺术价值和审美价值。

另有孔融、王粲、徐僕、阮瑀、刘桢、陈琳、应玚七个著名文人被称为"建安七子"。他们都对文学的发展做出了不同程度的贡献，为世人所传颂。

魏末正始（齐王曹芳的年号）时期是中国历史上最黑暗的时期之一。战火纷飞，涂炭生灵，社会环境让人窒息。知识分子的生存空间被挤压，许多文人惨遭迫害。为了求生存，许多名士装疯卖傻，逃离现实，崇尚自然，看似洒脱却难掩心中愤，他们用隐逸来对抗血腥。

嵇康字叔夜，谯国铚县（今安徽宿县）人。三国时曹魏文学家"竹林七贤"之一。早年丧父，家境贫困，但仍励志勤学，文学、玄学、音乐等无不博通。其代表作主要有《赠秀才诗》《酒会诗》等佳作。

嵇康往往在诗中抒发他强烈的愤世嫉俗心情，因此他的一些文学作品写得比较直露，语含讥刺，锋芒毕现，表现出极其冷峻的特点。而他的另一些诗作夹有谈玄的成分，这些都在一定程度上减弱了他诗歌的生动性。不过总的来说，嵇康的诗歌，特别是四言诗，在文学史上有相当高地位。

阮籍，字嗣宗，三国魏诗人，是建安七子之一阮瑀的儿子，曾任步兵校尉，世称阮步兵。崇奉老庄之学，政治上则采取谨慎避祸的态度。阮籍的《咏怀》诗八十二首是十分有名的抒情组诗。其中有些诗反映了诗人在险恶的政治环境中，在种种醉态、狂态掩盖下内心的无限孤独寂寞、痛苦忧愤。有些诗表现了诗人害怕政治风险，希冀避世远祸的思想面貌；有些诗借古讽今，寄托了对时政的抨击或感慨，表现了诗人对国事的关切；还有些诗嘲讽了矫揉造作的虚伪的礼法之士。总的来说，阮籍的《咏怀》诗以忧思为主要基调，具有强烈的抒情色彩。在艺术上多采用比兴、象征等手法，因而形成了一种悲愤哀怨，隐晦曲折的诗风。

西晋初年，晋武帝统一全国后，天下相对太平和安定，为诗歌的繁荣提供了条件。此时活跃文坛较著名的有三张（张载、张协、张亢）、二陆（陆机、陆云）、两潘（潘岳、潘尼）、一左（左思）。

陆机（261—303年），字士衡，吴郡（今江苏松江县附近）人。祖父陆逊，为东吴丞相；父亲陆抗，为吴大司马。吴亡入洛，得到张华的赏识，与其弟陆云享誉一时，时人誉之为"二陆"。

总体来说，陆机诗歌创作大多内容贫乏，辞藻华丽。但也有部分作品较为可取，有代表性的如《赴洛道中作》，作品贴近生活，表现得比较典雅，有一定的艺术价值。这些特点对南朝文学产生了一定的影响。

潘岳，字安仁，荥阳中牟（今河南开封附近）人。潘岳与陆机齐名，也是当时形式主义诗风的代表人物。其文风在追求绮丽、喜欢铺陈等方面与陆机一致；其诗歌内容与陆机一样不够深厚，其艺术表现的特点之一也是追求词采的华艳，尤其是其名作《悼亡诗》三首，更是感情真挚，哀婉动人。潘岳的悼亡诗是后世悼亡诗的范本，后人写哀悼亡妻的诗也多用"悼亡"为诗题。

写丧亲之痛、亲人的离去让周遭的一切都变得空旷萧条，表现哀情曲折而深入。这不仅是潘岳个人的特点，也反映了时代的特点。悲哀不仅被当作心理事实来描述，而且作家在这种描述中也追求着富有美学效果的感动。

左思（约250—305年），字太冲，临淄（今属山东）人，出身寒微。左思最著名的诗是《咏史》8首，其文学成就很高，在文学史上有很高的地位。左思多在诗中表达渴望建功立业的豪情和为国立功的雄伟抱负，批判丑陋的门阀政治，揭露士族垄断政治，而使寒门士人怀才不遇、沉沦下僚、有志难伸的黑暗现实。诗篇更表现出诗人对更高精神境界的追求。

东晋流行玄言诗。自魏晋以后，社会动荡不安，士大夫托意玄虚以求全身远祸，出现了阐释老庄和佛教哲理为主要内容的诗歌。玄言诗约起于西晋之末而盛行于东晋，其特点是玄理入诗，严重脱离社会生活。

东晋后期出现了伟大的诗人陶渊明。陶渊明（约365—427年），字元亮，名潜，或名渊明，自号五柳先生。陶渊明的诗清新自然，情景交融，平淡中见警醒，朴素中见绮丽。大多数诗歌贴近自然，亲近生活。其主要作品有《归园田居五首》《和郭主簿》《饮酒》20首、《拟古》9首、《杂诗》12首、《咏贫士》7首、《咏荆轲》等。

陶诗清新自然、怡然自得、情景交融，开创了田园诗风格先河，为古典诗歌的发展开辟了一个新的境界。

三、汉赋

"赋"是在先秦时期逐渐形成和发展起来的一种新兴文体，介于诗文之间，专事铺叙。它是继《诗经》《楚辞》之后在中国文坛上兴起的，在汉末文人五言诗出现之前，它是两汉时期文人创作的主要文学样式。

汉赋在西汉前期得以发展，西汉中期进入鼎盛时期。汉赋在流传过程中多有散佚，现存作品约200多篇，分别收录在《史记》《汉书》《后汉书》《文选》等书中。

司马相如是汉代大赋的奠基者和成就最高的代表作家。《子虚》《上林》两赋是他的代表作。这两篇赋在汉赋发展史上有极其重要的地位，词藻华丽、手法夸张，充分体现出汉大赋的典型特点。

扬雄是西汉末年最著名的赋家。他的代表作主要有《甘泉》《河东》《羽猎》《长杨》等。这些赋讽谏成分明显，在艺术水平上较之前有了进一步的提高。

班固是东汉前期的著名赋家。他的代表作是《两都赋》，其在手法上模仿司马相如，是西汉大赋的延续，但现实内容更加突出，对后来的作品有了较大的影响。

张衡具有代表性的赋作是《二京赋》和《归田赋》。对汉赋的发展和完善做出了积极的贡献。

赋作为一种创作文体，在特定的历史时期发挥过重要的作用，对帝王的诟病或劝谕或反对，这在一定意义上促进了社会进步。另外赋的创作手法不断拓展和丰富了文学创作的内涵。

四、唐诗

唐代是我国诗歌发展的鼎盛时期，诗坛群星辉映，取得的成就让世人瞩目。初唐时期的代表作家有"初唐四杰"——王勃、杨炯、卢照邻、骆宾王。此外，还有陈子昂也是初唐有名的诗人。

王勃，字子安，绛州龙门（今山西河津）人。其诗作能突破当时文坛的宫体诗束缚，风格较为清新明朗。名篇《送杜少府之任蜀州》中的"海内存知己，天涯若比邻"，一扫前人送别伤离的低沉格调，历来为人们传诵。

杨炯，华阴（今陕西华阴）人。作诗擅长五律，叙写边塞生活的诗作尤为突出，如《战城南》《从军行》等篇都气势轩昂、风格豪健。

卢照邻，字升之，号幽忧子，幽州范阳（今河北涿州）人。代表作《长安古意》，揭露了上层社会的奢靡生活和内部斗争，在初唐时期成就突出。

骆宾王，婺州义乌（今浙江义乌）人，擅长七言歌行，名作《帝京篇》当时被称为绝唱。又精于五言诗，五律《在狱咏蝉》，借蝉自喻，是脍炙人口的名篇。

盛唐时期经济发展，社会全面调和，唐诗发展至顶峰时期。题材广阔，流派众多，出现"边塞诗派"与"田园诗派"等。伟大的浪漫主义诗人李白和伟大的现实主义诗人杜甫是这一时期最杰出的代表。无论五律七律、五绝七绝，还是古风歌行皆达到很高的艺术水平。

李白（701—762年），字太白，号青莲居士，唐代伟大的浪漫主义诗人，在我国历史上被称为"诗仙"。主要著作有《蜀道难》（赠孟浩然）《梦游天姥吟留别》《将进酒》等。

杜甫（712—770年），字子美，自号少陵野老，盛唐伟大的现实主义诗人，号称"诗圣"。主要作品有《兵车行》《丽人行》《北征》、"三吏"（《新安吏》《石壕吏》《潼关吏》）、"三别"（《新婚别》《垂老别》《无家别》）等。

李白的诗自由奔放、气势宏大、想象丰富、无拘无束、飘逸豪迈、直抒胸臆，继承了浪漫主义的传统，独具风格。杜甫的诗形成于离乱之时，当时正逢安史之乱，生活疾苦，民不聊生。杜甫的诗更多地反映食不果腹、衣不蔽体的愁苦及忧国忧民的爱国情怀，含蓄沉郁，体现出更多的现实主义风格。

另有王维、孟浩然代表的田园诗派和高适、岑参代表的边塞诗派，他们各具风格，对诗歌的发展做出了重要的贡献。

中唐时期，成就最卓著的当数白居易，他提出"文章合为时而著，歌诗合为事而作"的进步理论。白居易极富历史使命感，力求作品对时代的关注，亲自参加领导"新乐府运动"。白居易的诗明白晓畅，通俗易懂，深受群众喜爱，代表作有《长恨歌》《琵琶行》等。此外，韩愈、刘禹锡、李贺之诗也颇有成就。如韩愈的《八月十五夜赠张功曹》、刘禹锡的《西塞山怀古》、李贺的《梦天》都有较高的艺术成就和审美价值。

晚唐时期，封建统治日益腐朽，阶级矛盾空前尖锐。盛唐的辉煌慢慢褪去，诗歌的写作风格也慢慢从高昂走向低落。晚唐诗人较著名的有：李商隐、杜牧、温庭筠、韦庄等。其中，李商隐和杜牧被人们称为"小李杜"。

杜牧的主要作品有《秋夕》《山行》《赤壁》《泊秦淮》《长安秋望》《赠别》《九日齐山登高》《阿房宫赋》《赠别》等。

李商隐的主要作品有《登乐游原》《无题》《夜雨寄北》《锦瑟》等。

李商隐一生仕途坎坷，但一直关心政治。作品大多是咏史诗，反映了走向衰落的唐朝现实。在艺术上，杜牧追求豪迈奔放、峭拔高远。李商隐则形成深情哀婉的独特风格，二者进一步推动了古典诗歌的发展。

另外温庭筠也有很大成就，主要代表作有《菩萨蛮》《梦江南》等。

五、宋词

词的创作在宋达到了巅峰，盛极一时。词人众多，成就卓著。在发展过程中主要形成了婉约和豪放两大派别。

婉约派的代表人物主要有欧阳修、柳永、晏殊、李清照、晏几道、周邦彦、秦观、姜夔、吴文英、李煜等。

欧阳修的部分词涉及男女之情，但在欧词中脂粉气逐渐褪去，代之以刻画细腻的内心世界，对后期词风的转变起到了很大的作用。如其作品《蝶恋花·庭院深深深几许》，虚实相融，意境深邃，堪称欧词之典范。

柳永是北宋一大词家，在词史上有重要地位。他仕途坎坷、为人放荡不羁、终身潦倒，由追求功名转而厌倦官场，沉溺于旖旎繁华的都市生活。他佳作极多，大多以艳词问世，具有很高的艺术价值，在词史上产生了较大的影响。代表作有《雨霖铃》和《蝶恋花·倚危楼风细细》等。

晏殊词很讲究意境，雅致含蓄且略带惆怅。晏词语言凝练，平淡而富有韵味，构思曲折精巧，透视自己对人生的切肤体验，耐人寻味。诸如脍炙人口的名句"无可奈何花落去，似曾相识燕归来"表现出词人对人生态度的豁达和变通。其最著名的代表作有《浣溪沙》。

李清照是南宋前期中国文学史上杰出的女词人。李清照（1084—1155年），号易安居士，山东省济南章丘人，宋代女词人，婉约词派代表，有"千古第一才女"之称。李清照的词前后风格迥异，前期作品既有欢快的，也有哀婉的；后期作品大多表现情感劫难后的落魄和飘零。李清照的词构思新颖，笔法细腻，有很高的艺术价值和审美价值。主要作品有《如梦令》《醉花阴》和《声声慢》等。

李煜，婉约派的核心代表，精通书法和绘画，诗文方面有一定的造诣，尤以词的成就最高。前期作品主要反映宫廷生活，后期作品则抒发亡国之恨。留下了许多诸如"问君能有几多愁，恰似一江春水向东流"的名句，被世人称为"千古词帝"。主要作品有《虞美人》《相见欢》《浪淘沙》《乌夜啼》。

另外，婉约派中成就较高的还有晏几道、周邦彦、秦观、姜夔、吴文英等。

豪放派创作视野开阔、气势磅礴、不拘格律，表现出丰盈的生机和活力，展示了多姿多彩的语言风格，词风豪放、大气。代表人物主要有苏轼、辛弃疾、陆游、陈亮、张孝祥、张元干、刘过等。

苏轼（1037—1101 年），字子瞻，一字和仲，号东坡居士，眉州眉山（今四川眉山市）人，中国北宋文豪，"唐宋八大家"之一。豪放词派的杰出代表，词风高远，有独特的艺术风格。主要代表作有《念奴娇·赤壁怀古》，这首被誉为千古绝唱的名作，是宋词中流传最广、影响最大的作品，也是豪放词最杰出的代表。这首词思古咏叹，关注历史和人生。在艺术上表现出深邃苍凉、大气磅礴的意境，进而唤起世人对人生的无限感慨和思索，有极强的艺术效果和审美价值。

辛弃疾（1140—1207 年），字幼安，号稼轩，历城（今山东济南）人，南宋杰出的豪放派爱国词人。所作《稼轩词》620 余首，属宋代词人之首。他的词作有很强的艺术性、善于突出意境，词风既有慷慨激昂的爱国豪情，又有静谧怡人的田园风味，所写词善用典故、内容丰富。主要作品有《破阵子·为陈同甫赋壮词以寄》《永遇乐·京口北固亭怀古》等。

陆游（1125—1210 年），字务观，号放翁，越州山阴（今浙江绍兴）人，南宋诗人、词人。陆游是现留诗作最多的诗人，其一生笔耕不辍，现存 9300 多首作品。其作品主要抒发政治抱负，反映人民疾苦，批判当时统治集团的屈辱投降，风格雄浑豪放，表现出渴望恢复国家统一的强烈爱国热情。词风兼容婉约与豪放两种风格，后世流传着许多诸如"零落成泥碾作尘，只有香如故"的千古佳句。主要词作收录《放翁词》，共计 100 多首。

豪放派中影响较大的还有张元干和张孝祥等。张元干的《芦川词》和张孝祥的《六州歌头》都有很强的艺术性和审美价值。

六、元曲

元曲，或称元杂剧，是盛行于元代的戏曲艺术，为散曲或杂剧的通称。

元曲发展初期有鲜明的通俗化、口语化的特点，粗犷爽朗、质朴自然的情致。作者北方人居多，其中关汉卿、马致远、王实甫、王小军、白朴等人的成就最高。中期元曲开始向专业化全面过渡，散曲成为诗坛的主要体裁。重要作家有郑光祖、雎景臣、乔吉、张可久等。末期的散曲作家讲究格律辞藻，艺术上刻意求工，崇尚婉约细腻、典雅秀丽，代表作家有张养浩、徐再思等。

对元曲做出重大贡献的有关汉卿、马致远、郑光祖、王实甫、白朴等。

关汉卿（约 1220—1300 年），号已斋（一作一斋）、已斋叟。元杂剧作家，是中国古代戏曲创作的代表人物。据各种文献资料记载，关汉卿编有杂剧 67

部，现存 18 部。代表作有《窦娥冤》《救风尘》《望江亭》《拜月亭》《鲁斋郎》《单刀会》《调风月》等。

马致远（1250—1324 年），字千里，号东篱，元杂剧作家，是"元曲四大家"之一，被尊称为"曲状元"，是我国元代时著名大戏剧家、散曲家。代表作有《汉宫秋》《青衫泪》。

郑光祖，生卒年不详，字德辉，汉族，平阳襄陵（今山西襄汾县）人。他是元代著名的杂剧家和散曲家，与关汉卿、马致远、白朴齐名，后人合称为"元曲四大家"。郑光祖所作杂剧可考证的有 10 多部，现存作品有《周公摄政》《王粲登楼》《翰林风月》《倩女离魂》《无口破连环》《伊尹扶汤》《老君堂》《三战吕布》等，其中《倩女离魂》最著名。除杂剧外，郑光祖写散曲也颇有成就。

白朴，原名恒，字仁甫，后改名朴，字太素，号兰谷。他是元代著名的文学家、杂剧家，元曲四大家之一，代表作《墙头马上》。

元曲题材丰富多样，创作视野宽广，反映的生活鲜明生动，人物形象独特，语言通俗易懂，是我国古代文化宝库中不可缺少的宝贵遗产。

七、先秦散文

散文从广义来说是不追求韵律的散体文章，大体包括杂文、随笔、游记、传记等。先秦时期是中国散文的源头，主要是诸子散文和历史散文。

诸子散文重在议论政治哲学思想，而历史散文主要是记述历史事件的演化。诸子散文主要有《论语》《孟子》《荀子》《庄子》《韩非子》等。

《论语》是语录体，它是儒家鼻祖孔子的弟子对孔子言谈举止的记录。现流传的《论语》共 20 篇，可以粗略看出孔子的思想脉络，但没有完整的结构体系。《论语》用通俗易懂的方式讲出了许多做人和治学的道理，成为中国传统精神的重要组成部分。

《孟子》全书共 7 篇，依然是语录体。《孟子》的写作文风气势磅礴且跌宕起伏，多采用比喻的手法来解释深刻的道理，对后世产生了深远影响。

《荀子》中的文章以议论见长，通过比喻等手法辩明事理。文风恢宏博大，思想严谨缜密。

《庄子》现存 33 篇，堪称千古奇文。《庄子》多采用寓言故事，用贴近生活的形象化语言来解释深邃的哲理，大量运用比喻象征等手法，文风简洁飘逸、说理深刻、颇具浪漫主义特征。

《韩非子》全书 33 篇，多采用寓言和比喻来说理，文风犀利冷峻。《韩非子》摆脱了语录体的表达方式，使散文的形式更趋于成熟。

历史散文主要有《左传》《尚书》《春秋》《国语》《战国策》等。其中《左传》与《战国策》最具代表性。

《左传》相传左丘明所著，称为"编年体"。《左传》文辞精炼，用委婉曲折的笔法把春秋时期战争描绘得淋漓尽致、荡气回肠。内容涉及政治、经济、军事、外交、文化等，是后世研究春秋历史的丰厚史料。

《战国策》是一部国别体史书，记录战国时期纵横家在各国之间游说的精彩言行。说客为了获取功名和富贵，游走于各国之间，用尽各种手段和权术，演绎出一个个惊心动魄的故事，塑造出许多个性鲜明的人物形象，故事情节跌宕起伏，步步惊心。

八、明清小说

明清小说登上了中国传统文学的高峰，取得了让世人瞩目的成就。明清时期社会矛盾加剧，封建专制的思想扼杀了许多进步思想，这种涌动的批判性思潮成为创作的现实基础。

明清时期最著名的长篇小说有《三国演义》《水浒传》《西游记》和《红楼梦》。

《三国演义》的作者是罗贯中。该小说上演了东汉末年到西晋初年之间近100的历史风云。反映了三国时代的政治军事斗争，剖析了三国时代各类社会矛盾的渗透与转化，再现了这一时代的历史巨变，塑造了一批叱咤风云的英雄人物。《三国演义》刻画了众多人物形象，诸如诸葛亮、曹操、关羽、刘备等。《三国演义》还描写了许多大大小小的战争，构思宏伟，手法多样，使我们清晰地看到了一场场刀光剑影的战争场面。故事情节跌宕起伏，荡气回肠。

《水浒传》的作者是施耐庵。该小说是一部以描写古代农民起义为题材的长篇小说。它形象地描绘了农民起义从发生、发展直至失败的全过程，深刻分析了起义的社会根源，歌颂了起义英雄的反抗斗争精神，揭示了起义失败的内在历史原因。该书塑造了许多极具个性且丰满形象的典型人物，栩栩如生。同时小说还描写了许多壮观的战争场面，悲壮且流连忘返。《水浒传》的影响巨大深远，几百年来，各种故事情节一直为人们所津津乐道。小说的艺术性很强，达到了极高的水平。其在思想内容和文学艺术上都取得了重大成就。

《西游记》是吴承恩所著，是中国古典四大名著之一，是一部优秀的神魔小说，也是一部规模宏伟、结构完整、用幻想形式来反映社会矛盾的精品巨著。故事叙述唐三藏与徒弟孙悟空、猪八戒、沙僧，经过无数次磨难，到西天取经的艰辛历程。作品问世之时正值明朝政治腐败，百姓生活困苦，民生凋敝。社会涌动着愤懑的情绪，作品借故事隐喻社会弊病，也是社会释放内心压抑的大爆发。在写作手法上具有很高的艺术价值。

《红楼梦》的作者是曹雪芹。《红楼梦》被评为中国最具文学成就的古典小说及章回小说的巅峰之作。该书总结了中国封建社会的各种文化和制度,对封建社会的各个方面进行了尖锐的批判,并且萌发了朦胧的民主主义思想。《红楼梦》是以贾、史、王、薛四大家族为背景,以贾宝玉、林黛玉的爱情故事为纽带,全方位展示了当时封建社会生活的全貌。喻示着封建社会的颓废和败落,小说还涉及服装、饮食、建筑、园林、医药等层面,具有极高的艺术价值和审美价值。

清代著名的小说还有蒲松龄的《聊斋志异》和吴敬梓的《儒林外史》。

《聊斋志异》,清代短篇小说集,是蒲松龄著名的代表作。全书共有短篇小说400多篇。题材广泛,内容丰富。多数作品通过鬼怪故事对当时社会的腐败和黑暗进行了尖锐的批判,旨在揭露社会矛盾。《聊斋志异》成功地塑造了众多的艺术典型,人物形象鲜明生动,故事情节离奇,结构严谨,描写细腻,文笔流畅,是中国古典短篇小说的杰出代表。

《儒林外史》主旨在于反对科举制度和封建礼教,讽刺极端虚伪的行为和社会恶习。其思想在当时无疑具有重大的现实意义。创作多用白话语言,颇具准确和生动的特点,人物塑造形象逼真,写作手法优美细腻,妙用讽刺手法更增加了作品的艺术性。

第二节 书法艺术

一、书法艺术的构成

书法创作过程中,笔是书写的工具,墨和纸(或其他颜料和承墨物)是书法作品存在的物质形式。毫无疑问,书家的情感外化必须借助这些工具和媒介物得以实现。下面要讨论的是构成书法作品情感内容的相关因素。

(一)题材

广义地讲,题材就是艺术作品中所表现、描绘的生活、情感的范围和性质。题材使艺术带有某种服务社会的功能,它在一定程度上对艺术的自由性是一种约束,但同时为艺术接受指明了对象群体,为整个艺术活动能够顺利完成提供了有利条件。

(二)素材

素材是艺术的原始材料,是未经提炼的实际生活现象。素材本身和艺术家所要表达的情感之间并无直接关系，它只是被艺术家因表达情感的需要而被利用的事物对象的某个方面。如一片叶子，可以给人"一叶知秋"的萧瑟感，也能使人想到"二月春风似剪刀"。但是，"叶子"是以其形状、颜色等视觉元素作为绘画的素材，而不是其物质结构。在书法艺术中，正如金开诚所言，由点画组成的具有一定形体的汉字即为素材。作为书法艺术的素材的汉字，被书法家利用的是其外在的形体，而不是汉字的符号意义。同样的汉字，在书法家的笔下可以被赋予不同的视觉效果。其原因就是汉字的点画和结构具有丰富的变化特性，这也是书法作为一种艺术形式存在的前提。汉字是记录语言的书写符号系统，单个汉字代表一个语素（词素），汉字按照一定的语法规则进行组合，即可成为具有某种内容意义的语言的对应物。必须指出的是，将书法作品中的文字内容当作"素材"，存在概念上的误解。因为，书法创作不是对文字内容进行艺术加工（这是文学艺术的事情），对于确定的文字内容，书写过程不是也无法对其进行变化。

（三）内容

对于艺术作品而言，内容就是形式的含义，是作者想要表达的情感。顺便指出，内容和题材不是等同的。即使对于相同的题材，艺术家的情感也可能是完全相反的。

托尔斯泰说，艺术家首先产生想要表达的情感之后，并试图向他人传达自己所体会的情感，才进行艺术创作。科林伍德甚至认为"真正的艺术家的任务并不是在观众身上产生一种情感效果"，而只要在大脑中具有构想即表明表情过程已经实现。当然，如果情感发生并终止于艺术家的大脑，他人是无法感受到的，这并不是艺术活动的全部。但不容否认的是，艺术作品的情感内容是在作品形成之前就存在于艺术家的大脑之中的。因此，艺术作品只是再现了艺术家想要表达的情感，它是艺术家创造的产物而非自在之物。

另外，存在于艺术家大脑中的情感是以语言的形式界定的。为了使观众更加顺利地理解和掌握作者的意图，大多艺术家都为其作品给出了"标题"。标题实际上就是其情感内容的概括和抽象，它为观赏活动提供线索或启示。传统意义上的书法作品一直没有"标题"，或是因为"书为心画""书为心迹"已成为书法审美的约定。当然，对于艺术作品或观赏者而言，"标题"并不是必不可少的。

事实上，当书者的情感变得清晰而被捕捉住时，符合这种情感特征的语句也随之出现。它可以是诗歌、词句或任何与创作主体思维和表达方式一致的语句。作者"用心地把握理解其意味内容，并在不破坏意味内容的整体气氛的前提下进行创作"。由此可见，书法创作离不开对书写内容的观照，"得于心而应于手"的文字内容必然与书者的情感有关。否则，在心理上"就会造成制作者与作品间的游离"，无法达到书法创作时"心手相随""物我两忘"的境界，作品的审美层次也就只能停留在单一的形式上。

对于所要表达的情感，书者如果只是随便将几个汉字按照某种样式"画"出来，并使图像具有某种"意味"即可（事实上，任何图像都可能具有某种"意味"），那么，一切与情感无关或相反的文字内容，都将可以作为书写的对象。更进一步地，如果书家需要表达的情感与其选择的文字内容无关，写汉字对于书法也就不是必要的。此时，汉字的结构对"写"这一表现过程将是一种多余的约束。这样，与其写汉字，不如"画"线条来得自由。然而，当作者就这样的"线条"作品给出标题时，《书法作品》这一笼统的命名肯定不是他们的心愿，并且，这类作品也不是大众心目中的真正意义上的书法艺术作品。

由此可见，书者所要表达的情感必然在其选择的文字内容中得到体现。

因此可以说，书法作品的文字内容应当是书法艺术作品内容的某种"映射"，或者说，书法艺术作品的内容与文字内容具有相关性。但这并不意味书法艺术作品的内容与作品的文字内容具有等价关系。这是因为，书者是通过书法作品表达自己的情感，而不是采用语言文字表达情感。书法艺术的内容是寓于书法作品之中的情感，语言文字充其量只是起到"标题"或"梗概"的作用。事实上，任何语言文字都无法给予艺术作品完全相同的审美感受。否则的话，除了语言艺术之外，其他艺术的存在将是多余的。

二、书法的历史发展

（一）先秦书法

汉字的形成经历了很长的历史时期。我国最早的古汉字是商代中后期的甲骨文和金文。甲骨文是殷商时期刻写在龟甲兽骨上以记载各种活动的文字。甲骨文已具备了中国书法的三个基本要素：用笔、结构、章法，被视为中国书法的真正开端。

金文指古代铜器上铸刻的文字，其结构匀称流畅，线条干净利落，布局合理，具有了初步的审美意识。

汉字演变的总体趋势是由繁到简，字体和字形在视觉上不断趋于完善，审美功能不断加强。汉字从最早单纯的记载功能中解放出来，加强了艺术性。字体上也极大地削弱了文字的象形性，极大地推进了汉字的艺术性创作。

（二）秦代书法

小篆又叫作"秦篆"，是由大篆删改而来的一种字体。它产生于战国后期的秦国，通行于秦代和西汉前期，是在金文和石鼓文的基础上删繁就简而来。秦代书法，在我国书法史上留下了辉煌灿烂的一页。小篆字体略长，笔画匀称，富于图案美。它在中国文字发展史上有特殊地位，是古文字通向近代文字的桥梁。李斯是秦代著名的篆书家，他对中国汉字的演变和发展做出了不可磨灭的贡献。

（三）汉代书法

汉代是汉字书法发展史上承前启后的阶段。两汉时期，书法由籀篆变隶分，由隶分变为章草、真书、行书，至汉末，我国汉字书体已基本齐备。在隶书成熟的同时，又出现了破体的隶变，发展而成为章草，行书、真书也已萌芽。书法艺术的不断变化发展，为后来流畅的行草及狂草开辟了道路。这一时期主要代表作品有1973年在湖南长沙马王堆三号汉墓出土的竹木简600余枚。出土作品反映出当时书法已进入到了一个比较成熟的阶段，字体结构平衡对称，整齐和谐。给人以含蕴、圆润之感。汉代时期许多书法家已无从考证，相传较著名的有张芝、梁鹄、师宜官等。

（四）魏晋书法

魏晋书法极富创造力，是书法史上的里程碑，奠定了中国书法艺术的发展方向。魏晋时期，楷书、行书、草书等字体在广泛的应用中得到迅速完善，是完成书法体演变的重要时期。书法作为艺术的许多理论初步形成，这无疑是汉字书法史上的又一巨大进步。在这一时期出现了许多在历史上极具影响力的大书法家，其中最著名的有钟繇和王羲之等人。钟繇在中国书法史上影响很大，历来都认为他是中国书史之祖。他在书法史上首定楷书，对汉字的发展有重要贡献。作品主要有《荐季直表》和《宣示帖》。王羲之是中国东晋著名书法家，有"书圣"之称。其书法用笔细腻，结构多变。王羲之无真迹传世，著名的《兰亭序》等帖，皆为后人临摹。王羲之主要代表作品有《兰亭集序》和《丧乱帖》等。其中，《兰亭序》为历代书法家所推崇，被誉作"天下第一行书"。

（五）唐代书法

唐朝初期，社会安定，经济繁荣，书法亦蓬勃发展。初唐书法家有虞世南、欧阳询、褚遂良、薛稷等。这时，行草书尚守晋法，没有新意。盛唐时期随着社会经济的进步，文化艺术也有了很大的变化和发展，特别是真草更彻底地摆脱了王家书派的束缚，形成自己的新风格。书法巨匠颜真卿是真书变革的杰出代表。颜真卿是继王羲之后成就最高，影响最大的书法家，成为中国文人书法的重要里程碑。他转益多师，一变成法，创造出方严正大、大气磅礴的楷书书法审美范式，他的行草也传递出沉着痛快、豪迈洒脱的大师气象。传世作品主要有《祭侄稿》《争座位》以及《麻姑碑》等众多碑刻。中晚唐时期书法理论得到了很大的发展，在画坛上出现了著名的书法大师柳公权，与盛唐时期的颜真卿齐名成为唐代无可替代的两座书法高峰。这时还出现了张旭、怀素、孙过庭等著名的书法家，他们分别在草书方面开创了新的境界。总之，楷书、行书、草书发展到唐代都跨入了一个新的境地，对后世影响深远。

（六）宋代书法

宋代书法带有鲜明的时代特征。它挣脱了之前已经很成熟的唐代书法的束缚，开创了一条属于自己的全新道路。书法理论强调作品的风神意蕴及书法家的内在精神气质，表现出宋人的创新精神和创造能力。宋代为后世所推崇者有苏轼、黄庭坚、米芾和蔡襄四大家。苏轼的代表作有《前赤壁赋》《寒食诗》等，黄庭坚的代表作有《松风阁帖》《苏轼寒食帖跋》等，蔡襄的代表作有《自书诗卷》等。

（七）明清书法

早期明朝下令征召天下善书人，授中书、舍人官职。书写内阁拟定的诏令、典册、文书等。其书法有着统一的要求和体格，人称"台阁体"，这进一步促进了中国书法艺术的发展。中期，江南地区成为文人荟萃的文化中心，文人书法重新兴起。书法家们在继承优秀传统基础上更讲求形式美和抒发个人情怀。晚期，书坛出现了许多风格独特和成就卓著的书法家，成就最大的是董其昌。董其昌兼工楷、行、草书，集多家书派的风格形成自身的秀雅格调。在书法理论上，他强调书法贵有古意，认为书法必须熟后能生。他重视书法家的文化艺术修养，主张多阅、多临古人真迹，强调读万卷书、行万里路，以提高艺术悟性。董其昌的书法及其理论直接影响了清代前期的书法走势。清代前期，书法创作基本承袭了明代余风。从清代中期开始，书法艺术的发展逐渐分成帖学和碑学两个方面。进入清代末期，碑学理论与碑派书法已深入人心，其影响之大，远及海外的朝鲜、日本等国。

第三节 雕塑艺术

一、中国古代雕塑的装饰性

中国古代雕塑的装饰性相当突出，这是孕育于工艺美术所带来的必然胎记，无论是人物还是动物，无论是明器艺术、造像还是建筑装饰雕刻，都普遍反映出传承悠久的装饰趣味。在古代雕塑的发展中，到南北朝，在云岗、龙门、麦积山等处，可以看到许多极具装饰元素的伎乐飞天，同时也出现了夸张性的金刚力士，尽管未能直接反映生活，但从形象表现上来看，都是以现实的人物为依据，加以某些不可缺少的装饰、变化、夸张、以适合某种要求，究其创作源泉，也还是从观察生活、表现生活上得来的。隋唐以来，装饰性的雕刻艺术可以说达到空前的高峰，从艺术的典型因素来看，大足石刻和云岗北魏露天座像、南朝的辟邪和唐代的石狮，其刻在佛像身部及附件上的饰纹，将图案化了的装饰纹样以统一的手法合情合理的组织起来，从整体到局部衬托着活力无比的佛神。大足石刻中"如意珠观音"披袈裟，挂璎珞，花簇满身，花冠精巧异常，衣褶贴体，加之佛像的对称式坐姿和图案化的袈裟花纹，使之显出最佳的形式，装饰感极强，富有浓郁的中国风情。与此同时，装饰性对于增强佛像题材所表现的庄严肃穆气氛，也体现着规范性和严格性，所选用的形式、内容都是围绕着佛文化而展示演绎的，中国古代的装饰性雕塑在形式上是较倾向于夸张和变形之术，如辟邪石狮的整体造型完全是经过装饰化变形的，并且融合着青铜器和玉器的某种形饰、线刻图案来加强这种装饰品格，经过装饰艺术洗礼的石兽在现实中呈现的形象，往往比写实雕刻的石兽更威风、更勇猛，更显出神圣不可侵犯的身姿，树立它们镇邪主权的神威，能更好地发挥它们作为建筑装饰的功能。

二、中国古代雕塑的绘画性

中国古代雕塑具有明显的绘画性，中国古代雕塑与绘画之间有着较多的联结与共通，在原始工艺美术中就有显现了，所以也有这样的说法，说中国古代雕塑和绘画是一对同胞兄弟，都孕育于原始工艺美术，这种见地是不错的。从彩陶时代起，塑与彩互相补充，紧密结合，在陶塑上加彩（专业上称作"妆銮")以提高塑造形式的表现力,到原始造型与原始捏塑工艺都成熟之后,"塑形绘质"仍是一种独立艺术。纵观现存的历代雕塑,有许多形式就是妆銮过的泥塑石刻和木刻、木雕。雕塑艺术发展到今天,已经纯化和单向发展了,所谓的"纯美术雕塑"是不加彩的,是以自然的本质来体现的,但民间雕塑仍保持着妆銮传统,这种加彩的民间艺术其装饰的水平有着独特的风貌,充满理想主义的期盼,如无锡惠山泥人、凤阳彩塑、天津"泥人张"的泥塑加彩等在历史的发展中不断完善,形成了一种民族化了的本体艺术。追根溯源,这种本体艺术的形成反映着中国绘塑不分的装饰雕塑语言,促成了雕塑与绘画审美要求的一致性,但这个"一致性"是不平衡的。因为在中国古代,绘画受到比雕塑高得多的重视,以至产生有相当级别的专职画师、宫廷画师,而雕凿塑像者始终只有工匠从事,文人、士大夫极少参与,虽然早期的绘画者也只是工匠与民间艺人参与,但从东汉晚期开始,文人士大夫不仅仅参与了绘画创作,而且逐渐成为中国古代绘画创作队伍的骨干力量,不由分说地统治着绘画艺术领域,使绘画艺术的地位高高凌驾在雕塑之上,并以其艺术观念影响雕塑。长此以往,无形中使得雕塑渗透着明显的绘画性,但绘画性的表现是依附于雕塑本身的体积和空间的,并十分重视轮廓线和身体衣纹线的韵律,这些线纹都像绘画线条一样,是经过高度推敲与概括提炼而形成的,而且相当注重色彩的对比性与协调性,有突出的个性张扬。如关帝庙的关公像,枣红色的脸膛衬现着关羽的忠义之气。这种色彩和线条把握泥塑的艺术形式在我国不同地区、不同民族中都有存见,较著名的有汉唐釉彩陶俑、敦煌莫高窟唐塑和麦积山石窟宋塑佛教像,以及太原晋祠宋塑侍女,还有大同下华严寺巨塑菩萨、平窑双林寺明塑和昆明筇竹寺清塑罗汉像等不朽作品。中国既塑又彩的这种艺术形式在历代相传中承袭下来,极大地展示了中国古代雕塑的绘画性,以至于至今仍有民间匠师仍然大都先勾勒人物线描草稿,象人物白描一般,再复制成雕塑,也不例外有人直接在硬质材料上勾线描稿,再雕而刻上,雕塑作品在这样的技巧下完成创作,带有必然的绘画性就完全可以理解了。

所以,我们分析和欣赏古代传统雕塑,要走进中国雕塑的历史,也需借用中国画的审美眼光,这样就能更好的、更切实际的把握中国古代雕塑的美感要点。

三、中国古代雕塑的意象性

中国古代的艺术是从民间走出来的,中国的艺术在不断传承中,是源于自然、高于生活的,精神图腾与艺术创作的想象推动着中国古代艺术不断地向前发展，中国的绘画与雕塑无论从形式到造型都浸透着浪漫与现实的结合，显示着艺术的功底与艺术的思想。

我们从中国艺术的背景来看，雕塑和绘画是在工艺美术的母体中共存与产生的，在漫长的千年进程中，它们只是工艺美术形式中不同的两种艺术形态、两种装饰手法，这就使得绘塑在共融中发展，也就使得线刻和平面性浮雕——画刻高度结合的、中国式造型方法能发达与持久的主要原因。

再则，中国的装饰艺术有着不拘一格的夸张性，形式不求再现，在物象表现中力追新奇酣畅，有如中国传统书法艺术中的狂草，绘画艺术中的大写意，京剧舞台上的脸谱，都不像西洋绘画和古希腊的雕塑那样去极力追求自然、摹仿自然、再现自然，而是有高度的意象性，主要是依据观察体验所得印象，再加以想象，把注意力放在物象的神韵表现上，经过主观加工美化而成艺术形象，和客观对象持有相当距离。中国雕塑亦是如此，它和中国画的艺术观念是一致的，而且贯穿了整个古代雕塑的程式，我们对一些古代雕塑稍作分析便可明了。如古代雕塑"十大明王造像"虽因元兵入川仓促停工，留下一组尚未竣工的艺术品，但从现有粗胚上斧凿刻痕观察，可以看到古代雕刻家纯熟的刀法与深厚的艺术功底，雕塑的整个气势刚健遒劲、雄浑有力，有如中国画中豪放的笔触，别具韵致。在古代雕塑中，秦始皇陵兵马俑虽然在形象表现上高出于其他时代的写实性，但这是主题性表现，是替代真人的，在表现上仅仅集中在俑的头部刻画，并且形象是规律性的、图案化的，形象是以层次等级分类的，并不是每件都各不相同的，而且身体部分则无一例外是十分写意的，就是比较写实的头部也只是与横向相对而言，也不能和西方的写实雕塑作同格比较，而且原则性的区别是在于艺术表达方式是大相径庭的，在本质上依然属于意象性造型。并且我们的古代雕塑象汉唐陶俑、霍去病墓石刻、历代造像无不显示意象的特点。中国古代雕塑的精到精妙是体现在装饰与工艺上的，艺术的表现始终是绕行在意象表达之中的，是从感觉与理想出发，象中国的写意画一样，艺术的表达在形式上简练、明快，但意的衍生是以少胜多而耐人寻味，汉代四川说唱俑和霍去病墓石兽颇具代表性，这些作品以作者对物象的高度感悟和深刻理解，追求神韵，以形写神，像说唱俑的眉飞色舞兴高采烈的神情表达真是达到出神入化的境地，这种"栩栩如生"的感觉才是真正意义上的从艺术作品中传达出人的精神状态与生命活力。霍去病墓的石兽以有意味的基调夸张了动物的神韵，在形式上有严格的去舍，重在突出对象的特征，更具艺术感染力，还有霍去病墓石兽采取"因势象形"的手法，以巧妙地构思充分利用岩石的自然之势，只进行最低限度的艺术加工就能接近某种动物的形状，使石兽造型更显示出形与意的相交。

从整体的艺术形式来看，中国古代雕塑总的趋势与艺术表达是以意象为主的，但精与粗、主与次的对比是把握得很好的，重头部的刻画，头部是艺术家首要表现的部分，所以在中国古代的绘画与雕塑中，头大身小是一种人为的、程式性的造型，在头部的装饰也是下大功夫的，重在传神与美化，龙门奉先等大佛、服侍菩萨与天王力士像都严重地头大身小，但依然很美，可以说这是中国古代雕塑意象描写中扎实与精美之处。

四、中国古代雕塑审美的特殊性

中国式的文脉特征是世界上独有的，所以有着一整套属于自己的审美特殊性能，这种审美不管在任何情形下都离不开文化与人文背景和中华民族的气质，离不开生活条件、地理环境、哲学思想、伦理道德观念的联系，以"温柔敦厚"为诗之旨，并作为艺术的一种思想指导，表现在艺术上便是朴素美、含蓄美、内在美；雕塑亦然，中国古代大部分雕塑其内容是理想主义的，表现着人们的生活理想与精神理想，艺术上不是现实和写实的再现。中国古代雕塑给人的感觉不像西方古典雕塑那样非常写实，一览之下历历在目，而是神龙露首不露尾，含不尽之意于象外，象中国书画以藏锋用笔那样将力量包裹在内部，给人以更多品赏的余味。例如：严阵以待的秦始皇陵兵马俑、载歌载舞的汉唐女俑、威武雄壮的唐代天王力士都有这种效果，比之西方掷铁饼者的紧张迸发和拉奥孔群塑情绪激烈的外露，就能更好的领悟中国古代雕塑畜而不发的美感特点，从中也可以看出它是与其他中国古代艺术的审美理想是一致的。

中国古代雕塑审美的特殊性还在于大量的佛教造像这一块。虽然佛教美术源于古代印度，但中国艺术家在学习模仿的过程中，逐步溶进华夏文化，在改造与提高中使其既保留了某些不可动的原在因素，又更完美地体现出中国形式和风貌，使佛像的造势逐步地形成了中国式的框架，并上升了佛教造像的"经规仪轨"，形成了所谓佛像有"三十二相""八十种好"的形象与神化特征，两耳垂肩，手长过膝而外，又如螺发绀青相，顶上肉髻相（不是普通发髻）眉宇间的毫相等，可以通过造型艺术加以表现得好相道，在雕塑造型中，在形象塑中都必须严格符合要求。再则，佛和菩萨的肢体演绎，特别是手势（称作手印或印相）各有含义，各种佛经人物依身份不同而有不同的造型（如有的三头六臂，有的千手千眼），不同的姿势（如接引佛才站着，其他佛皆取坐姿），表现形式都有严格的律定。当然，这种形式审美的特殊性是由理想主义的艺术产生的，在表达形式上是感情化的，因而形式的特殊审美也是必然的。

中国古代雕塑是具有思想性的艺术产物，有着强烈的民族性，这种民族性也体现了中国文源中儒道两家的哲学精神。儒家哲学尊天命，受其影响，在艺术表达中反映为崇高、壮丽、重穆、典雅等风格；道家哲学崇自然，在艺术上则表现为飘逸、雄浑、淳厚、古朴、淡薄等风格，中国古代雕塑很明显的具有这两种意思的合成。所以，欣赏中国古代雕塑要把握住民族性这个基础的根本点，要综合各个特点来认识，虽然特点并不等于优点，但有了特点，一种艺术就能生存和发展，中国艺术包括中国古代传统雕塑之所以能够一枝独秀地屹立在世界艺术之林，全在于有着与众不同的许多特点——这些特点是全世界所承认的，并受到全人类尊重的。

第四节 戏曲艺术

戏曲是我国传统文化的重要组成部分，随着时代的发展，我国的戏曲种类、内容等得到了丰富，深受国内外民众的欢迎。同时，中国戏曲不仅有深厚的文化底蕴，更有鲜明的民族特色，是世界三大古剧之一，并对国外戏剧文化产生了深远的影响。

一、中国戏曲的概念

我国古代对戏曲的命名上存在很大的差异性，主要是因为古代人们擅长形象思维，在对某一事物进行命名时，不能看到事物的深层次内涵，使得"戏曲"的名称比较混乱，难以形成统一的见解。例如，古代人们大多将"戏曲"称之为戏剧或戏曲，部分人们以单字来命名，比如戏、曲、剧等。而实际上，每一种名称都有自身独特的含义，唐代出现的戏剧并不是真实含义，而是戏弄之意，与现代的戏剧有很大的差别。随着戏曲的发展，很多人将其称之为"戏剧"，并没有形成统一的名称，而戏曲一词最早出现在宋朝时期。随着中外文化交流的发展，国外的歌剧、话剧开始传入我国，一些学者为了明确二者的区别，将国外的歌剧、话剧统称为戏剧，使得"戏曲"成了我国古代戏曲的独特名称。

二、中国戏曲的艺术形态

每一种文化都有其独特的艺术形态，中国戏曲文化也是如此，可以明确不同艺术形式之间的区别。我国在中国戏曲艺术形态研究上经历了很长的一段时间，并在不同的时期下有不同的解释。例如，我国古代学者在戏曲形态研究上，其理论随着戏曲的变化而发生改变。明代学者周之标在研究戏曲与散曲之间的区别时,认为戏曲是一种叙事文学,其艺术形态应该具备"有是事""有是情"两种特点。同时,周之标对戏曲的形态特征进行了阐述,戏曲所表达的情感,实际上就是剧中人们人物情感的展现,要求词人在进行创作时,必须要"消之"。另外,戏曲中的人物形象比较丰富,既包括忠诚仁义的君子,也包括奸诈狡猾的小人,都具备鲜明的人物特色。正是因为中国戏曲具备这些艺术特征,才能将剧中形象生动、形象的演绎出来,从而引起观众共鸣,便于被观众接受。

明代学者王骥德在戏曲研究方面也提出了自己的看法,认为戏曲是一种歌舞表演艺术,并对其进行了客观的评价。同时,王骥德将戏曲与《西厢记》进行了对比,认为《西厢记》只是一人弹唱,不能称之为戏曲。另外,戏曲所表现的内容应该有一定的范围,应展现民众的生态百态。因此,"葬马""二圣环"等可以称之为滑稽的表演,也不能称之为戏曲。王骥德将这些特征与元杂剧进行了对比,认为元杂剧具备"戏曲"的这些特征,可称之为戏曲。

随着时代的发展,中国戏曲到近代之后,逐渐成了一门独立的学科,使得社会对戏曲的艺术形态有了更深刻的认识。王国维在对宋元戏曲进行研究时,并没有规范戏曲的名称,导致"戏曲"与"戏剧"之间发生了混淆。但王国维对戏曲的艺术形态等进行了总结,其具备以下几方面的特征:一是,戏曲一定要使用综合性表演形式,如歌、舞等不同的艺术表演形式。在所有表演形式中,歌、舞是最重要的两个方面,应重点进行展现。二是,戏曲应具备一定的故事情节,歌舞等表演形式只是辅助手段,也是戏曲区分于杂技、武术的主要特点之一。传统的歌舞表演中,虽然也具备一定的故事情节,但只是简单地将故事情节展现出来,并没有表达人物之间的情感。因此,戏曲演员应利用这些手表演段将故事情节声情并茂的演绎出来,从而引起观众的情感共鸣;三是,戏曲并不是叙述体,而是一种代言体,需要演员在进行表演时,应深入到剧中人物中去,并对故事情节展开表演,不应该站在客观的角度来叙述故事,也是戏曲区分于小说等其他叙事文学的特点之一。

二、戏曲艺术的审美特征

(一)戏曲艺术美的丰富性

戏曲艺术表现手段的丰富多彩造就了戏曲美的丰富性,其中角色,音乐化的演唱和伴奏,虚拟的舞蹈化、程式化的动作和表演,以及艺术化的念白等起着突出作用。戏曲以演员的表演为中心,根据剧情需要由演员扮演故事中的具体角色。角色化要求演员的演唱、念白、舞蹈和表演动作都必须符合特定角色的特殊身份和个性，随着故事情节和戏剧冲突的发展，真实袒露特定情境中角色内心的情感冲突和变化，力求进入情景交融的审美境界。戏曲演唱的音乐化，集中体现在曲牌联套和声腔板式的优美设计和灵活自由的演唱上，戏曲演唱追求唱腔饱满圆润、抑扬顿挫、曲折变化和优美动听；戏曲的唱段，是诗词、散曲与音乐的融合，具有极强的抒情性和表意性；演唱要有心灵的体验和真情的投入，讲究声情并茂，真切传情，完美表达特定情境的独有情韵和人物鲜明的独特个性。戏曲伴奏的管弦乐和打击乐，激昂清越，特色纷呈。器乐伴奏配合演唱，呼应情节的发展和人物情感的变化，渲染情绪，烘托气氛，统帅节奏，丰富神韵，使角色塑造更加鲜明感人。虚拟的舞蹈化、程式化的动作和表演，是戏曲特有的表现手段，一个动作过程就是一段舞蹈，一段故事就是若干舞蹈段落的组合，连角色感情的表现也带有"眉飞色舞"的舞蹈意味，用优美、抒情的舞蹈表意传情，演绎故事。程式，是从生活中提炼出来的规范化艺术化的动作系列。舞台上演员的眉眼声气、举手投足、一招一式都有相对固定的一整套连贯的舞蹈动作模式，如挥鞭即策马，摇桨即行舟，虚拟实物，虚拟环境，虚拟时空，使表演生动，表意鲜明，给观众留下想象的时空。艺术化的念白、对白，是交待剧情、剖析人物内心活动、展示矛盾冲突的重要手段。中国戏曲不同的剧种往往都有自己的地域、语言、文化和表演上的特色，同一剧种还有不同的表演风格和流派，使戏曲的艺术美异常丰富。

（二）戏曲艺术的综合美

戏曲是艺术表现形式审美化的综合性的典型。戏曲融合了文学、音乐、舞蹈、绘画、雕塑和武术等艺术元素，是一种时空交融、视听兼备的综合性艺术。它有音乐和诗歌的时间性、听觉性，有绘画、雕塑的空间性、视觉性，又有与舞蹈、武术相同的以人的形体动作表演为载体的审美特征。演员的表演是创造戏曲形象的中心，其他艺术因素必须为演员塑造舞台形象服务。文学、绘画、雕塑、舞蹈、武术、音乐艺术在被戏曲综合时，为适应和完善戏曲的表现方式和特点，按照戏曲的规律进行了一系列演化，这种演化，同时就是戏曲艺术表现形式的审美化。

文学为戏曲艺术服务的直接形式是剧本。剧本必须适合舞台演出，即剧本提供的故事结构是舞台化的，要有时间和空间的相对集中性；剧本语言必须是表现性语言和戏剧性的动作语言，具有对时空环境和形体动作的提示性，才能为演员表演的二度创作提供基础。从内容上看，文学进入戏曲的，主要是小说、诗词和散曲。传奇小说就是故事，戏曲的最大特点就是在舞台上"以歌舞演故事"，通过戏中人物直观化的歌舞表演直接展示故事情节。戏曲故事的情节要新奇、曲折、巧妙、圆满。演法是按情节把故事分成时空灵活的线型的段（折、出、场），每一段线索清楚，情节完整，按时间顺序展开曲折变化的矛盾冲突，逐步把故事推向高潮，结局力求圆满，呈现出行云流水般的断而连，连而断的在各种对立、起伏、顿挫、曲折中使故事的演绎表现出"阴阳互含"的曲线运动的情节美、场面美。戏曲语言具有音乐性和抒情性，戏曲凡是重要之处，都靠唱来进行，戏曲的唱词是诗词和散曲，因此，从一定意义上说，诗词、散曲是戏曲的灵魂。诗词、散曲进入戏曲，发挥了长于抒情和富于声韵美的优势，使戏曲故事成了诗化的故事。由于诗化的要求，连戏曲的念白也包含了诗词的节奏和吟咏的韵味。同时，诗词也被戏曲化、世俗化了。表现在：一是诗词的人物化，唱词要由特定的角色演唱，因而必须符合特定人物的身份和个性，必须真实袒露人物的情感世界，才能充分表现人物的性格和命运；二是情境化，唱词要随时依据情节的进展，透露出人物所处的境遇，刻画面对的景致，实质也是抒写人物的情怀；三是音乐化，戏曲的诗词因为要演唱，因而必须符合音乐的曲调韵律的要求。诗词的戏曲化、世俗化，使戏曲贴近生活、贴近群众的同时，也使戏曲表现形式具有了诗意美和韵律美。

  绘画使戏曲表现形式的审美化突出体现在脸谱、戏装和舞美设计上。其中京剧的脸谱最有代表性，脸谱以夸张的手法，用各种色彩在整个面部勾绘眉、眼、鼻、嘴和肌肉纹理的种种装饰性纹样图案，根据人物的身份、性格，或突出颜面上的某些部位，或作反常的、变形的、象征性的勾画，借以表现对人物的褒贬。从构图上看，有整脸、碎脸、歪脸、老脸、破脸、元宝脸、六分脸、粉白脸、三块瓦、十字门、豆腐块和象形脸等，谱式丰富，构图完美。加上色彩的装饰，所谓：红忠，紫孝，黑正，粉老，水白奸邪，油白狂傲，黄狠、灰贪，蓝凶，绿暴，神佛精灵金银普照，使脸谱成为人物道德品质和个性性格类型化的明显象征，使人物形象突出而鲜明，观众一望而知，感到新奇可爱。戏装又称行头，包括盔、冠、巾、帽、蟒、帔、靠、褶、衣、靴、鞋等，色彩鲜艳，图案华美，绚丽夺目，富有装饰美。类型化、装饰化的脸谱配上鲜明耀目、图案化的服饰，在错彩镂金的舞美设计的辉映下，突出了戏曲表现形式的视觉美。

  戏曲表演人物上台时的"亮相"，不仅集中而突出地显示人物的精神状态，还具有雕塑的效果。"亮相"和表演的关节点上的"定型"，都是为了放慢节奏，在短促的停顿中方便观众审美静观。当主要角色大段大段地唱时，次要角色往往排列、环绕在舞台上一动不动，构成静态的"造型"，使戏曲表演呈现出场面性的雕塑美。

戏曲表演的做打，是中国舞蹈和武术的戏曲化、审美化。做，包括台步、圆场、走边、起霸、亮相、云手、趟马……等等舞蹈化的身段、程式动作。它既是体现人物性格心理的情节动作，又可以表现多种情感。如，翎子的不同做功可以表现人物喜怒哀乐的复杂情感："喜悦得意掏翎蝙蝠蹁跹形，气急惊恐绕翎蜻蜓点水形，深思忧虑搅翎二龙戏珠形，愤怒已极抖翎蝴蝶飞翔形，施礼搭躬涮翎双钩钓鱼形，拂袖而去摆翎燕子穿檐形。"髯口功通过擦（思忖）、挑（观看）、推（沉思）、托（感叹）、捋（安闲）、撕（气愤）、捻（思考）、甩（激恼）、抖（生气）和绕（喜悦）等不同做功，表达复杂的情感。帽翅功、水袖功、扇子功、手绢功等都是通过一套套精美的做功来加强表演的舞蹈性，表现人物的心理活动和情感，揭示人物品格，并增加装饰的观赏美。打，是指武打场面的翻、扑、跌、转等剧烈的大幅度动作，包括正翻、反翻、空翻、连翻、交错翻的"筋斗"；身体前扑、头部向下、凌空一翻、以背着地的"吊毛"；身体向斜前扑、以左肩背着地、就势翻滚的"抢背"；以及一个戏中主要人物手足并用、与敌对数人相互抛掷接踢武器，迅速准确，配合紧密，表现惊险复杂的战斗情景，形成新奇精彩、眼花缭乱的舞蹈性场面的"打出手"等等。戏曲表演的做打，五彩缤纷，使戏曲表演呈现出赏心悦目的舞蹈美。

音乐进入戏曲形成了曲牌联套体、板式变化体的戏曲音乐结构和昆腔、高腔、梆子腔、皮黄腔等四大声腔。从戏曲以唱念为主来看，声乐是主体，"不同的行当不仅在唱腔上常常选用不同的曲牌、板式，而且在演唱的发声、音区、唱法等方面也有很大差别。即使是相同的声腔板式，它们在不同的行当中也因旋律、节奏、落音等差异而具有不同的风格色彩。"就控制节奏而言，戏曲器乐的节奏感是音乐性的核心，锣鼓点引领着"唱念做打"，配合表演，伴奏唱腔，渲染气氛，控制节奏，使戏曲人物虚拟的程式化的动作表演有板有眼，声情并茂，生动传神。"戏曲锣鼓虽然仅有节奏、音色的对比，而无旋律上的变化，但它自身的性能发挥得很充分，音响、节奏变化极为丰富，且有一套完整严密的组合方式，艺术表现力很强，"起着统帅全剧节奏、接引过门和唱腔、引导动作和情绪的作用，使全剧始终贯穿着音乐美。

戏曲把文学、绘画、雕塑、舞蹈、武术、音乐按自身的表现规律和表演方式完美地融汇、整合成一个整体，这些中国传统艺术的表现形式在戏曲里得到了一种形式美的定型，极大地丰富和发展了戏曲的艺术表现力，它们共同整合、营构了戏曲艺术的综合的舞台造型美和情节展现的表演美，使戏曲表现形式的审美化达到了极致。

（三）舞台表演的直观美

戏曲特有的表演美、造型美、综合美是作为一个生动的过程在舞台上通过演员的表演集中展现的，因而它是舞台表演的过程性与直观性的高度统一。戏曲表演"让一切发生在观众面前"，使观众直接感知和亲身体验戏中所反映的生活，成为戏中生活的一个积极参与者，台上台下进行面对面的直接交流。"演员通过表演感动观众，观众则以情绪影响台上的演员。戏剧家饱含情感的处理，观众饱含情感的反应，在演出中汇成巨大的精神洪流—戏剧的'场'。观众既被演出所感动，也被这种群体性的精神洪流所感动。"这种直观感受、立体展现的审美特征使戏曲具有独特的艺术氛围和强烈的艺术感染力。

（四）戏曲表演的虚拟美

虚拟环境，虚拟时空，全靠演员用自身的动作表演调动观众的想象，创造出剧情需要的舞台环境和氛围。虚拟表演超越有限的"实境"，营构无限的"虚境"，使戏曲表演更加自由，拓宽了表现生活的领域，带给观众丰富的联想和想象，在观众的想象中共同完成审美意象的创造，因而具有涵泳回味的艺术魅力。"如《秋江》，舞台上空无一物，年迈的艄公用他手中的船桨做出划动的姿势，观众知道他在划船。陈妙常上船后，船行中间，两人前进后退做出种种身段动作，表示风浪大作，或表示湍流急紧，逆流而上，或表示风平浪过，船又在平和的江水中徐徐行进。其中船桨这一实体与演员的虚拟动作结合，不仅让观众领会了剧情，而且突出表现了船上人物的细腻微妙的内心活动。"虚拟表演重在动作的高度美化和感情的充分抒发，创造超越实境的审美意境，在戏剧冲突中塑造典型环境中的典型人物，揭示人物的内心世界。

（五）戏曲表演的程式美

程式是直接或间接源于生活，经过音乐化、舞蹈化、装饰化提炼、概括的规范化、定格化的中国戏曲特有的艺术语言。它具有美感的视觉形象，具有相对独立的形式美，带有明显的假定性和规范性。戏曲的角色行当、唱念做打、化妆服饰都有自己的程式。程式使戏曲艺术能经济、准确、简洁地表现生活，使形象生动鲜明，具有强烈的舞台审美效果。程式虽有形式上的规范性，却可由演员根据剧情和人物塑造的需要灵活自由地加以运用，进行富有生机的美的自由创造。程式是随着戏曲的发展而不断发展的。程式使戏曲艺术既反映生活，又与生活保持一定距离，使典型形象比生活更精炼、更集中、更夸张、更美。

（六）情节演绎的曲折美

戏曲的剧情是由一系列矛盾冲突构成的，是怀有各种目的的人物之间性格冲突的提出、发展和解决。戏曲通过人物行动构成的戏剧性生活场景来推进剧情的展示，充分演绎不同戏剧人物之间、人物与环境之间、人物内心的激烈矛盾冲突，把剧情推向高潮。戏曲表演集中表现紧张激烈的戏剧冲突，才能激起观众的强烈兴趣和情感反应。"紧张是冲突的基本特征，巧合有助于冲突的集中，误会也是一种冲突，悬念是对冲突如何发展的心理预期，延宕是冲突的量变过程，惊变是冲突过程中的一次飞跃，壮举是冲突激化时的行动，滑稽是以轻松方式反映的矛盾冲突"等。正是这些由冲突和曲折引起的富有戏剧性的审美元素的综合效应，才使戏曲情节的演绎具有强烈的吸引力和巨大的感染力。

（七）戏曲艺术的写意美

戏曲表演要求以简代繁，以少总多，言简意赅，讲究生动传神，即强调通过外在形象的塑造传达出内在的神韵，抒发主体的胸臆情怀。从整体追求上看，中国戏曲轻环境重感受，轻故事重体验，轻时空重心境，含蓄蕴藉，追求神似，注重当众展现人物的灵魂，注重整体效果的传神写意。在戏曲表演中看不到露骨的污言秽语、流血斗殴和性的场面，表演时点到即止，不重形似，讲究传达神韵，创造出一种超脱、空灵、古朴、高雅的审美境界，具有撼动人心的感染力量。表现手法的突出特点是夸张、变形，追求超乎常形之上的艺术真实。如，戏曲表演的翎子功、帽翅功、水袖功、手帕功等生活中并不存在，是为了传达神韵，表达情感，而进行艺术夸张和变形的结果。戏曲舞台也是一个空灵写意的结构，不刻意创造立体、逼真的戏剧空间，也没有写实风格的布景，全靠演员虚拟的传神的表演来指代，为观众留下很大的想象空间，靠观众诗意的想象来会意，共同完成戏曲艺术别具一格的审美品位和艺术价值的创造。

第五节 绘画艺术

中国的绘画艺术在几千年的历史发展中形成并且不断发展，它具有浓厚的传统文化色彩，同时它也形成了非常独特的风格和形象，令它拥有着自身不可被替代的创作观念、审美体系以及表现形态。

一、追求神似

在中国画的作品中对物象的描绘，和客观中的物象相比，有相当大的差异性。这一点无论是最早的人物画、花鸟画和山水画中均可找到。既便是在绘画技艺不发达的远古时期，画家们也不以画得像不像而苦恼，人们在头脑中能天然地将这些画作同自然物象对应起来，很大程度是一种"符号提示"，这一点可在中国的象形文字中略见端倪。但绘画毕竟是对客观物象的描绘，画家们在"像不像"的问题上，即绘画理论上所谓的"形似"上也作过一些争执和思考。一直到东晋大家顾恺之首先在理论上提出不以形似为满足，才明确提出"以形写神"的主张，把"传神写照"作为绘画的最高境界。他的这一主张和审美观点是在中国文化结构中的合理选择。因此很快这一观点便被视为中国绘画的最高境界，追求神似成为中国画家在表现方法上的准则。这一审美法则的奠定具有划时代意义，对后世中国绘画的影响之大，至今仍不可小视。

人物画家要刻画的是人物所具有的精神气质，山水画家要描绘的是山川的神采气韵，花鸟画家要写出花鸟禽兽的勃勃生机。为了神完意足，画家采取"遗貌取神"的表现手法。中国画家作画以追求神似为本，往往不计太多其他。因此一幅优秀的中国画，虽没有对现实的物象作逼真的描绘和精到的刻画，但都能生气勃勃，神采焕发，给人以美的享受。

相传苏东坡画了一幅朱色竹图，有人对他发难："竹子哪有红色的？"而苏东坡不以为然地答道："难道竹子又有墨色的吗？"这一佳传说明中国绘画不以现实的酷似为能事，苏东坡的朱竹，风致潇洒，别有情趣，画出的是竹子的精神，至于朱画还是墨画则无关紧要。既然传神重要，那么凭借什么去传神？顾恺之提出以形写神论，他认为这个"神"字存在于客观本体的形象之中，神是通过形表现出来的，没有形，神就无从寄寓，而这里的形并不是客体物象的全部或原本，只能是在对神的描绘之中，对客体物象部分元素的选择而已。也可以说"以形写神，形神兼备"是客观之物和画家胸中之物的完美统一。

二、注重意境

画家在对客观事物的观察认识、体验感受中，产生了某种情感。通过艺术构思，用绘画的语言将这种思想感情充分表现出来，我们把这种画面上传达出来的，画家营造出的某种意味深长的感人境界称之谓意境。意境可以说是情与境的谐和，意与象的统一。是画家的感情理想与客观物象融和统一而产生的境界。这种境界往往有言外意，意外味，弦外音，能使人通过联想和理解获得共鸣。即所谓："情与境合，意与象通"。在近现代山水画领域，黄宾虹山水重内美，究画理，以理趣美，静穆美为其独造；李可染山水则重造境，在写实中寄寓沉凝肃穆的哲思；石鲁山水却能以人格力度契入画作，张扬了一种浪漫主义精神，具有奇崛之美感；钱松求其朴拙美；傅抱石却敢于驰骋才思，在纸上浇铸出他极强个性的山水画风骨，他的画意境恢宏壮阔，动势险绝而视域深远迷离，"纯以气象胜"，实为画中太白。他能在"烟云供养"中"搜妙创真"，拓展传统山水画的表现力，令人耳目一新，在"外师造化"之时窥见性灵之真，到达"中得心源"之真知境界。纵览有成就的画家，均是在外部世界进行客观寻找，与向内部世界进行主体感悟中，发现"真实"与"神境"的。是一种主客相互触通的产物。

三、不受时空限制的构图

中国画的表现空间为非可视空间，是主观臆造的空间，它不受两眼视线的限制，不用消失点，画面的构图形式可直长、横长、方形、矩形、长矩形、圆形、椭圆形、横幅或横卷，可长达几十公尺，一百多公尺。清代乾隆帝下江南的《南巡图》便是十个十二丈的横卷。也可以将有的画分成四条、八条、十六条来画，这种特殊的空间处理格式称之为"通景屏"。

在山水画中，不用消失点，也叫散点透视法，画山水须抓住远近距离，除了注意空间感之外，还要考虑空气感，使得画与人之间似乎有空气流动的感觉。宋代王希孟的《千里江山图》、夏圭的《长江万里图》都是横扫千里的巨构，而明代徐渭的《百花图卷》，则尽四季花卉于一幅之中。这种突破时间、空间限制的表现方法，使画家获得极大的创作自由，他们不再受自然的束缚，而成了驾驭造化的主宰，体现了中国画家非凡的胆识。这种表现方法是适合我国民族欣赏习惯的。例如我们在欣赏傅抱石、关山月的《江山如此多娇》这幅巨作时，并没有觉得它在时序上、感觉上有任何不合理的存在，我们对近景的草木葱茏，一片江南景色，远景是冰山雪岭，一派北国风光，并不感到时序的错乱，同时我们对绵延不尽的崇山峻岭、莽莽无垠的肥沃原野、奔腾的长江、黄河、蜿蜒的万里长城，以及世界屋脊上的巍峨雪山，其视野纵横万里的假定空间，也没感到有什么不合理，反而觉得这样我们伟大民族的豪迈气魄被表现得淋漓尽致。这种独创的表现方法是和自己民族审美习惯相一致的。这种把形式和内容和谐统一在一起的思维模式、创造模式，正是中国画艺术上的成功之举。

四、独特的程式化表现

从客观物象中提出共同性，概括成程式，即把某一种事物的特征找出来，加以强调。比如中国画中的线条就是一种程式化的东西。中国画在描绘客观物象时总结出一整套的"法"——即画法，和一整套的"理"——即符合艺术规律的道理。如画人物画有"十八描"，画山石有各种皴法，画树叶有种种点叶法等。再如有些作品，似乎不符合自然之理而符合艺术之理——即视觉习惯之理。如"雪中芭蕉"，用月亮表示黑夜而不染黑；还有"墨竹""墨叶"。这种独特的"法"与"理"也可称之谓"程式化"，它是艺术家长期观察自然物象，并加以剖析，经过概括、提炼、夸张，使之成为有规范性形象的结果。艺术程式的创造是作者对形式美规律的掌握和应用，因此程式可以成为某种特定艺术形式中最稳定的结构之一。

中国戏曲的程式和中国画的程式是一脉相承的，都是中国文化现象的一种独特表现。演员演吃饭饮酒，不能真的把菜饭搬上去；演划船不能真在台上放水；绘画也是如此，画松树用的是"松叶点"，充分表现出松特有的形象；画山岩用小斧劈加折带皴，表现出那棱角分明的坚硬石质；而远处起伏的山峦，则用披麻皴或雨点皴，表现出那已是土质松软的老年山了。程式化方法使画家容易掌握自然物象的特征，在此基础之上，再去根据个人感受组织变化，进而着力于神似的追求。

程式要符合好看的审美要求。时代不同，程式也要发展，要创新，不能抱住老程式不放。每个时代都应有本时代的程式，而创造程式，需要反复不断地尝试。程式是经过无数人甚至几代人的努力而得到的。当然，程式化也曾给中国画的发展带来负面影响，有些画家依赖固定的程式，不深入生活，更谈不上思考，使得作品艺术品位低下。但这并不是程式化本身的过错，而是画家的不合理运用所致。一位优秀的中国画家，应能创造性地运用程式以表现自己独特个性，或突破程式的束缚，使自己的作品永葆青春，为时代创造出更多更好的绘画作品。

五、中国绘画艺术的创新与发展的方向

（一）中国绘画要以百家争鸣为主要的思想

一般情况下，艺术的繁荣以及复兴都是与当时的时代背景分不开的，在百家争鸣的大环境下更容易实现此目标。在现在这个社会，政治条件以及文明条件都很优越，我们需要选定我们的出发点，这个出发点便是将人们内心最深处的美激发出来。与此同时我们可以扩大其影响，使其不断地将我国的

社会进行良性的变革。艺术家存在一个普遍的问题，便是心理比较敏感而多疑，他们的这种性格特点也会使他们对生命的认知，对生活细节上的体会会更深刻，同时，他们又会时常地感受到这个世界上有一种真理以及激情在召唤他们。因此，他们会将他们自己对这个时代的感知表现到自己的绘画作品当中，所以在这些出色的绘画作品中都一定会有其时代特色的东西体现。所以，在艺术创作的面前，一定要让影响学术自由的这些禁忌都瓦解掉，同时尊重并且包容各种各样的创新的艺术思维，只有在这样的大环境下，绘画艺术才可以得到更好的发展，并且带有十分强烈的时代的气息，使其不断地得到创新与发展。

（二）我国的绘画艺术要有自己的主体

绘画艺术是一种需要有独特性的艺术，所以我国的绘画艺术也同样应该具备这样的特性，独特性指的并不是完完全全的国粹化，只是说不可以一味地只有西方化的概念。就现阶段的情况来看，虽然西方文化中也存在着一些糟粕但是确实它属于一种比较先进的文化。我国从实行改革开放开始，便在一步步的解除自身思想的束缚，一直到现在为止，可以说在经济上获得了相当大的成就。在经济快速发展的时候，人们便希望看到越来越多彩的文化艺术，这就支持着艺术家们不断地进行追求与探索，同时在这种情况下也要注意保持警惕，注意警惕那些扼杀探索艺术精神的言论艺术家。

其实只有文化保护，就会造成一定程度上的文化封闭，这就必然影响到了我国的艺术发展，所以这种行为是很愚蠢的，因此，我们需要坚定我们的信念与决心。既然我们的民族足够优秀，那么我们就一定要有一种开放式的心态，海纳百川，有容乃大，只有不断地包容世界的文化，才可以将自身的文化不断地进行发展。在中国的发展进程中，也可以看到闭关锁国时我们的文化发展几乎停滞不前，而在开放的状态时，文化发展速度十分迅猛。所以在绘画艺术发展的今天，我们必须保持一颗包容的心，保持本心并坚持创新，这样绘画艺术才可以不断地发展。

（三）以批判精神为核心进行创新

在中国的传统的民族文化中，我国的传统绘画艺术也存在薄弱的发展环节，例如朱元璋、永乐帝这类型的，他们都属于十分有才略的人，但是他们也有他们的野蛮之处，他们残忍的对儒士进行杀戮。再者，满清时期出现的文字狱，不知有多少文人惨遭毒手。专制文化对于绘画艺术的发展弊大于利，在此期间犬儒主义发展迅猛，影响深重。而处于当今这个新时代，中国的艺术家们一定要将批判的精神进行到底，勇于自省，面对当今社会的种种诱惑一定要有不同流合污的决心以及信心，在对传统绘画艺术进行梳理时，一定要在现实的基础上不断地将其创新。只有不断了解传统文化，才可以进行批判地继承，了解传统绘画艺术的过程其实就是一个对我国传统进行深入了解的过程，只有在过程中不断寻找，并找到其精髓，使其精髓得到发扬。并且需要不断地对外来文化进行了解，对外来文化的精髓之处进行大胆的容纳，使其与中国传统的绘画艺术不断融合，使其生命力更加旺盛。

第五章 中国传统建筑文化

第一节 宫殿建筑

宫殿建筑又称宫廷建筑，是皇帝为了巩固自己的统治，突出皇权的威严，满足精神生活和物质生活的享受而建造的规模巨大、气势雄伟的建筑物。这些建筑大都金玉交辉、巍峨壮观。

一、宫廷古建筑的概述

从秦朝开始，宫成为皇帝及皇族居住的地方，宫殿则成为皇帝处理朝政的地方。宫殿建筑的规模在以后的岁月里不断加大，其典型特征是斗拱硕大，以金黄色的琉璃瓦铺顶，有绚丽的彩画、雕镂细腻的天花藻井、汉白玉台基、栏板、梁柱，以及周围的建筑小品。北京故宫太和殿就是典型的宫殿建筑。

为了体现皇权的至高无上，表现以皇权为核心的等级观念，中国古代宫殿建筑采取严格的中轴对称的布局方式：中轴线上的建筑高大华丽，轴线两侧的建筑相对低小简单。由于中国的礼制思想里包含着崇敬祖先、提倡孝道和重五谷、祭土地神的内容，中国宫殿的左前方通常设祖庙（也称太庙）供帝王祭拜祖先，右前方则设社稷坛供帝王祭祀土地神和粮食神（社为土地，稷为粮食），这种格局被称为左祖右社。古代宫殿建筑物自身也被分为两部分，即前朝后寝：前朝是帝王上朝治政、举行大典之处，后寝是皇帝与后妃们居住生活的所在。

中国宫殿建筑以北京的故宫为代表。故宫又名紫禁城，是明清两朝皇帝的宫廷，先后有24位皇帝在此居住过。故宫占地面积72万平方米，有房屋9千多间，故宫周围是数米高的红：色围墙，周长3400多米，墙外是护城河。故宫规模之大、风格之独特、陈设之华丽、建筑之辉煌，在世界宫殿建筑中极为罕见。故宫分前后两部分，前一部分是皇帝举行重大典礼、发布命令的地方，主要建筑有太和殿、中和殿、保和殿。这些建筑都建在汉白玉砌成的米高的台基上，远望犹如神话中的琼宫仙阙，建筑形象严肃、庄严，壮丽雄伟，三个大殿的内部均装饰得金碧辉煌。故宫的后一部分内廷是皇帝处理政务和后妃们居住的地方，这一部分的主要建筑乾清宫坤宁宫、御花园等都富有浓郁的生活气息，建筑多包括花园、书斋、馆榭、山石等，它们均自成院落。

二、宫廷古建筑历史特征

宫殿建筑最大的特征是硕大的斗拱、金黄色的琉璃瓦铺顶、绚丽的彩画、高大的盘龙金桂、雕镂细腻的天花藻井、汉白玉台基、栏板、梁柱，以及周围的建筑小品，以显示宫殿的豪华富贵，象北京故宫的太和殿就是这样：一座豪华的古建筑物。

汉朝长安城里的三级宫殿：长乐宫，未央宫、建章富，合称"汉三宫"。长乐宫是由四组宫殿（长信、长秋、永寿、永宁）组成。当时，刘邦就在这里处理政务。长乐宫周围大约有一万米。

未央宫建筑在长乐宫以西半公里左右的地方，汉高帝七年（公元前200年）由丞相萧何主持所筑的皇宫。当时未央宫建造极为豪华，它建在一个高台地上，由拥多个殿宇和台阁组成，周围约8900米。

建章宫是由一组庞大的、密密层层的宫殿群组成的。殿宇台阁林立，号称千门万户"。它平地崛起，殿比未央它还高。东西有20多丈高的凤阙。由于建章宫建筑在建章门以西，所以整个建筑群同未央宫隔城相对。

"汉三宫"距今已有两千多年的历史，当时的建筑早已无踪影了，但是，我们从现存的遗址看，还可以想象出整个建筑的规模和布局。

在西安城东南部，有一个兴庆宫公园，它的前身就是1270多年以前唐朝一处宫廷——兴庆宫的旧址。兴庆宫占地面积大约2106亩。它的最大特点是把宫廷与园林结合在一起。在唐朝的长安城里，有三大宫廷建筑：太极宫、大明宫、兴庆富，而兴庆宫是规模最大、最豪华富丽的一处。兴庆宫东部偏南的地方是沉香亭，这是专供唐玄宗和他的贵妃杨玉坏欣赏牡丹的处所。沉香亭的西南方向不远有一个椭圆形的大水池，面积18300平方米，名叫龙池。池水很深，池面碧波荡漾，池边树木葱郁，风景十分优美。可以看出当年的兴庆宫就是这样一座殿宇和园林结合的大宫廷。

北京故宫又名紫禁城，是我国古代宫廷建筑保留最完整的一处。故宫是明、清两朝皇帝的宫廷。明朝先后曾有14个皇帝在这里居住，清朝先后10个皇帝在这里居住。故宫规模之大，风格之类。建筑之辉煌，陈设之豪华，是世界上宫殿所少见的。故宫占地面积72万平方米，建筑面积15万平方米，有房屋9000多间。故宫周围是周米高的红围墙，周长3400多米，城外是护城河。从整个建筑布局来看，故宫可分为前后两个部分：前部分称"外朝"，主要建筑有"三大殿"，太和殿、中和殿、保和殿。三大殿两侧是文华殿和武英殿。"外朝"：是皇帝举行重大典礼和发布命令的地方。

"外朝"后面部分是"内廷"，也叫"后停"。这一部分的主要建筑有乾清宫、交泰殿、坤宁宫和御花园。内廷的东西两侧是东大官和西六官，是皇帝处理政务和后妃们居住的地方。

故宫是一处豪华壮丽的殿宇之海，这处宏伟的古代宫廷建筑群，充分显示了我国宫殿建筑艺术的高超水平。

三、艺术特征

中国宫廷建筑具有审美价值的特征形式和风格。自先秦至19世纪中叶以前基本上是一个封闭的独立的体系，2000多年间风格变化不大，19世纪中叶以后，随着社会性质的改变，外国建筑，特别是西方建筑的大量输入，中国建筑与世界建筑有了较多的接触和交流，建筑风格发生了急剧变化，中国的宫廷建筑在艺术风格上也发生了变化。

中国古代建筑艺术在封建社会中发展成熟，它以汉族木结构建筑为主体，也包括各少数民族的优秀建筑，是世界上延续历史最长、分布地域最广、风格非常显明的一个独特的艺术体系。中国古代宫廷对于日本、朝鲜和越南的古代建筑有直接影响，17世纪以后，也对欧洲产生过影响。

审美价值与政治伦理价值的统一，艺术价值高的建筑，也同时发挥着维系、加强社会政治伦理制度和思想意识的作用；植根于深厚的传统文化，表现出鲜明的人文主义精神。建筑艺术的一切构成因素，如尺度、节奏、构图、形式、性格、风格等，都是从当代人的审美心理出发，为人所能欣赏和理解，没有大起大落、怪异诡谲、不可理解的形象；总体性、综合性很强，古代优秀的建筑作品，几乎都是动员了当时可能构成建筑艺术的一切因素和手法综合而成的一个整体形象，从总体环境到单座房屋，从外部序列到内部空间，从色彩装饰到附属艺术，每一个部分都不是可有可无的，抽掉了其中一项，也就损害了整体效果。

四、重视表现建筑的性格和象征含义

中国古代建筑艺术的政治伦理内容，要求它表现出鲜明的性格和特定的象征含义，为此而使用的手法很多。最重要的是利用环境渲染出不同情调和气氛，使人从中获得多种审美感受；其次是规定不同的建筑等级，包括体量、色彩、式样、装饰等，用以表现社会制度和建筑内容；同时还尽量利用许多

具象的附属艺术，直至匾联、碑刻的文字，来揭示、说明建筑的性格和内容。重要的建筑，如宫殿、坛庙、寺观等，还有特定的象征主题。

总之，中国宫廷古建筑形成干中国的封建社会，不但代表统治阶级至高无上的权利和地位。具有鲜明的时代特色，对于研究我国古建筑具有正要的作用。

第二节 园林建筑

一、古典园林建筑的特点

建筑与环境的结合首先是要因地制宜，力求与基址的地形、地势、地貌结合，做到总体布局上依形就势，并充分利用自然地形、地貌。其次是建筑体体量是宁小勿大。因为自然山水中，山水为主，建筑是从。与大自然相比，建筑物的相对体量和绝对尺度以及景物构成上所占的比重都是很小的。另一要求是园林建筑在平面布局与空间处理上都力求活泼，富于变化。设计中推敲园林建筑的空间序列和组织好观景路线格外突出。建筑的内外空间交汇地带，常常是最能吸引人的地方，也常是人感情转移的地方。虚与实、明与暗、人工与自然的相互转移都常在这个部位展开。依次过度空间就显得非常重要。中国园林建筑常用落地长窗、空廊、敞轩的形式作为这种交融的纽带。

为解决与自然环境相结合的问题，中国园林建筑还应考虑自然气候、季节的因素。因此中国南北园林各有特点。比如江南园林中有一种鸳鸯厅是结合自然气候、季节最好的离子，其建筑一分为二，一面向北，一面向南，分别适应冬夏两季活动。

总之，园林建筑设计要把建筑作为一种风景要素来考虑，使之和周围的山水、岩石、树木等融为一体，共同构成优美景色。而且风景是主体，建筑是其中一部分。

二、我国古典园林建筑的艺术特点

（一）自然性

自然性首先表现在建筑与环境的巧妙融揉。"相地合宜，构园得体"是我国古典园林建筑布局的一项重要准则。相地和组景是分不开的，峰、峦、丘、壑，山形各异，湖、池、溪、涧，水型繁多，植物种类、形态更是千变万化，在造园组景时结合自然环境条件，因地制宜综合考虑建筑、堆山、引水、植物配置等问题，既突出各种自然景物的特色，又"宜亭斯亭""宜榭斯榭"，恰到好处。

我国古代园林中的亭子不计其数，但很难找出格局和式样完全相同的例子，它们总是因地制宜地选择建筑式样，巧妙地配置水石、树丛、桥、廊等以构成各具特色的空间。如避暑山庄内的"南山积雪""四面云山""锤峰落照"，虽然只是一些造型简单的矩形亭子，由于建在山巅山脊高处，使亭子立体轮廓十分突出，登亭远眺，视野极其辽阔，随着时节晨昏的变化，可以仔细品赏积雪、云山、落照、锤峰。选址在环境上既注意大的方面，也注意细微的因素，一树、一石、清泉溪涧，如苏州拙政园听雨轩后庭，植几株芭蕉，巧取"雨打芭蕉"寓意。

其次还表现在建筑的质感和色彩上，这一点尤以江南园林为最，建筑物玲珑轻盈的形象、木构部件的赭黑色修饰、灰砖青瓦、白粉墙与水石花木配合组成的园林景观，具有一种素雅恬淡有如水墨渲染画的艺术格调。

（二）意境美

在我国园林建筑传统上，立意着重艺术境界的创造，寓情于景，触景生情，情景交融是我国传统造园特色。诗情画意可以在许多园林建筑艺术境界的创造上反映出来。

《园冶》在"园说""相地""借景"诸篇中所强调的，都涉及艺术境界的创造。譬如在"园说"中有"轩楹高爽、窗户虚临，纳千顷之汪洋，收四时之烂漫。""萧寺可以卜邻，梵音到耳，远峰偏宜借景，秀色堪餐，紫气青霞，鹤声送来枕上。""溶溶月色，瑟瑟风声，静拢一榻琴书，动涵半轮秋水，清气觉来几席，凡尘顿远襟怀。"等句。古代园林组景，建筑和景点命名大多属于艺术意境的概括，常常通过匾额、楹联点染出建筑主题，以功能直接表达的反而较少。皇家园林、私家花园均如此。如拙政园月到风来亭楹联"爽借清风明借月，动观流水静观山"，别有一番诗情画意。

在古典园林中，建筑功能和环境条件巧妙地融合在一起。就是《园冶》中强调的"景到随机""因境而成""得景随形"等原则。在满足使用要求的基础上巧于造景。如"亭中待月迎风，轩外花影移墙"的苏州网师园景致，由于对水、石、花木和建筑的处理得体庭院空间和自然景物融为一体，使人感到亭不孤寂，墙不虚空，动中有静，静中有趣，使景物赋予一定的寓意和情趣。

（三）巧于因借

借景在我国古典园林建筑布局建设中占有特殊地位。古人借景方法很多，远借、邻借、仰借、俯借、应时而借，内容除借形外还有借声、借色、借香。"园虽内外有别，得景无拘远近"，借形组景古典建筑中主要采用对景、框景、渗透等构图手法，把有景效价值的建筑物及山石、水体、花木等自然景物纳入画面。古典建筑所借声音很多，远借寺院暮鼓晨钟，近借溪谷泉声、林中鸟语、秋夜借雨打芭蕉、残荷听雨、春借柳岸莺啼。对月色的因借在古代园林建筑中十分受到重视。杭州西湖的"三潭映月""平湖秋月"、避暑山庄的"月色江声""梨花伴月"等。还有很多借云霞、树木花色、叶色的例子。拙政园"荷风四面亭"是借荷香组景的佳例。

（四）园林建筑色彩明快、装饰精巧

在中国古典园林中，无论是北方的皇家园林还是江南的私园以及其他风格的建筑，其色彩都极鲜明。北方皇家园林建筑色彩多鲜艳。琉璃瓦、红柱、彩绘。江南园林建筑则多用大片粉墙为基调，配以黑灰色的小瓦，黑赭色梁柱、栏杆、挂落。内部装修也多用淡褐色，衬以白墙，与青灰砖所制灰色门框，形成素净，明快的色彩。

三、我国古典园林建筑的主要类型

古人以"堂以宴、亭以憩、阁以眺、廊以吟"概言之。我国古代的园林，不单纯是为了游览和观赏，还要具备多种功能，来满足多方面的需要。

皇家园林是帝王在园内生活起居、游憩的建筑物，如北京颐和园中有慈禧太后和光绪皇帝的寝宫，承德的避暑山庄是清朝皇帝避暑的离宫，除了要住，还要处理朝政，召见臣下，举行宴会等。私家园林：有官宦园林，如上海的豫园，扬州的何园；有富商园林，如历史上洛阳的金谷园，无锡市的梅园；有寺庙园林，分布于全国各地的名山和风景区；有文人庭园，如苏州的网师园和沧浪亭等。

私家园林大多跟住宅在一起，如果有远道而来的亲友，就在园中找一处房屋安置。文人的庭园，里面往往有文人的书斋，时而召三五好友，饮酒赋诗，品茶赏花。

古典园林建筑都采用木构架结构方式，运用屋顶、柱、台基三个部位组合而成，其建筑类型十分丰富。

（一）厅堂

厅堂是园林中主体建筑，其体量较大，《园冶·屋宇》曰："堂者，当也。谓当正向阳之屋，以取堂堂高显之意。"扁方料做梁架者称厅；圆料做梁架者称堂，是主人会客、议事场所。厅堂一般坐南朝北。从厅堂北望是全园最主要的景观面,通常是水池和叠山组成的山水景观。

以构造分,有扁作厅、园堂、贡式厅、船厅回顶、卷棚、鸳鸯厅、花篮厅、满轩,按功能,又可分为茶厅、大厅、女厅、对照厅、书厅、花厅,厅堂与周围环境结合产生了四面开敞的四面厅、临水而建的荷花厅、船厅等形式。

(二)楼阁

为两层或两层以上建筑,体量一般较大,著名的有湖南岳阳楼、湖北黄鹤楼、江西滕王阁。

《说文》曰:"重屋曰楼。"《尔雅》曰:"狭而修曲为楼。"

用做登高望远,多设于园的四周或半山半水之间,一般做两、三层。如拙政园的"见山楼"、溜园的"冠云楼"、沧浪亭的"看山楼"、豫园的"观涛楼"等。

《园冶·屋宇》曰:"阁者,四阿开四。"即四坡顶而四面皆开窗的建筑物,造型比楼轻盈,可登临以望远。如拙政园的"浮翠阁"、虎丘的"冷香阁"、溜园的"远翠阁",狮子林的"问梅阁"等。顾和园万寿山的佛香阁,连台基高达 41m,是全国现存最高的楼阁。

(三)轩馆斋室

轩馆斋室有的属于厅堂类型,有的属于厅堂辅助用房,从单体造型上看没有什么特殊做法,从布局方式及与环境的关系上看,轩馆斋室表现出很大的灵活性,对组织园林空间,丰富园林景观起重要作用。

轩本意有虚敞高举之意。《园冶·屋宇》曰:"轩式类车,取轩轩欲举之意,宜置高敞,以助胜则称。"用轩梁架桁,以承屋面,类似于车轩的高高昂首之势。适宜建于高旷、幽静之处,形式上常以一轩式建筑为主体,周围环绕游廊与花墙。如拙政园的听雨轩、溜园的闻木樨香轩,网师园的小山丛桂轩等。

馆原为供人游览或客舍之用。《说文》曰:"馆,客舍也。"江南园林中的馆一般是休息会客的场所,常与居住部分或厅堂有联系,《园冶·屋宇》曰:"散寄之居曰馆,可以通别居者。"馆的建筑尺度一般不大,布置方式也较灵活,和一小组建筑群联在一起,一般馆前皆有宽大的庭院,自成一局,形成清幽、安静的环境。拙政园的卅六鸳鸯馆和十八曼陀罗花馆北临广池,南筑高墙封闭,四角设置耳房为出入口。

斋,有斋戒之意,园林中的斋一般指书屋性质的建筑,是修身养性之所,常处于静谧、封闭的小庭院内,与外界隔离,相对独立。《园冶·屋宇》曰:

"斋较堂,唯气藏而致敛,有使人肃然斋敬之意。盖藏修密处之地,故式不宜敞显"。

室,在园林中多为辅助用房,配置于厅堂的两边或后部,在结构上较厅堂封闭,说文解字》曰"古者有堂,自半以前,虚之为堂,半以后,实之为室"。在园林中,室的体量较小,常和庭院相连,形成一个幽静的小院落。

（四）榭

《园冶·屋宇》曰:"《释名》云:榭者,藉也。藉景而成者也。或水边,或花畔,制亦随态。"可见,榭是凭借周围景色而构成。临水而建称水榭,也有建在花间的称花榭。榭因藉景而成,在功能上多以观景为围,兼可满足社交休息需要。建筑基部半在水中,半在池岸,也称水阁,临水立面开敞,设有栏杆在南方私家园林中园林较小,水榭一般为单体建筑尺度不大,装修比较精致素雅,如溜园的"活泼泼地"拙政园的"小沧浪""芙蓉榭"、网师园的"灌婴水阁"藕园的"山水间"等。

（五）舫

舫是一种类似船形的建筑,又名不系舟,下部船体通常用石砌筑,常建于水面开阔处,在园林中供人游玩、宴饮及观赏点景之用。分头舱（俗称纱帽顶）、中舱、尾舱三部分。头舱做成敞棚,气势轩昂,颇有气魄;中舱是舫的主要空间,供休息和宴客用,两侧设长窗,光线充足,视线通畅,其实就是一水榭;尾舱两层,歇山顶,下实上虚,上层有休息眺望功能,实为楼阁;船头设眺台;设一小桥与陆地相连,取跳板之意。如拙政园"香洲"、怡园的"画舫斋"、颐和园的"清宴舫"、承德山庄的"云帆月筋"等。

（六）廊

廊是一种线形的建筑形式,在园林中起分隔、穿插、纽带等多种作用,其列柱、横楣在游览中构成一系列取景框架。

《园冶·屋宇》曰;"廊者,庑出一步也,宜曲宜长则胜,随形而弯,依势而曲。或蟠山腰,或穷水际通花渡壑,蜿蜒无尽。"如加屋顶的园路,既可遮风雨,又可联系各景点,组织和引导游览路线,使各种景观得以有层次有秩序。

传统园林中的廊多用木构卷棚顶,皇家园林中廊内常以彩画装饰。游廊从其造型上可分为双面空廊、单面空廊、复廊和双层廊,单面廊一般依墙和其他建筑而建,墙上设漏窗;复廊为双面廊中设一道墙,墙上亦开漏窗,如沧浪亭的面水轩到观鱼处的一段游廊,怡园的锁绿轩到南雪亭的一段游廊均有两条并行的游廊组成，中间隔以漏窗花墙，以扩大空间，增加景深；还有可分上下两层观赏景观的双层廊，如拙政园见山楼侧的两层游廊。廊按其平面布局来看，可分为直廊、曲廊和回廊。按其所处的环境不同，又有沿墙走廊、临水廊、爬山廊、廊桥，如拙政园小飞虹，如卧虹临水，景色优美

（七）亭

亭是园林中应用最为广泛的园林建筑类型之一。亭最初功能是作为游人驻足休息之用，《圆治·屋字》："《释名》：亭者，停也。人所停集也。"是供人停下集合的地方。"随意合宜则制"，是为园林缀锦点翠的开敞的小型建筑。

亭有半亭和独立亭之分，半亭一般附建于两边长廊或靠墙垣的一面。如拙政园的"别有洞天"、狮子林的"真趣"等，同围廊组成不可分割的整体。扇亭是半亭的特殊形式，平面屋面均似折扇，多设在景区的转角处，如拙政园的"与谁同坐轩"等。狮子林的"扇亭"

位于爬山廊西部和南部的转角处，设亭切角成圆，亭东留出一小块空间，植芭蕉、竹子，夏日傍晚，可接受来自东、西、北三面的凉风，挡住了南面的暖风，因为长廊和围墙四风的缘故，扇亭中风声大作，亭名与亭景丝丝入扣，若登亭抚琴，蕉声和曲，不啻天上人间，实为妙构。

（八）塔

随着佛教传入中国以后才出现，几乎成为寺庙的标志性建筑。中国寺庙园林中的塔，开始时是移借模仿印度佛教建筑中的塔的形制，原朴意味十分浓烈。

佛教完成中国化改造以后，中国寺庙的塔在结构、用材、配置及装饰上都带上了浓重的中国色彩。塔的形制多样，可登临的空心塔、楼阁式木塔以及密檐式、金刚宝座式、花式、过街式、门式、多顶式、圆桶式、钟式、球式、高台式等相继出现。在古典园林中塔往往作为主景出现。

第三节 陵墓建筑

一、中国古代陵墓雕塑的艺术特点

（一）陵墓地面雕塑的艺术特点

陵墓地面雕塑是配合地面建筑陈设的各种石雕和石刻，为地面上的雕塑，这种雕塑多数是以群的形式出现，而且规模宏大。例如：在秦汉时期，秦汉

王朝统治者，为宣扬统一功业，显示王权威严，追求奢侈豪华的生活享受，不惜耗资巨大，为自己营建陵墓，想把在生前享受到的一切全部带到他们幻想的死后幽冥"世界"里。据司马迁《史记·秦始皇本纪》记载："及并天下，天下徒送诣七十余万人，穿三泉，下铜而致椁，宫观百官，奇器珍怪徙臧满之……度不灭者久之"。可见规模之宏丽。而且陵园分为内外两重垣墙，也显示了建筑的高大宏伟。陵墓地面雕塑还带有仪卫性、纪念性。最具代表性的作品就是汉代霍去病墓前的石雕群，这组石雕整体造型洗练，浑厚质朴，深沉雄大，它不仅显示了汉代的雕刻水平，而且是我国雕塑史上最杰出的作品之一。它是汉武帝为纪念大将霍去病的战功而修建的。墓前的《马踏匈奴》《虎伏》等二十余件石兽雕刻，都是因材施艺，既突出了动物的神似，又保留了石材天然的面貌。《马踏匈奴》像高 168 厘米，长 190 厘米，是纪念性石雕中最具代表性的一件作品，它用花冈岩石雕出一匹战马将匈奴侵略者踏翻在地，战马矫健轩昂，庄重沉稳，踏在马下仰面朝天的匈奴则手握弓箭犹作挣扎欲起之势。作品运用带有浪漫主义的象征性的艺术手法，颂扬霍去病击败匈奴的历史功绩，作者没有表现墓主本人，而是用雄骏的战马形象颂扬墓主人坚苦卓越、英勇豪迈的英雄气概，具有纪念碑意义。《虎伏》利用石料自然形态稍事加工，使其神形得以体现，气势雄浑，充分显示了石质材料本身的属性特征。它雕刻于一石，形体以流畅的线与扭曲的团地结石有节奏感，其势作伏卧状，一触即发，使人联想到英雄，激起对他的崇敬和怀念。除此之外，墓前还有《跃马》《石鱼》《人与熊》《野猪》等，这种把墓型、石雕与墓主人的历史功绩有机地结合起来，整体上构成了一个形式活泼、内容丰富、气魄雄伟、寓意深迥的艺术意境，成为我国最早的纪念碑式的石碑。

在南北朝时期，帝王贵族的墓前，一般都蹲伏着两只巨大的异兽，左为天禄，右为麒麟，它们不是现实生活中的动物，而是传说中的瑞兽，它们具有辟邪镇墓的作用，安置在这里作为墓主人的守护神，以象征权势与珍贵，其形体高大威武，表现出宏伟豪迈的气势。石兽整体动势呈 S 型线，与当时绘画中的"秀骨清像"相一致。气势连贯，表现出生命的律动、气韵的起伏。它将巨大的石块，渗进了主观的审美情趣，将某种理想、愿望、权力神化了。这时期的雕塑在继承汉代造型技巧的基础上，又形成了自己特殊的艺术格调。在立体雕塑上着意于对线纹的强调，造型手法更加注意夸张变形，使其作品具有强烈的装饰性，体现出了鲜明的时代风格。

在唐代的陵墓雕刻中，以唐太宗的《昭陵六骏》和唐太宗、武则天合葬的乾陵雕刻为代表，气势雄大，极负盛名。《昭陵六骏》是为了表彰唐太宗建立唐王朝而使用过的六匹战马。六骏都是半圆雕的高浮雕，分别刻立在高约

5尺、宽约6尺的长方形石座上，表现了马的立行、奔驰等各种姿态，在这组雕刻中作者除了表现马的驯良稳健外，还突出了马的神骏姿态，同时也通过细节的描写而使形象更富有真实性和表现力。六骏都有强有力的筋肉表现，造型健美，神态逼真，气度非凡，体现了一种雄健豪迈、深沉悲壮的精神美。这组雕塑纯熟地使用了"起位"这一典型浮雕创作技巧，使作品产生了强烈的体积感。写实能力的提高及表现的自由是唐代雕塑艺术成熟的表现，能处理四面观看的圆雕，用雕塑形象反映生活的范围进一步扩大。在艺术风格上，理想的追求与手法的真实互相统一，简单朴素的规律化处理和生动真实的表现相统一，也可以看出雕塑作品的各部分和群像中每一个雕塑之间的统一协调，及被特别地强调出来的整体感。同样也显示出由拙朴凝重向矫健灵动转变的艺术风貌。

由上可知，中国陵墓地面雕塑是为了护陵纪念功绩，显示尊严的雕塑，其艺术特点主要有：一是服从整体设计意图，富有象征性和寓意性；二是石兽造型，趋于神化和理想化。

（二）陵墓地下雕塑的艺术特点

陵墓地下的雕塑特点集中体现在俑上，俑，最初是替代奴隶殉葬的模拟品，后发展为替代被役使的卫士、奴仆和乐舞伎的偶人。春秋战国时渐多，秦汉至隋唐盛行，主要有陶俑、木俑两类，也有瓷、砖、石、金属俑。至宋代因流行纸冥器而渐衰。俑的形象实际上都是当时现实生活中的人物，它一方面反映了当时的社会生活，另一方面体现了当时的艺术风尚和高超的雕塑技巧。

秦始皇陵兵马俑坑出土的数以千计的兵马俑，以其宏大的气势给人以深刻的印象，有诗人曰："秦王扫六合，虎视何雄哉！挥剑决浮云，诸侯尽西来。"生动概括了当时秦王指挥百万大军以摧枯拉朽之势兼并六国，完成统一大业的辉煌业绩。并显示出对人的力量的肯定。人物、战马都与真实的一样大小，毫无夸张之处。秦兵马俑刚出土时的壮丽情景，给人以强烈的心灵震撼。站在发掘现场，仿佛是站在一个雪洗后的古代战场；看到那些头颅离驱，肢体破损的秦兵俑，就像看到当年奋战肉搏后倒在战壕里的战士。它真实地再现了每个细节，如发式、衣服、铠甲甲片有规律的重叠相压线等，都予以一丝不苟地刻画和质感表现；体现了秦代雕塑注重写实的特点。陶马则以其矫健的肢体和警觉的神态，显示了我国雕塑家对动物雕塑高超的技术和深厚的工艺传统。兵马俑的出土，不仅否定了"中国古代雕塑不发达"的说法，而且以鲜明的艺术风格和宏大的气势，向世人展示了秦代雕塑的高超艺术水平，即使同时期的古希腊雕塑也没有如此惊人数量所体现的宏伟气魄和浩大精神的作品。这样大规模的雕塑艺术，在思想性和艺术性方面都有很高水品，实为世所罕见，被誉为"20世纪最壮观的考古发现"，"世界第八奇迹"。

汉代俑的体量比秦俑小，但其艺术价值更高，真正展现出俑的艺术魅力。汉俑最初是以骑马俑为主，到中期多为车马俑、乐舞俑等，表明初期刚刚结束战乱，对武治天下的重视，中期反映了人们爱马的风尚和对富豪的炫耀。最具代表性的是四川出土的《击鼓说唱俑》，作者于写实的基础上恰到好处地做了夸张变形，表现说唱者那种生动、有趣、丑中见美的特殊神气，可见当时的雕塑艺术水平之高，也说明在当时贵族蓄养俳优之风非常盛行。

唐代的三彩俑，它是施以多种色釉烧制而成的陶俑。三彩俑有人物俑、动物俑等。《唐三彩女立俑》是唐代最具代表的作品，从陶塑艺人对人物的脸容、身材比例以及人物神情的刻画，可以看到艺人娴熟技法和高深的造诣，而且能感受到大唐盛世的宽松气势。同时，通过女俑形象的线条美，亦可从中体会到中华民族传统雕塑与中国绘画的渊源关系。

由此可见，中国古代陵墓雕塑的艺术特点具有：一规模宏大，气势壮美；二形象写实，刻画逼真；三反映墓主的爱好、时尚和社会状况；四艺术手法夸张、提炼，意境深远。

综上所述，我们谈论中国古代陵墓雕塑的艺术特点，不管它是陵墓地面的雕塑还是墓中陶俑的塑造；不管它是装饰性的还是绘画性的，或者意象性的等等，它都会以一种由外在形象，给人引发一连串的遐想，把人们引向一个神秘的艺术世界。这些特点不一定就是优点。但正因有了特点，一种艺术就有了它存在与发展的理由和价值。也正因为有了这些与众不同的特点，使得中国艺术，包括中国雕塑艺术能以一枝独秀屹立在世界艺术之林，才能被世界承认和尊重。

二、中国古代伦理思想与陵墓建筑

宇宙对所有的人来说是共同的，但人们所感受到的世界却是受人们的动机和过去的各种体验所产生的形形色色的世界的影响。

一个民族的建筑空间设计，其实是这个民族社会理想的物化，必然会深刻地表现出这个民族的文化心理。伦理道德观念及审美情趣。一定时间、一定文化、一定民族的建筑空间观念是为一定的心理状态和文化结构所决定的，并在很大程度上限定了建筑空间的形制，使之带上特定的色彩。

伦理道德在中国思想文化史上，占据着突出的地位。伦理是一种在一定阶段构成或稳定一个社会的法则，它是与社会同步发展的，随着人类社会的发展，生产生活越来越多地增加着社会的、阶级的、精神的内容，因此伦理观念也就益发显得重要。

古代中国在殷、商时期，确立的早期奴隶时代，并没有冲破原始氏族社会的血缘关系，而在新的历史条件下以特定的方式保留了这种血缘的社会关系。西周和春秋时期是宗法制的奴隶时代，而秦汉以后的封建制仍然以盘根错节的宗法制为其基础。在这种以君臣父子夫妇兄弟等不同伦理等级构成的宗法社会结构中，最高的原则是伦理原则。人不是作为独立的主体，而是作为特定的伦理关系的体现者而存在的。个人存在的最高目的和价值，是通过道德修养完成社会伦理的实践，强调人性的理想性、道德自觉的重要性和伦理力量的能力性。个人与国家的关系，也首先直接表现为一种宗族的关系。其着眼点都是社会伦理。

首先伦理思想与政治制度融为一体，构成一奴隶社会和封建社会意识形态一中心。肯定了伦理道德对社会和国家的意义，使政治成为伦理道德式的政治。"君仁，莫不仁；君义，莫不义；君正，莫不正；一正君而国定矣"。统治者的道德决定着国家的道德和政治面貌。

其次伦理思想又具有强烈的血缘关系和宗法制度的色彩。特别表现在道德规范上，强调纲常秩序和服从，对祖宗、父母的"孝"的意义扩大延伸到君臣关系上而成为"忠"。氏族与国家"孝忠"与"孝君"相一致，把维护宗法关系的道德与维护国家政权的政治结合起来。"君为臣纲，父为子纲，夫为妻纲"成为正统的道德规范。

另外，中国伦理思想有着强烈的中庸气息。它认识到事物内部两个对立面的相互依存和联结。作为中国伦理思想主要支柱的儒家，其伦理学说的基本点，就是强调天地宇宙和人类社会都必须处在群体人际的和谐关系之中。以仁义道德作为人们的行为准则。

然而，这只是中国思想的一个方面。与此互补的还有道家的神秘主义。它要求最高的哲学目标是超越社会的日常生活和世界，达到更高层次的意识，并以之为最高的道德原则。以"无为"为人类的本性或最高的品德。

表面上看，儒、道两家是离异且对立的。一个入世，一个出世；一个积极，一个神秘；一个重理性，一个重真觉。但从整个中国思想史的角度来看，它们之间刚好互相补充而协调。它们的关系在于双方的补充、渗透和运动推移以取得事物的平衡和相对稳定。

上述中国古代伦理思想的特性，体现到建筑空间观念上，必然使伦理观念在很大程度上控制了建筑的风格和形制。中国古代陵墓建筑空间构成就是典型的例证。

陵墓建筑空间构成是一种中轴对称的非重复的表现形式。它富于变化而又充满秩序，随着观者的视点变化而跌宕起伏。而它的视觉总效果却是统一在一根贯穿整体的中轴线之上的。这种与中轴线所形成的依附关系决定了它的变化起伏对威严和秩序的从属性。

中国传统的建筑空间观念是以伦理道德观念为基本的，虚实相生，变化无穷的统一体。收敛与扩散，秩序与流变，有限与无限等对立的力量，始终处于一个互相补充、渗透、转化、周而复始，无限运动的关系之中。建筑空间构成流动性，随意性是规整的中轴对称的补充；而规则对称构成的本身。也通过高低错落，大小变化面作调剂和补充。处处体现了相对性、朦胧性和无限性，给人们提供了主观过滤、体验沉思的可能。

中国古代建筑空间形制，从今天的眼光看，其作用应该是一种艺术的启迪，而不是一种"模式"以供后人不假思索的"拷贝"，生搬硬套。如果不顾时空条件的差异，虔诚地将我们的建筑空间观念完全纳入前人所处的社会环境、所构成的创作氛围之中以弘扬"传统"，那么只能是对传统的亵渎。

第四节 民居建筑

民居是我国传统建筑的重要组成部分之一，分布面广、数量多。传统民居的诞生和发展是与自然因素、社会因素、区域文化等多种因素密切相关的。我国的地域辽阔，受多种因素的影响，各地区传统民居的建筑形式绚丽多彩，姿态万千，具有鲜明的民族特征和地域特征。各地民居在平面布局、结构造型、细部特征诸方面各有千秋，均淳朴自然，极富人民性、经济性和现实性。

一、民居建筑形式的发展和形成

传统民居建筑是我国面广量大的建筑体系，它世代繁衍，生生不已，存在于广大的国土地域的乡村与城镇，形成一种普及的、人民喜闻乐见的优秀建筑形式。任何建筑都是由一个最简单，最基本的民居形式发展起来的，所以我们应从传统民居的形态中总结和归纳出众多艺人和工匠的实践经验及精湛技艺。建筑的发展使人们从直接天然摄取材料发展到今天人工创造的先进材料，传统民居就是这样按照当时人们对材料的认识和需求来取舍的。人们用尽各种方法尽量选用当地的上等材料来创造丰富多彩的建筑形态。施工技术的飞越发展，使人们在不断总结前人留下的丰富经验和不断的改进基础上，形成一整套较为完善的施工方法，从而使得人们创造了更多大量的完美建筑形式。

建筑形式分为构筑形式，空间形式和造型形式，这三者相互依托，相互影响，从而构成最为完美的建筑形态。

传统民居的各种构筑形态都是由承重的木结构和多种形式的围护结构采用一定的施工技术手段所构成的。长久以来，我国的大部分地区的传统民居是以木构架为承重体系，这是形成传统民居构筑形态的一个基因。传统民居在木构架的使用和发展上积累了相当丰富的经验，独具匠心的设计，为传统民居的构筑形态增砖添瓦。传统民居在那些主体围护结构的形式上也是极为丰富的，它因地制宜，就地取材，因此才会形成在各种特殊地域里不同的构筑形态。

干栏式民居形态历史悠久，是我国长江流域及以南地区曾广泛流行的最原始的住宅形式。干栏可分为"高干栏"和"低干栏"两大类，又可细分为"高敞型""长脊短檐型""重楼型""半边楼型""宽敞型""混沟型""船篷型"等等。这么多的干栏式建筑类型使得干栏建筑在众多的传统民居建筑形式中独树一帜。

桂北民居是以"高干栏"为主，并充分体现了"重楼型""半边楼型""宽敞型"相结合的建筑形式特征。这些都是根据各民族所处的地理环境和需求，以及它们本身的历史、文化、习俗、生活的不同，孕育出自己丰富的传统民居的独到建筑形式。

二、传统民居建筑的形式要素

（一）形状

形状是指物体或图形由外部的面或线条组合而呈现的外表。传统建筑的形状多来自于对自然的模仿。远古时期人类为避免猛兽的袭击和大自然的狂风暴雨，不得不寻找栖身庇护之所，从而出现了先民们最早的居住形式——巢居，即在单株大树上架巢。黄河流域的先民利用天然黄土营造与崖坡或沟壁相垂直的民居形式——洞穴，也是对自然岩洞的模仿。在这一阶段，自然资源环境决定了先民选择的居住方式。

传统民居的平面构图有圆、方、矩形和曲尺形等。汉族民居的总体布局形式受到了儒家思想中礼制观念的影响。例如，北京的四合院（北方汉族民居的典型代表）从空间组织上看是矩形的组合体，院子是由四周房舍相围合的；而其他少数民族中西藏民居风格的碉堡平面多为方形或长方形，面积小，不设院落，高度多为3层，整个墙壁都是用石头砌筑的，福建的土楼则是圆形的布置。传统民居建筑营造的形状受到当地的气候、地形、地貌等因素的影响，使民居建筑的立面呈现出风格各异的地域特征，展现了各地区特有的风貌和特色。江浙地区地形高低变化大，地面式传统民居用当地毛石垒砌以提高勒脚，使民居质朴、自然，整体上达到与自然和谐共生；下沉式窑洞民居是黄土高原地区特有的一种民居形态，"上山不见山，入村不见村，院落地下藏，窑洞土中生"很充分的形容了当地特有的风貌；出挑是中国南方地区水乡民居临河依水而采取的向水面争取空间的一种方法，小桥流水，房屋毗邻是水乡民居的显著特征；我国西南地区山地地形高低悬殊、崎岖不平，架空式的传统民居是独具特色的建筑形态，采用吊脚、悬挑、干栏等方式建造房屋，很好地适应了当地的地形和气候环境。

（二）空间

空间是表现建筑形式的要素，是人与人交流，人与环境交流的平台。空间的流动性和延续性恰当地表达了人对自然的亲近和防备。集中在粤闽赣山区的客家民居多位于深山，先民主要以聚居和防御性为目标来建造房屋，采用封闭式大院建筑，外围用又厚又高的实体围墙，楼下一层、二层不开窗，甚至在顶层加筑瞭望哨卡。几乎完全隔绝了建筑的内外空间，这是先民强烈的自我保护意识的体现。传统民居的空间要素也是人们受封建思想束缚的一种反映。庭院空间的封闭性和私密性是传统民居的显著特征。北京的四合院对内空间通透流畅，对外空间封闭保守，以围合的布局表现建筑的外形。这种布局既是人们渴求亲近自然，与自然和谐相处愿望的体现，也暴露了人民受封建礼教思想的严重束缚。整体上是一个序列完整的八卦空间，从内外空间的层次上可以体现出等级尊卑的礼制观念。

中国传统的空间观是把建筑空间与大自然息息相通、融为一体的"天人合一"哲学观念的体现。从传统民居建筑中感受到所融入的空间艺术的"虚""实"关系。空间为虚，实体为实，门窗为虚，墙柱为实，空间想象为虚，空间形象为实。相辅相成的虚实关系，正是传统民居建筑空间意境美的魅力所在。

（三）色彩

色彩相对于实在的外形和虚拟的空间来说，是建筑艺术美的升华。色彩最早是在装饰中附加给建筑的艺术效果，而建筑的装饰又受到佛教因素的影响。《刘敦桢文集》中提到："世界上无论何种民族之建筑，在中世纪以前，其发达之主要精神原因，皆不出政治与宗教二者"。我国古代的装饰纹样大都取材于大自然，如日、月、星、云、山、水、花、木等，而到了今天仍然延续使用的象莲瓣、相轮、葱形尖拱等，都是佛教建筑的重要装饰。佛教具有传播文化的普遍性，佛教与我国文化的密切关系不言而喻。当地民众因思想观念的不同对色彩有特殊的认同感。汉族民居装饰很少大面积使用鲜艳的色彩，多以原材料的基本色调为主。北京庶民的四合院受到当时观念形态的影响，装饰方面要求只能"绘画五彩杂花，柱用素油，门用黑饰"。建筑色彩方面，一般民居不得用琉璃瓦、朱红色和金色装饰，以大面积的素雅青灰色墙面和屋顶为主要色调，穿插使用少量的白灰墙。而少数民族民居色彩较为鲜艳，色调丰富。西藏民居色彩常用红、白、黑三色，这与佛教有关。象门框、窗框用黑色边框，意为驱逐邪恶，保佑人们吉祥无恙。梁枋上的彩画用纯度很高的色彩作底色，柱子涂以红漆，柱廊及室内墙面多涂以黄色，给人以特有的色彩装饰风味，体现出异样的民族情感。

中国传统民居可谓是中国历史文化的缩影，民居建筑的形式要素是传递地方百姓生活状态、宗教信仰和文化环境的符号和意象。形状反映了人类对自然的适应，是民居建筑的客观实在；空间的流动性是人与自然心灵相通、情景交融的内在要素，是人类体验自然、表达自我精神的无限追求；色彩则是由内而外、由表及里的建筑艺术性创造的升华，寄托了民众的宗教信仰。传统民居是村镇文态环境中最耀眼的明珠，是村镇发展的航标。现代的村镇建筑要充分考虑本土化的影响，从传统民居建筑中寻找灵感，以继承和发展的态度抓住历史文脉，创造出更加适宜人类居住的建筑形式。

第六章 中国传统服饰与饮食文化

第一节 服饰文化

一、中国传统服饰的文化内涵

服饰是人类生活要素和人类文明的重要组成部分，它满足人们物质生活的需要，并代表着一定时期的文化。服装的款式设计、面料选用、颜色组合等，均记录着特定时期的生产力水平和社会状况，反映着人们的思想文化、宗教信仰、审美观念。

中国传统服饰文化不是一种孤立存在的文化现象，它是物质与精神的统一体，也是附着于物质载体之上的主体美的物化形态，既主张象征表意性又倡导审美愉悦性，既注重形式美的创造又崇尚情感意念的表达，使内涵意义与表现形式完美统一，以情景交融、意象统一之美来展示民族美学的生命艺术品位。以中国传统服饰文化中的颜色为例，其文化内涵亦随着社会的发展、时代的变迁而演变，并呈现出鲜明的阶段性、民族性和时代性审美特征。中华传统服饰文化的生活色彩浓郁，它以等级标识为主要体征，并被赋予特定的伦理意义，如商代将取于自然的青蓝、赤红、黄、白、黑五种颜色视作尊贵色彩，规定只有奴隶主和贵族阶层的着装才能使用这些颜色，且"青与赤谓之文，赤与白谓之章，白与黑谓之黼，黑与青谓之黻，五彩备谓之绣"。此外，将五色与中国传统文化的认知方式相结合，与五行等相对应，构成了所谓"五方正色"的图式，并根据五行相生相克的原理推衍出"五德终始说"，将之与生命道德联系在一起，如商以金德王、尚白色，周以火德王、尚红色，秦以水德王、尚黑色等。先秦之后，到了等级森严的封建社会，服饰色彩作为政治伦理的外在形态直接被用来"别上下、明贵贱"，成为统治阶级等级差别的标志性象征，而黄色和龙纹则成为皇帝的专用色和王权的象征。在封建等级制度的高压和儒家礼教思想的双重作用下，色彩的应用已脱离自然的物质属性及其本来意义而被赋予了浓厚的政治伦理色彩。可见,中国传统服饰的文化内涵极其丰富,它出于对自然和生命的无限崇拜以及对等级标识的刻意表述而呈现出明快的色彩风格与和谐统一的心理追求,整体效果既赏心悦目又简单大方,形成了自己独特的五色体系和风格表现方式,成为中国传统服饰文化的基调。

人类创造的世界是一个文化的王国,文化伴随着人类生命的进程而发展,并在社会的进步中发挥着巨大作用。服饰文化是人类物质文明和精神文明的统一。一方面,服饰是文化重要的构成要素,文化的发展刺激着人们对服饰的需求;另一方面,人们对服饰的需求又丰富了文化的内涵,把文化对自然的改造与人的自身培养及生命审美联系在了一起,最终促进了社会的发展。著名人类学家佛朗慈·波阿斯在《原始艺术》中指出:"追求艺术表现和优雅的外观,是人类的共性。可以说,在古代社会中,许多人已经感觉到美化生活的必要,他们的意识,要比文明了的后代敏锐得多,强烈得多。"在人类历史的演变进程中,服装对于人类已不仅仅限于遮体御寒,还能满足人们在其他方面的心理需要和生命体认,如中国古代的北方游牧民族的猎手用猎物的牙齿、蹄爪、羽毛或尾巴装饰在自己衣物上,以显示其英勇无敌或地位崇高。随着经济社会的发展,人们衣服的质料、颜色、式样及附属装饰越来越与整个社会心态和个性心理相呼应,服饰本身作为一种信息符号,能够传达时代风尚、文化特色以及个人的文化教养、知识水平、风度气质与社会角色方面的信息。衣服被视为人的"第二皮肤",它能够反映出一个人尤其是女性的个性和心理状态。美国服装学家布兰奇·佩尼在《世界服装史》中写道:"将一种鲜花戴在头上,或者以酸梅果汁把双唇染上红色的第一位姑娘,必定有她自己的审美观点……女性服装的质料、色彩、缝制以及与服装相匹配的佩饰能够加强女性自身身份及在特定场合的自信心、风度、竞争力量。"

二、中国传统服饰的审美意蕴

(一)适中、和谐的"情理美"

中国传统服饰的含蓄婉约与中国人和平、知足、中庸的取向相一致。儒家"中庸"之"中"、华夏"中国"之"中",皆强调"不过分而和谐",这在中国传统服饰文化中有明显体现。中国传统民族服装既不像西服那般可精确勾勒人体,又不同于古希腊、古罗马那样用一块布随意地披挂或缠裹于身上,而是采取"半适体"的样式,即倡导一种包藏又不局限人体的若即若离的含蓄美。究其原因,"平和性情"自古以来就作为一种美德为中华民族的先辈所推崇，所谓"人生但须果腹耳，此外尽属奢靡"，追求幸福的真谛是"精神快乐休闲，胜于物质进步"。这反映在服饰文化中就是讲究随意、闲适、和谐，没有过分的突出、夸张和刻意的造型，于恬淡之中给人一种含蓄、平和而神秘的美感。中国传统服装的制作者（裁缝）在设计和制作服装的过程中凭借直觉与经验，于"适体"中呈现的是一种含蓄的"情理美"，而非西方那种以数理为基础的精确到尺寸的"理性美"。

（二）追求意境的"含蓄美"

"含蓄"属中国传统文学艺术美的范畴，这一手法通常将作者的情感表达寓于作品的形象和意境之中，以达到启发联想、耐人回味之艺术效果，彰显"情中有景，景外含情"的艺术境界。这类似于中国画中的写意手法，即不黏着于对事物的客观再现，而强调欣赏某种朦胧的含蓄美，在虚实关系上偏重于对"虚"的张扬。引入到服饰文化的艺术创作中，就是设计者特别注重"不着迹象、超逸灵动"之美，不刻意追求数字上的精确性或纯形式的客观美感，而是崇尚用无穷的意象美含蓄地表现情感。如用宽衣大袍、中规中矩的样式或写实与变体相结合的动物、几何纹样、花草枝、藤蔓纹等具有抽象和寓意的服饰图案来传达一种与政治或伦理的关联意向。

汉初之"袍"被作为礼服，一般多为大袖，袖口部分收紧缩小，紧窄部分为"祛"，袖身宽大部分为"袂"，所谓"张袂成荫"就是形象化的描述；而魏晋时期的"竹林七贤"，其画像人物皆穿着宽敞的衣衫，衫领敞开，袒露胸怀，或赤足，或散发，无羁放荡，张扬着崇尚虚无、轻蔑礼法的人生品性，给世人以高山流水般随性自然的审美意境。中国传统的女性服装旗袍，是传统服饰文化与现代时尚设计完美结合的典范，它造型完美、结构适体、内外和谐，是兼收并蓄中西服饰特色的近代中国女性的标准服装，是中华服饰文化的代表，在女装舞台上有着不可替代的重要地位。旗袍的设计表面上不温不火，实质上内涵丰富、意蕴幽远，达到了形式与内容的完美融通。光滑的质感和简洁的造型表现出流畅明快的线条与和谐一体的气韵，展示出东方女子温柔、典雅之美。这种气韵不仅展于外表，而且沉于内心。穿上旗袍，既能衬托出东方女性优美的身段，又能显示出其幽雅的心境和悠闲的生活节奏，充分展示出中国传统服饰的含蓄美，呈现出一种宛若自然生命律动的朦胧佳境。

三、中国服饰文化的承传拓展

（一）继承：拓展传统服饰文化的基础

中国素有"衣冠王国"的美誉。纵观华夏服饰文明的发展史可知，"谐调""统一"是中国传统服饰文化的真谛。自中国服饰文化诞生伊始,就遵循着理物取暖与审美表现、标识显示与象征表达、个性突出与喜庆吉祥相结合的制作原则,以最大限度地达到服饰与自然、服饰与社会、服饰与人群的和谐统一,而情景交融、意象统一更是中国传统服饰文化最珍贵的审美品质。比如,作为中国传统服饰文化的基本元素,"标示突出文化"主要应用于人们在生产和生活中对等级尊卑、行业职别、年龄性别的标示和意念表达上,从原始部落首领与狩猎功臣的服饰标示到封建帝王的官服标示,从文官武官的服饰标示到现代军装、职业装、晚礼服的服饰标示等,均彰显着其"标示突出文化"的审美底蕴。当然,中国传统服饰文化承载着传统儒家中庸观,受政治因素的影响颇深;而20世纪中期的"绿色"服装覆盖全国,"军干装"及其灰色基调也使中国服饰呈现简单划一的窘况。然而,中国传统服饰文化中占数千年发展主流的是"谐调""统一"的服饰文化,理应将之发扬光大,诸如以原色表现为主的大气而豪放的色彩文化,以追求内涵意义与表现形式圆满统一并最大限度地达到服饰与自然、社会、人群协调一致的完美原则,以民俗吉祥意象为特征的表现形式等,现代中国的服饰文化都应予以承传拓展。

(二)创新:传统与时尚的完美融通

在当代中国,传统服饰与时尚设计的审美融通对提高服装的文化附加值、满足时尚消费需求、缔造民族特色品牌、开拓国内外市场具有特殊意义。全球化时代的服装产业竞争日趋激烈,各国服装设计师在服装设计中都很注重对本国传统文化元素的借用,以张扬本国服饰文化和民族特色。目前,中国现代服装设计整体上还存在着设计理念落后、创意不够、没能把传统服饰文化的精髓融入现代服装设计之中等问题;加之国外品牌纷纷涌入,国内又缺乏与之抗衡的品牌,使中国的服装设计在国内、国际竞争中均处于不利地位,严重影响了中国服装业的进一步发展。所以,当务之急是在借鉴传统文化符号的基础上,将传统与时尚有机地融合在一起,将之从表面符号的简单借用提升到对服饰文化内涵的审美体认与表征,创立自己的服装品牌,发展中国传统元素与现代时尚设计和谐融通的、具有中国特色的服饰文化。

实现传统服饰文化与现代时尚设计的完美融通,实质就是一种在继承传统服饰文化基础上的创新。这种创新首先须领会传统文化,否则创新就是无本之木、无源之水,即设计师要在精神文化层面上把握中国传统服饰文化的精神理念,将我国传统文化元素与各种时尚理念、理论资源加以整合,把传统服饰文化中的实用价值、文化价值和审美价值创造性地融入现代服装设计,丰富其文化蕴意,提升产品的文化附加值,防止对传统元素符号化、表面化的简单组合或图解式、猎奇式的样品展览。好的服装设计创意是设计师在把握了传统服饰文化理念之后，结合时尚理念和设计原则，对传统文化积累、消化并感悟的一种自然情感表述，而不是现买现卖、照猫画虎。河南"丙戌年黄帝故里拜祖大典"活动中展示的服装就非常具有文化价值。拜祖服装系列大多采用的是中性的流行色系列，颜色迥异、面料粗朴，以金色缎带镶边；纽扣的设计则采用盘扣样式，其金属材质与服装面料及服装的金边质地形成细腻的对比；袖口翻边采用缎织纹路，既有古朴特点又有现代的工艺形式。整个设计将传统元素与时尚设计完美结合，加之祭祖大典本身的特殊意义，可谓形式与内容完全融合在一起，取得了极佳的艺术效果。所以，当代中国的时尚服饰设计应该分析研究传统服饰的配色及制作规律，理解、感悟传统服饰文化的深厚、博大与凝重，并使之巧妙地运用到现代服装设计中来，加之挑花、刺绣、蜡染、扎染、手绘、编织、织花、抽纱等现代工艺，并结合时代流行趋势与时代特征，将继承传统与探索创新有机结合，这样才能创造出既有时代感又有民族神韵的服装。

第二节 饮食文化

中华饮食文化博大精深、源远流长，在世界上享有很高的声誉，正如孙中山先生在其《建国方略》一书中曾说："我中国近代文明进化，事事皆落人之后，唯饮食一道之进步，至今尚为各国所不及。"如今，在中西方饮食文化不断交流和碰撞的过程中，我们的饮食文化逐渐出现了新的时代特征和更为深刻的社会意义。为了使中华饮食文化能以不衰的生命力占据世界市场，我们每一个人都应承担起将所属的文化发扬光大的责任。如何继承和发展我国优秀的饮食文化，便成为推进社会主义文化大发展大繁荣在饮食文化方面的一个重要课题。

一、饮食文化与文化的关系

文化包括广义文化和狭义文化。广义文化是指人类在社会历史实践中所创造的物质财富和精神财富的总和，狭义文化专指社会意识形态。文化是"自然的人化"，即由"自然人"化为"社会人"。由于人的实践活动同时就是文化活动，因此，文化可以归纳为人的存在方式和生活方式。人类为了生存，首先要满足基本的生理需要，俗话说就是填饱肚子，也就是"吃"，当吃喝的需求得到满足，人类会产生更深层次的需求。从古至今关于"吃"的一切现象和关系的总和，都可以归结为饮食文化的范畴，它贯穿于人类的整个生存、延续和发展的历程，体现在人类活动的各个方面和各个环节中。饮食文化来自于、表现于和存活于生生不息的人的文化世界之中，是人的生命力和主体性的张扬与展示。

具体而言，人活着，就需要吃东西，这是本能，是自然人属性。但人为什么吃、吃什么、怎么吃，这就是饮食文化所要研究的问题，这是社会人的属性。不同地区、不同民族（中、西方人，农业民族，游牧民族）、不同时代所表现的吃的内容和吃的方式是不同的，这就构成了不同的饮食文化，它是在特定的社会民族文化的氛围中长期积淀形成的。深究其结构层次：首先，物质层面。比如前面我们说吃什么、怎么吃，这是文化。但凡此种种首先必须固定、附着在一个物质上面。也就是说，我们"吃饭"，首先必须要有"饭"本身。第二，制度层面。譬如，我们要举行一次婚宴，光有饭菜、主客、场地还构不成一个完整的婚宴，还要按照一定的规格和礼仪，把诸种散乱的、众多的对象组织起来。第三，精神层面。这也是饮食文化最核心的部分。还是说婚宴。比如说，现在饭菜、主客、场地一应俱全，并且都已经按照一定的规格和礼仪组织起来了，那么，下一步就应该考虑，这次宴会的目的是什么？如何凸显其主题、特色？于是，我们才算确立下了举办这次宴会的目的、宗旨——喜庆祥和或欢快、个性的婚宴，也就是办这个婚宴的精神所在，最终是为了保证能够完成、实现大家共同致力于的欢庆、见证新婚的一些精神上的追求。也就是说，一次现实的饮食活动，我们若要将其设计、安排得合理、美满，吃什么仅仅是个基础，更为关键的主要的是我们是否将与宴者所从属的大文化背景理解、诠释得恰到好处。所以说，饮食文化不仅是文化的重要组成部分，而且是最为基础的部分。饮食文化与文化相伴而生，相和而成，相随而行，二者共生共存。

二、我国饮食文化传承与发展思路

纵观全球，放眼中国，我们不难发现，随着生产力的提高、商品经济的发展，家务劳动社会化越来越深化，当今人们的饮食生活已经形成了一个新的运行模式：现代餐饮业以餐饮产品为桥梁将餐饮企业和餐饮消费者紧密地联系在一起，形成了完整的饮食文化运行机体。饮食文化在餐饮大众层面的折射所形成的现象，表现在人们吃什么、怎么吃、吃的目的、吃的效果、吃的观念、吃的情趣及吃的礼仪等等，它既是饮食文化的一个重要组成部分，也是餐饮消费者的需求的表现形式。饮食文化在餐饮企业层面的折射所形成的现象，在表层要素表现为餐饮品牌名称、菜点等；在深层要素表现为企业的价值观念、经营哲学等所表现的文化内涵，它是饮食文化的另一个重要组成部分。在市场经济的今天，餐饮企业的经营基本上都是建立在对餐饮消费者需求分析的基础上，根据企业自身在经济实力、业务能力等因素，选择经营业务的范围进行经营运作。餐饮企业在餐饮产品的销售过程中，通过为餐饮消费者提供的餐饮产品与服务，向餐饮消费传递的是从外到内的企业文化。餐饮消费者和餐饮企业在由价值规律形成的互动机制下使饮食文化得到不断的自我发展。因此，针对中国饮食文化的传承与发展所面临的问题，我们也应该从消费者、餐饮产品和餐饮企业三要素切入。

（一）消费者：饮食文化的缔造者

正如以上分析，在商品经济时代，虽然表象上消费者更多表现出享受者、接受者的身份——享受现有市场可能提供的各种饮食产品，体悟与之对应的各种饮食文化，但仔细思考，不难得出其实深入到饮食文化乃至文化的本质——"人的存在方式和生活方式"以及商品经济"需求决定供给"的本质，历史上的广大劳动人民和当代的消费者其实一直都是不自觉或自觉中创造、沿革并传承着自己的饮食文化。因此，从饮食文化传承与发展的角度，消费者当之无愧应该是真正的缔造者。

当今，人们的饮食生活已经进入了"体验经济时代"，饮食文化逐渐走向多元化，人们的饮食需求已从温饱型向质量型、享受型转变，讲究饮食的美感、情趣和健康等等。消费者要扮演好饮食文化缔造者的角色，完成好其在中国饮食文化传承和发展中的历史使命，归根结底集中于其是否全面、准确地理解饮食文化内涵。

一是，自觉树立"饮食素养"观念。作为饮食文化的缔造者，系统的、全面的饮食知识是一个消费者进行饮食文化传承和发展的看家本领。个人饮食素养的重视与提升，不仅能从自我创造层面促进中国饮食文化的传承与发展；更能从鉴赏、消费层面推动整个餐饮市场从消费需求到企业供给的全面升级。具体而言，迎合时代的需求，当今消费者应该更新对中国饮食文化的理解：不应仅停留在"吃"的表层，而是强调饮食文化所产生的社会意义。在日常生活、工作和学习中，不仅应该自觉地熟悉甚至掌握诸如饮食营养、烹饪技术等饮食科学知识，还应广泛接触、了解各时各地饮食文化知识，掌握各国各地饮食历史与发展、饮食风俗与习惯，从而获知具体时空下的饮食文化的完整内涵，为其逐渐形成较强的饮食文化鉴赏与创造能力奠定文化修养基础。

二是，发挥教育的基础性保障作用。诚然，中国饮食文化的缔造根植于每一个消费者的饮食素养，但要达到实现中国饮食文化整体传承和发展的水平与高度,仅有消费者个人的自我修养肯定是远远不够的,而是更多地取决于国家、地方有关饮食文化层面教育体系的完善程度。因为教育不仅是灌输知识和培养人才,而且是传递社会生活经验和传承社会文化的基本途径。

因此,我们可以从教育入手,传输给消费者相应的饮食科学文化知识,即进行"食育"。搞好"食育"教育应采取以下举措:一是全民性。我国地域辽阔、人口众多,"食育"应注意覆盖各地域、各类人群,面向公众普及饮食科学知识,使公众能够通过各种途径获取饮食科学知识。二是全程性。"食育"应根据不同年龄段的特点,设计不同的"食育"内容,使公众从入学开始直到成年、老年全程获取所需的饮食科学知识。特别是青少年的学龄时期,应将"食育"与德、智、体、美并列为教育方针的重要内容。三是专业性。"食育"应特别注重专业性,应制定"食育"行业准入制度,规范专业人员的从业标准,避免公众获取不正确的饮食知识。四是规划性。"食育"应由政府相关部门和有关专家共同制定面向不同人群的"食育"规划,既要有短期规划,又要有中长期规划,有计划、有步骤地推行"食育"。五是监督性。"食育"应确定政府有关部门对"食育"进行监督与管理,规范行业行为,清理不符合行业标准的机构和人员,规范有序地实施"食育"。

(二)餐饮产品:传递饮食文化的重要载体

在市场经济时代,餐饮业以餐饮产品为桥梁将餐饮企业和餐饮消费者紧密地联系在一起。餐饮业中餐饮产品的概念不仅仅指菜肴,还可以指一个各类经营要素的有机组合,通常包括实物产品形式、餐饮经营环境和气氛、餐饮服务特色和水平、产品销售形式等内容。如今,饮食消费已经演变为一种文化消费,消费者在选择餐饮产品的过程中,向企业传递着从物质层面到精神层面不断变化的消费需求。餐饮企业为消费者提供特定的产品和服务,在满足消费者多样化、个性化需求的同时,实际上是与消费者进行着相应的文化交流。此外,中国饮食文化拥有几千余年的悠久历史,地域差异性和多民族特性使得餐饮产品具有明显多元的文化特征。餐饮产品因此成为大众吸收和传播饮食文化的媒介,人们不仅获得了饮食享受,还受到了中华饮食文化的熏陶,学习到了相关饮食哲学的深刻内涵。

餐饮产品作为饮食文化的物质层面,中国悠久的饮食历史和繁荣发展的现代文化为其不断发展、创新提供了更大的空间。从烹饪、菜点文化或人们饮食观念的角度来说,当今的餐饮产品应该在充分满足人们求卫生、求安全的前提下,以餐饮产品的味、质、香、色、形、器等基本属性为物质呈现,追求饮食的审美化。立足当今消费者需求的发展趋势,未来餐饮产品发展的方向主要有以下几种。

1. 时尚化

饮食时尚的风向标本身就是餐饮产品创新的导航仪，大致来看，根据现代餐饮消费者的饮食需求，餐饮产品时尚化的内涵主要又有以下几个特点：一是简洁。现代人生活节奏加快，在烹饪上要求简洁，对烹饪美的追求同样要求简洁明快，反对烦琐。二是富有个性。现代人的审美观是强调个性的。在过于共性化的生存环境中，人们特别欣赏带有个性色彩的审美对象。对于日常的饮食，那些有着鲜明个性的菜肴点心和就餐方式总是更受欢迎。三是崇尚自由。自由是一种更高层次上的审美。人类的饮食活动现在已经从往昔固定的模式中走出来，去追求一种自由的方式。自助餐方式的受人欢迎，就是人们追求饮食自由的具体反映。这也是时代的产物，时代的特点。

2. 返璞化

所谓返璞化的菜点，即是崇尚自然，回归自然，利用无污染、无公害的绿色食品原料而制作的菜点。由于现代都市生活的紧张、快节奏和喧嚣，加之社会大工业的发展，受抗拒污染及保健潮风行的影响，越来越多的人对都市生活产生了厌烦和不安，渴望回到大自然，追求恬静的田园生活。反映到饮食上，各种清新、朴实、自然、营养、味美的粗粮系列菜、田园菜、山野菜、森林菜、海洋菜等系列菜品日益受到人们的喜爱。这正对应于饮食美"俚俗""天然"的范畴，注重讲求原料的天然、质朴，制作工艺的绿色环保，营养搭配的多样平衡，饮食氛围的随意自在。因此，返璞化既充分利用资源，又保护生态环境和有益于顾客身体健康是餐饮产品创新的重要趋势之一。

3. 健康化

随着生活水平的提高，各种"富贵病"成了现代人的一大隐患，如何在饮食上做到更科学合理就显得更加重要。这种更多考虑健康原则的饮食倾向，必然对餐饮产品带来新的发展思路。比如，在烹饪中注重健康的合理搭配有时比口味更为人们所重视；低盐、低糖的食物受到普遍的欢迎，以及强调筵席的改革等等，都是基于健康的目的。另外，人们对滥用化肥、农药的农产品对身体健康的危害越来越重视，"无污染、安全、优质、具有营养价值"成为人们选购食品首要标准。因此，允许使用高效低毒农药和化学肥料的无公害食品；允许限量、限品种和限时间的使用安全的农药、化肥、兽药和食品添加剂化学合成物质的绿色食品；以及强调从种植、养殖到贮藏、加工、运输和销售各个环节中都不使用农药、化肥、生长激素、化学添加剂、化学色素和防腐剂等化学物质，不使用基因工程技术的有机食品受到人们的青睐。

4. 多元化

饮食口味既有共同性的一面，又有差异性的一面。这就决定了菜品创新趋向的多元化。首先表现在经营的多元化，现代社会的高速发展导致了国际交往的频繁和扩大，广大烹饪师走出国门的机会增多，外国客人不断走进我们的餐饮市场，中外烹饪的交流越来越深入。由此带来了餐饮经营多元化的局面，菜点制作技艺相互模仿、学习、扩散，各地区与国家之间在技艺和款式上取长补短，不断借鉴与融合的菜点制作风格将更加明显。其次还表现在烹饪原料上。从发展趋势来看，以下的原料将成为今后的方向：可食性野生植物、藻类植物、人造烹饪原料、在国家法律允许范围内由人工繁殖饲养的部分优质野生动物以及昆虫等。另外还表现在烹饪设备的多样化、就餐形式的多样化、口味的多样化等等。

（三）餐饮企业：饮食文化的传承者

在宏观层面，餐饮产品文化是指在一定历史时期，餐饮业某一类或某一种菜点在质、味、触、嗅、色、形等方面以及制作和享用过程中形成的文化内涵，从属于餐饮文化的物质文化层；在微观层面，餐饮企业文化传播是由餐饮产品的制售来完成的，餐饮产品文化是餐饮企业文化的物质载体。因此，餐饮企业作为饮食文化的另一个重要主体，较个体的消费者，明显具有相当的开发实力和广泛的大众影响力，是饮食文化的传播者和开拓者，在中国饮食文化的发展历程中起着举足轻重的作用。笔者从以下两方面提出企业层面传承与发展中华饮食文化的思路。

1. 弘扬中华传统饮食文化

中华饮食文化承载着千年的中华文明，它的发展轨迹是随着我国社会政治、经济和文化的发展而积沙成塔的积淀过程，并形成了自己独特的风格和特征。谈到中华饮食文化的传承与发展，餐饮企业首先要善于挖掘历史上各民族优秀的传统饮食文化，从传统文化中吸收营养，做到古为今用，推陈出新。

民族的饮食往往是传统思维的表现形式，例如，中国传统饮食文化蕴含着民本、敬粮的饮食观念，"以味为本"的美食追求和崇尚自然的饮食哲学。加上传统饮食结构、饮食器具、饮食惯例和加工技艺的演变，使中华饮食文化的内涵在其不断发展的过程中得以丰富。餐饮企业可以通过举办或参与一些饮食文化主题活动，通过加深对传统饮食文化的理解，进一步推动中华饮食文化的传承与发展。

此外，餐饮企业可以把传统饮食作为特色推广，把传统饮食文化的精髓通过实践落实体现在餐饮产品上。注重对传统饮食文化工艺的把握，秉承继承、发扬、创新中国传统饮食文化的宗旨理念，探索挖掘中国各地各民族美食文化价值，通过其用心传承，为中华食文化的发扬贡献自己的力量。还有，针对消费者求新求变的消费心理，餐饮企业可以加大对餐饮产品的开发研究，使之与当下健康的饮食观念以及时尚的饮食风格相结合。餐饮企业要紧跟现代饮食文化发展的脚步，注重餐饮产品的创新，人们对餐饮产品的实用性消费上升到文化消费的境界时，中华餐饮文化在产品价值实现过程中得到传承与发展。

2. 加强餐饮企业间的国际交流

随着国际文化交流的日益加深，外来饮食文化不断介入人们日常的饮食生活中。要让中华饮食文化走向世界，一方面，就要求餐饮企业在坚持中国传统饮食文化的基础上，正确地对待外来饮食文化，积极参与国际饮食文化交流活动，促进文化交融的同时汲取其中有利于自身发展的有益成分，做到洋为中用。另一方面，餐饮企业要充分利用我国在世界各地孔子学院这一文化交流平台，将中国饮食文化纳入教学内容之中，以传播技术向传播文化转变，提升中国饮食文化在国外的影响力。

综上所述，严格遵循当今饮食文化传承和发展的规律，紧紧抓住人类现实饮食生活运行的三要素，理解其要义，实现其提升，将实现中国饮食文化的更好传承与更快发展，从而最终融入并进一步推动中国文化的大发展大繁荣。

第三节 酒文化

酒在人类文化的历史长河中，它不仅仅是一种客观的物质存在，而是一种文化象征。酒文化以酒为载体，以酒行为为中心形成独特的文化形态。酒文化具有鲜明的民族性与时代性，同时还对社会生活各个方面产生很大的影响。中国酒文化以其悠久的历史、博大精深的蕴涵而在世界酒文化之林中独领风骚，中国酒文化蕴涵丰富、自成体系，具有很大的精神文化价值。中国酒文化是一种社会文化，也是一种政治文化，更是一种艺术文化。

一、酒文化的概念

"酒文化"一词，是由我国著名的经济学家于光远教授提出来的。萧家成撰文提出酒文化概念的内涵与外延：酒文化就是围绕着酒这个中心所产生的一系列物质的、技艺的、精神的、习俗的、心理的、行为的现象总和。围绕着酒的起源、生产、流通和消费，特别是它的社会文化功能以及它的所带来的社会问题等方面所形成的一切现象，都属于酒文化及其相关的范围。酒文化是以酒为特质载体，以酒行为为中心的独特文化形态。酒文化具有鲜明的民族性和时代性，同时还对社会生活各个方面发生影响，与其他文化现象紧密联系。从本质上说，酒既具有自然属性，又具有社会属性。酒文化研究的对象既包括原料、器具、酿造技艺等自然属性，更侧重于酒的社会属性，即酒在社会活动中对政治、经济、文化、军事、宗教、艺术、科学技术、社会心理，民风民俗等各个领域所产生的具体影响。

二、酒的文化概念

酒不是生活必需品，但是一种特殊的食品。《礼记》有言"酒食所以合欢也"。合欢者，亲合，欢乐之谓也。在中国，"饮"与"食"同样具有极强的亲合力，把这一亲合力用之于人际交往，就形在了一种社会文化。

酒作为中国人追求个性自由的基本需求的替代物，与政治、军事、皇权社稷、世俗人情、悲欢离合、亲疏远近、喜怒哀乐、性情风度等有着密切联系。可以说，中国酒文化是一种地地道道的社会文化，尤其是自晋代以来，酒文化的社会化程度越来越高，精神价值也越来越大。例如，交朋友先要一起喝上二两，拜把子换帖时更要相互举杯盟誓，以至歃血为盟。婚礼的筵席称"喜酒"，祝捷宴称"庆功酒"，孩子满月办"满月酒"。此外，端午要喝雄黄酒，重阳要喝重阳酒，敬神祭祖、开吊、发引都要奠酒。由此可见，酒是人们用来表达感情、寄托理想、增进友谊、扩大交往、维持心理平衡、调节人际关系的精神幽灵。

酒见证了中华文明的发展史，在酒中，孕育了丰富的中华民族精神，包括爱国主义精神、创新精神、忧患精神、和谐精神，这是其他饮料所不能比拟的。一种民族精神的形成要经过很长时间的积累、沉淀、批判、选择，最终才能被打磨成一种积极的有长远影响力的精神文化指导体系。酒是中华民族精神的优良文化载体，反映了社会文化、民族文化的精华。

中国酒文化有其存在的独特意义，也是不可替代的一个重要原因，就是它能向社会传达各种各样的社会文化与民族文化的精华，并用这些精华去给养整个消费大众。

三、酒的政治文化

酒，是我国的传统产品。正是有了这种特殊的产品，就有了中国酒文化。酒文化又孕育了文化酒，文化酒的日臻成熟，又反过来促进了酒文化继续发展。中国酒文化既是一种社会文化，也是一种政治文化。三国时的孔融，在《与曹操书》中列举了一系列因酒而兴邦的例子。它说："酒之德，久矣。古先哲王炎帝类宗和神，定人以济万国，非酒莫以也。故天垂酒星之耀，地列酒泉之郡，人著旨酒之德。尧不千盅无以建太平；孔非百觚无以堪上圣；樊哙解厄鸿门，非豕肩盅酒无以奋其怒，赵之厮养，东迎其主，非引厄酒无以激其气；高祖非醉斩白蛇，无以畅其灵；景帝非醉幸唐姬，无以开中兴；袁盎非醇醒之力，无以脱其命；定国不酣一斛无以决其法。故哪生以，高阳酒徒，著功于汉，屈原不糟啜取困于楚。由是观之，酒何负于政哉！"这段话举出了在历史上至古帝下至西汉，以酒推动政事的实例；酒能立国兴邦，酒能使为将相者创建勋业，酒能使政治家做出英明的决策，为圣人者亦离不开酒……，足见酒文化也是一种政治文化。

尽管有人认为历史上纵酒误国的事例也不少，不过究其实，酒文化作为一种政治文化发挥的作用也是不可否认的事实。如赐御酒犒赏出征将士以激励他们英勇作战，赐酒食给文官以鼓励他们秉公勤政，以及以酒食款待异国使节以敦促两国修好。1972年在欢迎尼克松总统省次访华的宴会上，周恩来总理用贮藏30年的茅台酒招待贵宾。这纯净透明、醇馥浓郁的茅台酒将尼克松迷住了，电视摄像机拍下了周恩来与尼克松满脸喜悦地用茅台酒干杯的镜头，并向全世界播放，由于酒使这个历史性的"干杯"名震世界。当然，中国酒文化在政治上应该发挥其正面效应，促进我国精神文明建设。

四、酒的艺术文化

几千年的酿酒与饮酒形成了源远流长的中国酒文化。美酒与美诗、美书、美画如胶似漆融于一体，创造了中国诗词与酒、书画与酒的艺术文化。

（一）诗词中的酒文化

我国是诗的国度，也是酒的故乡。数千年来，诗与酒结下了不解之缘。酒是我国源远流长的文学艺术发展的酵酶。我国最早的一部诗集《诗经》305篇中有40多篇与酒相关，酒与诗仙李白流传下来约1000首诗，说到其中饮酒的就有170首，诗圣杜甫现存诗1400首，与酒有关的约占300首之多，翻开我国的文学史，从《离骚》到《女神》的历代诗词中，有关酒的描写比比皆是。东晋陶渊明视酒为"佳人""情人"，无夕不饮，"既醉之后，辄题数句自娱"。领一代风骚的曹操，以"对酒当歌，人生几何"，"何以解忧，唯有杜康"咏酒魄诗情；他的儿子曹丕、曹植常和建安七子一起，"觞酌流行，丝竹并奏，酒酣耳热，仰而赋诗"。羁縻北朝、生平萧杀的庾信，有"开君一壶酒，细酌对春风"等饮酒诗14首，以酒寄情，缠绵悱恻。唐代李白以"斗酒诗百篇"，"会须一饮三百杯"为人共晓，赢得"醉圣"的雅名；杜甫更是"得钱即相觅，沽酒不多疑""朝回日日典春衣，每夕江头尽醉归"，直到"浅把涓涓酒，深凭送此身"的死而后已的程度。北宋初年，范仲淹是"酒入愁肠，化作相思泪"，晏殊是"一曲新词酒一杯"，柳永是"归来中夜酒醺醺；元祐时期，欧阳修是"文章太守，挥毫万字，一饮千钟"，苏轼是"酒酣胸胆尚开张"。南渡时期的李清照，可算是酒中巾帼，她的"东篱把酒黄昏后""险韵诗成，扶头酒醒""三杯两盏淡酒，怎敌他，晚来风急"，写尽了诗酒飘零。陆游以《醉歌》明志："方我饮酒时，江山入胸中。肺肝生崔嵬，吐出为长虹"，一腔豪情，借酒力以增强，发泄。到元明清时期，诗酒联姻的传统更是硕果累累。马致远的"带霜烹紫蟹，煮酒烧红叶"，陈维崧的"残酒忆荆高，燕赵歌事未消"，杨升庵的"惯看秋月春风，一壶浊酒喜相逢"，这些诗作的字里行间，无不闻到扑鼻的酒香。

（二）书画中的酒文化

酒在人类文化的历史长河中，它不仅仅是一种客观的物质存在，而是一种文化象征。中国酒文化以道家哲学为源头，庄周主张，物我合一，天人合一，齐一生死，倡导"秉物而游"，追求绝对自由，忘却生死利禄及荣辱。在绘画和中国文化特有的艺术书法中，中国酒文化对艺术家及其创造的登峰造极之作产生了巨大深远的影响。因酒而获得艺术的自由，这是古老中国艺术家解脱束缚获得艺术创造力的重要途径。"吴带当风"的画圣吴道子，作画前必酣饮大醉方可动笔，醉后为画，挥毫立就。"元四家"中的黄公望也是"酒不醉，不能画"。"书圣"王羲之，醉时挥毫而就的"天下第一行书"《兰亭序》，"遒媚劲健，绝代所无"，而至酒醒时，"更书数十本，终不能及之"。醉僧怀素，酒醉泼墨，方留其神鬼皆惊的《自叙帖》。草圣张旭"每大醉，呼叫狂走，乃下笔"，于是有其"挥毫落纸如云烟"的《古诗四帖》。青藤道人徐渭，胸怀奇才，酒后狂草《杜甫秋兴八首》，字形忽大忽小，笔画忽粗忽细，笔触忽干忽湿，对比悬殊之大，一反常态，如"寡妇之夜哭，羁人之寒起"，"偶尔幽峭，鬼语秋坟"。

由此可见，中国酒文化源远流长，与书画有着不解之缘。历代艺术家嗜酒而成的书画，是丹青墨色与酒交融形成的一道灿烂的风景线。这些传世作品，因渗透着真情实感以及不可复制性而具有很高艺术价值和历史价值。

第四节 茶文化

茶文化，实际上就是在种茶、制茶和饮茶过程中，与我国传统文化体系化结合的文化体系内容。从我国茶文化体系生产和形成过程中，融入了社会价值理念和行为规范，同时也是对传统儒家礼仪、道家精神的全面融合。深层次认知我国茶文化，实际上反映出我国茶文化理念的成熟与完善，同时更是反映出传统茶文化的传承价值。在社会风气日益浮躁的今天，需要有一种稳定而又成熟的文化理念具体指导社会活动。而这正是中国茶文化传承的价值与意义。

一、中国茶文化的形成过程

我国很早就有种茶和产茶的具体记载，根据唐代"茶圣"陆羽所编写的《茶经》一书可以看到我国自"神农尝百草"开始，就已经有了关于茶的具体应用。在先秦时期，巴蜀一带就有着丰富而成熟的茶叶种植历史和经验。只是在茶叶出现初期，茶叶更多被应用于祭祀活动或者部分应用于药用，而在使用范围上，茶叶也只是贵族生活的一部分。但是在文人雅士、道师僧侣等生活中，已经有了饮茶、品茶的习惯，可以说，饮茶风气逐渐形成。

随着我国社会生产力不断发展，尤其是在经济社会不断成熟背景推动下，无论是茶叶生产，还是加工制作水平都实现了实质性提升，因此饮茶逐渐从贵族生活元素发展成为社会化大众习惯。尤其是在唐朝以后，饮茶被广泛成熟应用于社会大众生活中。随着饮茶风气不断成熟，茶这一生活化元素逐渐与我国传统文化相结合，并且形成了具有独立文化内涵的茶文化体系。而在整个茶文化体系形成过程中，其中融入了丰富的内涵元素，其中不仅包括各种茶叶品种以及各茶叶产地的具体文化，同时也包含了反映种茶、制茶场景的茶音乐、舞蹈艺术，以及以描述各种茶文化活动的茶画艺术等，甚至在茶道、茶礼等发展日益成熟过程中，整个茶文化体系中包含和融入了完善的社会礼仪和价值规范，因此，正是我国的成熟发展推动了传统茶文化不断成熟与完善。

在全球经济一体化的现在，茶文化也随着茶叶和东西方文化交流，逐渐走出我国，融入市场各地，形成了一系列独立的茶文化体系，比如英国茶文化等等，其与我国茶文化有着截然不同的区别，尽管两者都是饮茶与自身文化的结合，但是由于产生背景及基础氛围的不同，两者文化之间的区别日益明显。通过对其他各地茶文化内容进行对比分析，我们可以直观有效感受我国传统茶文化的特点和内涵，同时为我国传统茶文化传承和创新发展提供重要帮助。

二、中国茶文化的内涵

认知我国茶文化的具体内涵，实际上就是对我国传统文化进行有效认知的必然要求。正是因为我国茶文化就是我国传统文化的内涵和精髓。因此，准确理解和把握我国茶文化的具体内涵极为必要。通过对我国茶文化形成过程及其具体内涵进行体系化分析，可以看到我国茶文化体系的具体内涵主要有多层，可以说是从茶物质文化到茶精神文化的整体融合，所以其内涵极为丰富、完善。

首先，我国茶文化体系的基础是以茶叶种植和生产为主的物质文化。茶叶作为一种植物，其在我国有着几千年的种植历史，在悠久的种植生产过程中，其形成了自身植物品种。而目前随着我们对茶叶研究日益成熟，如今我国有了以茶叶为主要元素的茶学学科，其作为独立的现代学科，深化茶学学科知识研究对我们深层次认知茶文化体系中的物质元素有着重要帮助，尤其是在融入现代化学和营养学知识内容后，整个茶文化体系的品质也大大提升，其价值和作用进一步突出。

其次，我国茶文化体系中的重要元素还包括以采茶、制茶和品茶为主要创作素材的茶文化艺术体系，这其中包含的内容更为丰富，除了以茶为创作元素的诗歌文学外，还有歌舞、绘画艺术、陶瓷艺术等等。通过对这些茶文化艺术体系的内涵进行分析可以看到茶文化不仅是一种文化，更是一种文明，其对整个社会的发展和进步有着重要价值和作用。而认知茶文化艺术体系的关键在于对茶文化内涵的准确认知，以及创作者在理解和认知该文化过程中所融入的具体情感。

最后，我国茶文化体系中还包括饮茶、品茶过程中所形成的茶道及茶礼规范内容，这实际上就是整个茶文化体系中的精神内核，可以说这也是整个茶文化体系高于其他文化体系的重要标志。饮茶不仅是一种活动，更是一种规范，想要更好饮茶，不仅需要有精湛的茶艺，还需要有良好的心态和心理素质，同时也要有相应道德利益规范。比如在饮茶过程中，要懂得主客之分，也要懂得正确待客之道等等。这些都是我国茶文化的精神与核心。在当前整个社会快速发展的今天，人们的心态日益浮躁，越来越多的人，不能用平和的心态来看待生活中存在的各种负担和矛盾，因此，需要选择引入合适的文化要素，来修复人们的心态。我国的茶文化无疑就是解决该问题的重要媒介。

三、中国茶文化在传承过程中面临的压力

虽然我国有着丰富的茶文化体系内容，同时人们对茶及茶文化的重视程度也在提升。但是必须看到在多元文化发展日益成熟的今天，其他地区，尤其是西方国家对我国传统文化传承带来的压力日益加大。很多青少年更加推崇国外文化，忽视了我国传统文化的价值和内涵。尤其是随着国际交流不断加深，我国茶文化在传承过程中面临的危机进一步加大。

我国茶文化在传承过程中面临的首要压力在于全民社会未能对茶文化体系的内涵和价值形成全面有效的认知和理解。因此，无论是茶文化传承，还是茶文化创新，都缺乏实质性切入点。当前我国茶文化在传播过程中，更多人认识到的是饮茶的健康、养生价值，或者是茶文化的博大精神，比如其茶画艺术或者采茶舞等等，但是并没有对茶文化的具体内涵形成全面有效的认知。缺乏对茶文化具体内涵的认知，就决定了整个茶文化很难做到实质性继承。

此外，我国茶文化在传承过程中受到西方欧美文化及亚洲日韩文化冲击力极大。实际上，每一种文化都有着自身优点和特性，但是当前很多国人存在平面的文化观，其认为发达国家文化一定优于我国文化，因此就使得我国茶文化缺乏完善传播的空间和氛围。最后，我国茶文化在传承过程中，缺乏良好的传播途径和有效载体。茶文化的传播需要合理有效的媒介，但是从当前我国茶文化的传播方式看，其并没有互联网这一媒介形成全面有效的融入，因此其传播效果并不理想。在多元文化融合进一步加剧的今天，如果茶文化不能结合自身缺点和不足，进行调整，那么很容易被整个时代所淘汰。

四、多元文化背景下中国茶文化的传承思路分析

随着多元文化发展不断成熟，如今我国茶文化面临极大传承压力。而我国传统茶文化作为我国传统文化体系的核心，对其内涵进行有效分析，并实现良好继承，价值突出。在多元文化不断发展的今天，探讨我国茶文化的传承思路更为必要。具体而言，想要实现传统茶文化的有效传承，则需要做到：

首先，要完善我国茶文化传承的切入点，通过寻找到传统茶文化体系的内涵和价值，从而实现传统茶文化与时代元素的体系化融合，同时在这一过程中，想要实现我国茶文化的有效传承和发展，还需要有良好的传承载体。良好的传播载体是实现茶文化有效继承的关键和核心。目前茶文化在传承过

程中，很少有被人们完全认知的内容，人们能够认识到茶文化的价值，但是缺乏了解和传承的基础。因此，寻找到合适的茶文化传承切入点，将大大推动传统茶文化不断发展。

其次，要重视对传统茶文化内容体系的研究和教育。通过对传统茶文化具体内容进行体系化研究，从而实现对传统茶文化的全面继承和深层次认知，当前传统茶文化之所以未能被有效继承，其核心和关键在于未能对我国传统茶文化形成体系化、全面化的研究和认知。此外，要重视开展传统茶文化的教育活动，通过将传统茶文化知识内容引入到整个教学活动中，从而帮助学生加深对传统茶文化的具体认知，实现对传统茶文化内涵的有效了解，进而为传承传统茶文化引入有效媒介，在有效提升传统茶文化影响力的同时，实现其影响力的实质性提升。

最后，适当引入市场元素，增加传统茶文化的时代性与内涵化。市场化是提升传统茶文化影响力的重要方法和措施，通过对当前传统茶文化传承过程中存在的压力进行分析，可以发现正是由于其缺乏足够市场元素，使得整个茶文化在传承发展过程中，缺乏应有的创新活力和增长空间。因此，通过适当增加市场因素，必然能够有效激发传统茶文化的创新和继承动力，从根本上实现对传统文化内涵的合理化认知。在多元文化不断发展的今天，茶文化要想不消失，并且实现有效扩大，就必须引入市场机制，扩大生存空间。

第七章 中国传统器物文化

第一节 铜器

我国的文化遗产十分丰富，数不胜数，而广为人知的便要数古代的青铜艺术。青铜时代起于商代，在西周时期达到成熟，春秋时期进入鼎盛时期，随之衰落。青铜时代的发生、发展和衰亡也代表着生产技术和文化在这3个时期的发展变化。

一、冶金及铸造技术的发展与青铜器艺术

商代其实是一个金石并用的时代。最早出现的是青铜，铁的应用也迟于青铜。早期的青铜器表现一种粗犷美，缺乏精巧和细致感，这是因为早期的青铜铸造技术还很不成熟，多用整体浇铸的方法。商代青铜器中最重要的是礼器，这与当时祭祀活动频繁有关，奴隶主贵族以青铜器显示身份。此时的青铜器铸造工艺有了进一步的发展，采用分铸的方法进行浇铸。著名的司母戊大方鼎即是此时的作品，即先做出突出的部件，然后将其嵌合在主体中，再进行二次浇铸。

西周时期铁器得到了应用和发展。铁器的应用使西周的农业发展迅速，使西周成为一个农业为主的王朝。这一时期的青铜器发展缓慢，没有大的进步，但是这一时期经济的发展为春秋战国时期社会的发展奠定了深厚的物质基础。

西周晚期，各诸侯国逐渐强大起来，这时的社会进入到一个政治混乱、诸侯争霸的时期。此时的生产技术飞速发展，青铜器的铸造技术也达到顶峰，发展了分铸、焊接、镶嵌等技术，并应用了失蜡法，使得一些器物的造型达到了顶峰，其中莲鹤方壶就是春秋时期这些技术应用的成果。春秋晚期还出现了红铜镶嵌的新样式，构图自然生动。

战国早期是春秋晚期的延续，使封建社会前期的青铜器达到了最高的水平，曾侯乙墓的铜器便是杰出的代表作。战国晚期的青铜器以金银错和嵌绿

松石等技术为特色，使色彩单一的青铜器显得更加华丽，中山王墓的"虎噬鹿器座""龙凤方案座"都是金银错的精品。这一时期还出现了印模拍印法，能反复印出许多方连续的图案，有的花纹细逾发丝，精巧至极。

但总的来说，这一时期的青铜器以无纹饰的素面器占多数，中国古代的青铜器已经开始走向衰落。虽然在后来的秦汉时期又出现了鎏金鎏银等技术，但青铜器艺术的最终衰落是不可阻止的，也就是说，秦汉时期就是青铜器艺术的终结。

二、思想文化的发展与青铜器纹饰艺术

从远古到殷周，祖先崇拜与上帝崇拜有着合一性或一致性。尽管这两者的"合一"或"一致"可能有并不相同的多种形态，但两者紧密相连却几乎被学者们所公认。如陈梦家说："祖先崇拜与天神崇拜逐渐接近、混合，已为殷以后的中国宗教树立了规模，即祖先崇拜压倒了天神崇拜。"张光直认为"商"字的含义即祖先崇拜，"在商人的世界里，神的世界与祖先的世界之间的差别，几乎到微不足道的程度。"更为重要的是，这种"合一"或"一致"，在远古有其非常具体、实在的实现途径，这就是"巫"。文献说："王者自己虽然是政治领袖，仍为群巫首。"商代的青铜器物上的纹式多以人与兽，人与自然相结合产生的，多是具有巫术的神秘和恐怖的饕餮纹、夔龙纹、人面纹、龙纹、凤纹、雷纹等。到周初，周公旦的"制礼作乐"结束了中国上古时代的"巫史传统"。文献中，周初以"敬德""明德"著称。周金文中多见"德"字，"德"作何解？李泽厚说："……它大概最先与献身牺牲以祭祖先的巫术有关，是巫师所具有的神奇品质，继而转化成为'各氏族的习惯法规'。所谓'习惯法规'，也就是由来久远的原始巫术礼仪的系统规范，'德'是由巫的神奇魔力和循行'巫术礼仪'规范等含义，逐渐转化为君王行为、品格的含义，最终才变为个体心性道德的含义。"所以说，周初讲的"德"在那时指的是君王的一套行为，但不是一般的行为，而主要是祭祀、出征等重大的政治行为，并逐渐演变为维系氏族、部落、酋邦生存发展的一整套的社会规范、秩序、要求、习惯。"德"在西周被提到空前的位置，西周的统治者以礼乐制度来区别和调节奴隶主阶级内部相互的关系。但是礼制化的要求，直接在青铜器艺术上得到反映，出现新的造型和纹饰，则是在西周中期的穆王时期以后。进入成熟期的西周青铜艺术逐渐抛弃了商代的饕餮纹、夔龙纹等纹式，而采用了窃曲纹、重环纹、垂鳞纹、蛟龙纹、波纹、瓦纹等。有些器物装饰极为简洁，纹饰具有抽象的意味。

春秋战国时期的青铜艺术达到了巅峰，但从此也是青铜艺术衰落的开始。在这一被称作是礼乐崩坏的年代里，贵族们在激烈变化着的政治形式中拼搏

着,此浮彼沉,世禄世卿制度废除了,新兴的地主阶级从旧奴隶主贵族中站立出来。"天道远,人道迩",天命观彻底动摇了。这一混乱的时期却是中国哲学思想史上最为活跃的时期,出现了道家、儒家、墨家等各家学派,产生了中国哲学史上早期的朴素的唯物主义哲学——道。这些在思想界的变动也明显的反映在青铜器上。

春秋战国时期,普遍流行的青铜器纹饰是蟠螭纹和蟠虺纹以及各种无以名之的鸟兽形态的花纹。它们不象西周时期礼智制观念影响下的青铜器花纹那么抽象,却也不复有商代那种恐怖的感觉,它是精巧的、华美的、活泼的。这些变化正是为了满足当时新兴地主阶级的要求。这个时期在青铜器纹饰上的一个重大发展,是表现现实社会生活的绘画形式的出现。就目前所知,出现贵族宴享、习射和采桑、狩猎、征战等活动的绘画形象的春秋后期到战国时期的青铜壶、鉴等器物有二三十件。尽管它是图案化了的,但人们还是可以从这些美丽的图案中看到当时人物的一部分真实的生活。其中既描写了贵族的生活,同时也表现了采桑妇女和弋射的场面,人们正伏地仰射天上的飞雁,中箭的大雁带着长缴纷然落地。作者不是冷漠地表现生活,画面上由人和飞鸟的混杂、交错而形成的抖动的、有韵律感的线条,正是在歌唱着生活所给予人们的快乐的激情。

春秋战国时期,人的价值开始被认识,人的社会活动、生活的主题进入器物和建筑等的装饰设计上,这是中国设计艺术史上的一个巨大的进步。

青铜器艺术在秦汉时期也有所发展,出现鎏金鎏银的"长信宫灯""错金博山炉"等,但总体上来说已没有了鼎盛时期的辉煌。由于生产技术的发展和其他生产材料的发现和使用,如漆器、瓷器、金银器等,使得青铜器不再占有主导地位,青铜时代从此走向没落。

第二节 陶瓷

陶瓷是中国对人类文化文明的重大贡献之一,在国际上久享盛誉,在历史上,中国有瓷国之称,陶瓷几乎贯穿了中国历史各个时期。从新石器时代一直到现代,没有间断过,因而它能够记载所有时期的历史信息,这是其他一些器物所无法比拟的。而且在中国传统的手工业中,陶瓷艺术是非常重要的一个门类。

一、陶瓷简介

陶瓷,众所周知,即陶器与瓷器的总称。中国人早在约公元前8000—

2000年（新石器时代）就发明了陶器。陶瓷材料大多是氧化物、氮化物、硼化物和碳化物等。常见的陶瓷材料有粘土、氧化铝、高岭土等。陶瓷材料一般硬度较高，但可塑性较差。除了在食器、装饰的使用上，在科学、技术的发展中亦扮演重要角色。陶瓷，是人类在生存空间中最早出现的几种艺术形式之一。从初始的以实用为目的，渐渐随着技术的进步而增加了美学的功能，使其成为集实用和欣赏为一体的工艺美术品，最终，陶瓷又摆脱了实用的初衷，成为完全意义上的欣赏品。

二、陶瓷的发展史

陶瓷的产生和发展，实际上是同人们的生活和生产实践紧密相连的。大约在70万年以前的原始时代，人们就发现，将泥巴晾干后加火一烧就变得坚硬起来，而且可以做成各种形状用来盛水，放食物等等，这便是陶器产生的初始。陶器的发明是人类文明的重要进程，它揭开了人类利用自然、改造自然、与自然做斗争的新的一页，具有重大的历史意义，是人类生产发展史上的一个里程碑。下面具体分析陶瓷的发展史。

1. 夏、商、周朝时期的陶瓷文化商朝殷虚的遗址中挖出的陶片、陶罐包括很多种款式，有灰陶、黑陶、红陶、彩陶、白陶，以及带釉的硬陶，这些陶器上的纹饰、符号、文字与殷商时代的甲骨文和青器有密切的关系。青器的成本高只能为贵族享用，广大民众的各种生活器皿只能采用陶器。因此可以了解商代制陶工艺也得到普遍的发展，带釉的硬陶在这个时期已经出现了，釉色青绿而带褐黄，胎质比较硬，呈灰白色。陶器在此时已经不在局限於盛物器皿，应用范围较广，大略可分为日用品类、建筑类、殉葬类、祭~，FAL器类。朝廷对于制陶工作也很重视。

2. 秦汉时期陶瓷文化秦汉—古代的建筑多采用木料来架构，不易久存，所以一些伟大的建筑，如秦代的阿房宫和汉代的未央宫，都无法完整保存下来，但仍可在残存的废墟中发现瓦当及汉砖等遗物，藉以略窥古代建筑的规模。

3. 隋唐朝时期的陶瓷文化西元五百八十九年，杨坚篡北周并南陈，统一中原，改国号为隋，隋的朝代虽短，但在瓷器烧制上，却有了新突破，不但有青瓷烧造，白瓷也有很好的发展，另外此时在装饰手法上也有了创新，如在器物上另外的泥片—贴花，就是一例。

4. 唐朝时期的陶瓷文化到了唐代，瓷器制作可为以蜕变到成熟的境界，而跨入真正的瓷器时代。因为陶与瓷的分野，在乎质白坚硬或半透明，而最大的关键在于火烧温度。汉代虽有瓷器，但温度不高，质地脆弱只能算是原瓷，而发展到唐代，不但釉药发展成熟，火烧温度能达到摄氏一千度以上，所以我们说唐代是真正进入瓷器的时代。唐代最著名的窑为越窑与邢窑。

5. 元朝时期陶瓷文化 元代入主中原九十一年，瓷业较宋代为衰落，然而这时期也有新的发展，如青花和釉里红的兴起，彩瓷大量的流行，白瓷成为瓷器的主流，釉色白泛青，带动以后明清两代的瓷器发展，得到很高的成就。

6. 明朝时期陶瓷文化 我国的陶艺发展到了明代又进入一个新的旅程，明代以前的瓷器以青瓷为主，而明代之后以白瓷为主特别是青花、五彩成明代白瓷的主要产品，而景德镇更成为主要的窑厂，规模最大，一直延续明清两代五、六百年而不衰。明代开始，窑址都趋於集中在景德镇，无论官窑或民窑都偏向於彩绘瓷器，宋瓷前都以单色釉为主，而明代后走入了彩绘世界。

7. 清朝时期陶瓷文化 清朝中国瓷器可谓登峰造极。数千年的经验，加上景德镇的天然原料，督陶官的管理，清朝初年的康熙、雍正、乾隆三代，因政治安定，经济繁荣，皇帝重视，瓷器的成就也非常卓越，皇帝的爱好与提倡，使得清初的瓷器制作技术高超，装饰精细华美，成就不凡，是悠久的中国陶瓷史上最光耀灿烂。从上述陶瓷在各个时期的发展历程看，它是辉煌的，璀璨的。美来自于生活，制陶者正是从表现生活的角度，有寓意地，间接表现了人的思想和感情，或直接描绘了现实生活的风俗和风貌。

通过对陶瓷从古到今的变化发展历程的了解，其中既有辉煌的时期，也有衰落的阶段，但总体来说是进步远远大过退步，陶瓷就是在这样的环境下一点点的发展壮大，从中我们可以深刻感觉到中国陶瓷史的博大精深；也领略了中国劳动人民的勤劳和智慧。而且从中国的陶瓷艺术中，我们不仅是简单地看到有关中国陶瓷艺术的种类和特点，我们还能看到中国科学技术的发展，中国社会经济的发展，中国对外贸易关系的发展，以及中国人生活方式的变化，中国人审美观念的变换等等。

三、陶瓷业的发展前景

为使陶瓷艺术在现在这个社会生存下去，且获得多姿多彩，首先要实现传统陶瓷向现代陶瓷的转变。

在陶瓷艺术作品中，材料的运用可谓至关重要，可以直接感受作品的力度及内在结构的审美空间。从传统材料中可以看出：青花、粉彩、古彩等传统装饰，形成了景德镇传统陶瓷艺术特有的面貌，决定了其题材风格的独特性，它承载着一个时代的变迁，用自身的语言范式带给世人长久的喜爱与眷顾。

现代陶艺创作，特别强调主体精神的自由与个性。陶瓷艺术个性的培养与形成，同其他艺术一样，都有个积累和升华的过程，包括生活经验的积累，文化知识和才能的积累，艺术功底和艺术修养的积累，以及娴熟而全面的技艺的积累。

着眼于陶瓷的辉煌发展史，我们可以坚信它的前景是乐观的。对于陶瓷文化，我们要尊重，在此基础上施以保护。相信陶瓷，相信中国，相信china。

第三节 玉器

中国称得上是全球玉器之邦，玉器艺术作为中国古代艺术的重要种类之一，有着其独特的精神内涵，随着越来越多的考古发现以及对文献的整理我们可以得知，我国古代玉器艺术经历了"石玉不分""以玉为饰"和"以玉为尊"三个阶段。每一时期都有其特性所在，文章将以历史发展为脉络，论述汉及之前各时期玉器艺术的特点与发展状况。

玉器作为中国古代艺术的重要种类之一，最早发现于距今8000年前的东北兴隆洼文化，历史悠久的玉器在我国被赋予了某些重要的内涵价值。随着越来越多的考古发现以及对文献的整理我们可以得知，我国古代玉器艺术经历了"石玉不分""以玉为饰"和"以玉为尊"三个阶段。

一、部落时期

这一时期的玉器制作属于雏形期，早期居民并无玉石概念，原材主要为岫岩玉、透闪石等，主要为慢轮制作。从考古发现来讲，主要可以分为东北地区、黄河流域、长江流域以及东南沿海地区。这些地区有些共同点，首先均为有定居的农耕地区，并且在其生活区域附近有一定数量的原石。各个地区间玉器的种类相差并不大，但在风格样式上存在明显的差异，这可能与不同部落的审美价值有关，当然这些差异性也是现今用来区分地域性和出土地的标尺之一。在部落时期的玉器发展中，位于东北地区的红山文化和位于长江流域的良渚文化显示出高超的制作技巧和风格样式。从考古发现来看，这两种文化已经渡过原始聚落阶段，产生了类似于城邦式的社会组织，两地玉器相比前者在题材上多动物表达，造型古朴厚重，代表有勾云形玉器以及著名的C字形龙玉；而后者更偏爱精美繁细的兽面纹，出土了许多兽面纹玉琮和三叉形器。在生产力和生产工具都较为贫乏的部落时期能出土如此数量的玉器，可见必有其意义，玉器产量的多少能很好地折射出部落的兴盛状况，加之在这一时期的出土物中有众多无法解释的造型与纹样出现，这在一定程度上也说明玉器制作在此时与氏族社会的权利有所联系，也是其财富的象征物。

二、三代时期

三代时期是我国礼制文化的形成期，这一时期玉器完成了"以玉为饰"到"以玉为尊"的过渡。考古发现的夏商两代玉器并不多，与部落时期并无太大差异，当然这其中的一部分或者说大部分很可能是继承于部落时期，值得一提的是，在夏家店的下层文化我们发现的较硬的红色玛瑙珠，这说明在制作手段上已经有了一定突破，其次玉柄形器大量出现。而在商代玉器中比较特别的就是马饰，它由海贝、玉牛头、玉燕、玉兽面以及玉马束组成，这是即墓室玉器之后的另一组合玉器。发展到西周时期，玉器得到飞速发展，正所谓"君子比德于玉"，作为礼制文化统领一切的时代，由玉器制作的"西周组配""六器""六瑞"成了身份的象征物，脱离了部落时期与夏商玉器为原始巫术和鬼神服务的范畴，被用于礼制、祭祀、会盟、敛尸、聘礼等多方面，其中著名的西周组佩从重量与长度上来说，其明显不适用于日常佩戴，应为大型事件或场所的佩戴物，与青铜器的鼎簋制度相似。

三、春秋战国时期

礼崩乐坏带来的僭越，使得等级分明的组佩制度无法继续，组佩迅速消亡，加之诸侯国的兴起和铁器的使用，使得玉器制作从西周的数量大过渡到春战的质量好，地方性与装饰性呈上升趋势，齐国称霸之后，挂饰齐水晶被迅速传播，在一定程度上，它成了取代西周组配象征等级的新事物，这一时期多浮雕、镂雕以及与金银工艺的结合，这说明高速转动的技术已经具备，但与造型相比，其对材质的要求显然更高。此外玉剑饰和印章也是此时出现的。从韩信佩剑的故事中我们就可得知玉剑饰与身份等级有着密切联系。但在对这一时期的玉器进行鉴定时应注意中原与边地的差异性。

四、汉代

汉代是我国至于最发达的时期，从事手工业的人数在都市里达到了一个很大的规模。一般来说同一国家的基础靠上层文化建设的强调，由于汉代崇尚孝道，而厚葬作为主要考核之一，在社会中迅速普及，玉器的消耗量达高水准，这主要和刘邦请儒生礼制阶级有关，西周的组佩制度在汉代有所复兴和流传，但其只适合于皇家上层统治阶级，民间并无推广，所以，葬玉制度作为补充级别的概念出现。除葬玉之外还有日常佩戴，就葬玉来说，虽然由于厚葬带来了盗墓的猖獗，但有限的考古发现和文献记录能为我们大致还原其体系，而日常佩戴则有很大出入，这是因为日常佩戴器与葬玉属于两个不同体系，从墓葬出土来看日常佩戴情况显然是不正确的，汉代的日常佩玉在很大程度上是并不是出于装饰的需要，而是方仙道谱系下辟邪的需要，玉舞人与玉翁仲成对出现，佩于腰部挂饰。同一题材玉器，从造型工艺上来讲，汉代早期的玉器造型较为写实，雕刻也较为精致。发展到后期，由于产量的需求，其写实性和雕刻的精细度都明显下降。

第四节 漆器

自人类诞生起，就一直存在着人造物的活动。人造物活动忠实地记录了人类精神文化和物质文化的发展过程，反映了各地区、各阶段人类的生活方式、生产力水平及审美取向的发展和演变。漆器艺术是人造物活动的重要成果之一，历经数千年而不衰。它通过器物的实用性及其型、色、饰的展示，表达了人类淳朴、自然的愿望和热爱生活的本质。最早的漆器可追溯到距今六七千年前河姆渡文化遗址出土的朱漆碗，这说明早在新石器时代，中国就已认识了漆的性能并用以调色，以及制器。

一、实用走向审美的艺术

早在六七千年前的河姆渡文化时期，我们的祖先就已能制造漆碗；在良渚文化和夏家店下层文化的遗址中，也考古发掘出先民们造的漆器。漆器发明的初衷应当是为了使胎体具有光泽感和圆滑感，从而满足生理上舒适、便于使用的要求。"有用的产品在本质上是非美的，根本问题在于有用，而不是审美。然而，美既不是上帝的赐予，也不是超现实的理念，人在整个存在领域里，可以在传统的自然美和艺术美之外发现新的美。"

商周时期，青铜器的高度发展遏制了漆器的生产，漆器发展比较缓慢。春秋战国时期，由于漆器的制作工艺相对于青铜器简便，材料资源丰富，造价低廉，加上漆器耐酸、耐热、防腐的功能，受到新兴封建统治者的推崇，使漆器的生产进入了第一个高峰时期。楚国因为拥有丰富的生漆资源，历史上也有喜用漆器的习惯，从而成了战国时期漆器的主要产地。"楚人有卖其珠于郑者，为木兰之柜，薰以桂椒，缀以珠玉，饰以玫瑰，辑以羽翠，郑人买其椟而还其珠。此可谓善卖椟矣，未可谓善鬻珠也"（《韩非子·外储说左上》）。这样一个装珍珠的木匣子，使得郑人不买木匣中所装的宝珠，而只买木匣子，可见它珍贵美丽到了何种程度。

秦代虽然仅仅只有15年的历史，但漆器的生产势头并没有削弱，还作为商品流通进入了市场。西汉时期是古代实用漆器生产的鼎盛时期，从制胎、制漆、供漆、作底、髹漆、彩绘、镶扣、鎏金直到最后的检验处理都有了完整的生产流水线，多为酒具、饮具、盛具、文具、家具、乐器以及丧葬等实用品，几乎涵盖了生活的各个方面，而且达到了功能美与艺术美的统一、实用性和欣赏性的融合。

随着瓷器的日益普及，从东汉至唐、五代的近 1000 年，漆器的生产处于低潮时期。到了宋代则进入到古代漆器发展的第二个鼎盛期：民间漆器以实用为主，官方漆器以欣赏为主并逐渐成为漆器发展的主流，雕漆的出现就是注重欣赏性的代表。明高濂《燕闲清赏笺》记载：

"宋人雕红漆器如宫中用盒，多以金银为胎，以朱漆厚堆，至数十层，始刻人物楼台花草等象。"螺钿漆器、戗金漆器在宋元时期也非常盛行。明清时期的漆器生产则达到鼎盛期的最高峰，有一色漆、罩漆、描漆、描金、堆漆、填漆、雕填、螺钿、犀皮、剔红、剔犀、款彩、戗金、百宝嵌等工艺，而由官方作坊督办的漆器大量使用金银、镶嵌珠宝，已基本脱离了实用，成为堆积贵重材料、显示技艺精湛的珍宝奇玩。

二、形色共一体的设计

漆器是形色共一体的，形即外观和内部结构，色即漆色的色彩视觉效果。相对于陶器、青铜器、玉器、瓷器等，漆器的色彩效果是最鲜明、最强烈、最艳丽的。

漆器的形即成型，主要是制胎，胎体有木胎、夹胎、竹胎、陶胎、皮胎、金属胎，每种胎体的制造方法都不相同。明代黄成在《髹饰录》中强调"质则人身"，即把漆器的胎质比喻成人身体上的骨肉，恰如其分地指出了漆器造型的本质。

漆色是漆器装饰的第一道工序和基本的构成要素。天然生漆干涸后色泽近于黑色，所以最早的漆器是黑色的。"当河姆渡人在生漆中掺入朱砂矿物质后，漆器便呈现了朱红色，这时的漆器已有了审美的追求。其后，黑、朱两色组合的漆器的出现，是在漆器的装饰性上有了进一步的发展。"黑色有沉寂之感，红色则撩人心魄。两种颜色，一冷一暖，一静一动，相间搭配，既体现了中国人独特的审美理念和天地观念，又令漆器拥有了一种典雅、淳朴、庄重的品位。

春秋之后人们已能调制白、紫、褐、蓝等各种漆色，战国时期还流行一种特殊色彩效果的漆色——金漆，而且装饰技法丰富多样，有朱地描金、描金加彩和彩漆描金等，长沙战国墓中曾出土两块描金雕花版（苓床）。明清出现通体金色的漆器，手法有贴金漆和罩金髹。

漆器艺术对色彩的高度重视及取得的成就，在汉唐艺术中得到了继承，并有所发展。如汉唐壁画（包含唐代敦煌等处的佛教壁画）、帛画，唐代重着色人物花鸟画、钩金的青绿山水画、唐三彩、琉璃瓦等的色彩，可以说是以漆器艺术的色彩为其源头的。

三、彩绘、镶嵌、雕漆的设计之美

自春秋战国以来，彩绘就是漆器最常用的髹饰技法，一般是毛笔勾勒细线，然后平涂，也有先平涂色块再单线勾边。"客有为周君画荚者，三年而成。君观之，与髹荚者同状，周君大怒。画荚者曰：筑十版之墙，凿八尺之牖，而以日始出时加之其上而观。周君为之，望见其状，尽成龙蛇禽兽车马，万物之状具备，周君大悦。"（《韩非子·外储说左上》）据推测此荚是用很薄的竹片编成的簸箕，且为双层的。内层用朱、黄等鲜明的颜色彩绘出龙蛇禽兽车马，外层涂以很薄的、半透明的黑漆，在强光照射下才可看出内层所画的图形，体现出匠师构思的巧妙和战国时期漆器彩绘艺术和技术的高度发展。

彩绘的用笔（或其他代替笔的刻具）可以在漆器上方便、自由地挥写，能取得高度的绘画、书法艺术效果。线条流畅有力富于书法意味，这也是陶器、铜器以及玉器等其他艺术所不能相比的。彩绘发展到明清两代有了许多变化和创造性发展，有描漆、漆画、描油、描金、描金罩漆和识文描金等多种髹法。

镶嵌工艺在西汉晚期已经逐渐流行——在漆绘上贴金箔、银箔、嵌金银片等，唐和五代则出现了嵌螺钿和金银平脱的加工工艺。经过1000多年的发展，宋元时期的漆器镶嵌工艺逐渐成熟。北京元大都遗址出土的广寒宫残片，图案为掩映在祥云、茂树和繁花丛中的三座亭台楼阁。宫殿的细部，如翘角飞檐、宽敞的回廊、团花形窗户，清晰可见。该图是用夜光螺精制成薄如蝉翼、长宽仅毫米的螺片，在黑漆盘上点粘而成的，可以看出元代嵌薄螺钿工艺水平的高超，也为明清时期多种装饰手法的综合运用达到极致奠定了基础。

明清的镶嵌工艺发展到了极限，不仅有传统的螺钿镶嵌、金银片镶嵌，而且嵌进各种珠宝，谓之"百宝嵌"。钱泳《履园丛话》记载："周制之法，唯扬州有之。明末有周姓者，始创此法，故名'周制'。其法以金银、宝石、珍珠、珊瑚、碧玉、翡翠、水晶、玛瑙、玳瑁、砗磲、青金、绿松、螺钿、象牙、密腊、沉香等为之，雕成山水人物、树木楼台、花卉翎毛，嵌于檀梨漆器之上。" 雕漆是以木灰、金属为胎，在胎骨上层层髹红漆，少则八九十层，多达一二百层，至相当的厚度，待半干时描上画稿，然后再雕刻花纹，一般以锦纹为地，花纹隐起，华美富丽。根据漆色的不同，有剔红、剔黄、剔绿、剔黑、剔彩、剔犀之分，其中以剔红器最多见，又名"雕红漆"或"红雕漆"。元代时的嘉兴是全国闻名的漆器产地之一，雕漆名家辈出，其中张成与杨茂两位巨匠的剔红尤负盛名，并有精品流传至今，如张成的"剔红曳杖观瀑图""剔红栀子纹圆盘"，杨茂的"剔红花卉纹尊""剔红梅花纹圆盘""剔红观瀑图八方盘"等，都是传世剔红漆器中的精品。

明代的雕漆工艺又有所发展，雕漆题材也十分广泛，花卉有牡丹、海棠、玉兰、梅花、菊花、莲花、芙蓉、桂花等，动物有龙、凤、孔雀、锦鸡、芦雁、喜鹊等，此外还有山水、人物等题材。嘉靖、万历时期，多用情节性题材，如聚宝盆、龙舟竞渡、双龙捧寿、龙捧乾坤等。清代的雕漆花纹相对于明代的庄重浑厚，显得较为繁缛纤巧；清代木胎外兼作其他胎质，并且与其他工艺结合，器形高大，在本已雕镂繁缛的剔红、剔黑、剔彩器上还镶画珐琅、嵌珐琅、鎏金铜饰件以及嵌玉、牙雕等，因一味地追求繁华缛丽的装饰技巧而失之于矫揉造作，雕琢艳俗。

中国古代漆器设计发展的每一个阶段都和当时的物质文化和精神文化紧密地联系在一起。漆器产生之时是那样的纯真和朴素；在进入阶级社会的夏商变得神秘、威严和庄重；战国至隋代，是我国封建社会上升阶段，漆器开始走下神坛，表现出浪漫主义的情怀；唐、宋、元、明、清时期，它面向生活，面向自然，表现出浓郁的人情味，以及花鸟山水的大自然之美。它就是这样一步一步地走过来的。中国漆器设计和生产虽然已有七千多年的历史，但它远远没有走完它的路程，它还会有更加灿烂美好的前景！

第五节 织 绣

一、远古时期的"织绣时代"

夏商周时期，中国正式进入了"织绣时代"。夏为中国从原始社会跨入阶级社会的第一个朝代，随着农业、畜牧业的不断发展和生产力的日益提高，促进了社会分工的明确化，手工业从农业中分离出来，这时的纺织技术有了较大的发展；而商代，中国进入了奴隶社会，手工业生产进一步专业化。考古证实，此时已经织造出麻布、绢、缣。及回纹绮和雷纹绮，此两件附着在中国商代青铜器上的纹绮织物残片遗痕是目前现存世界上最古老的织花丝绸文物标本；至西周时期，纺织不仅成为社会生产的主要方式，也是国家赋税的主要来源。丝绸生产在本朝代有了很大提高，一些高级服装的材料，往往采用织锦和刺绣。

待到春秋战国时期，随着纺织原料生产的发展，纺织手工业更加兴旺发达，出现了一些纺织中心。如以临淄为中心的齐鲁地区和陈留、襄邑为中心的平原地区，分别以生产罗纨绮缟和美锦闻名；而吴越地区则以生产麻织物著名。当战国时期的封建制度取代了奴隶制度之后，社会生产力蓬勃发展，纺织手工业取得了辉煌的成就。据相关文献记载，其间纺织品有帛、缦、绨、缟、纨、纱、縠、绉、纂、组、绮、罗十几种，并且还有高级织锦；不同种类的丝绸各有不同的织法，由此所产生的品种繁多，从中可见纺织技术的跨越和进步；但各种织绣纹样基本是从商周的纹样演化而来的，其纹样题材与存在于其他当世物品一样，抽象而又具象，均蕴含一定的象征含义。

二、男耕女织的秦汉时代

秦朝统一韩、赵、魏、楚、燕、齐六国，结束了诸侯割据的分裂局面，建立起中国历史上第一个中央集权的封建帝国，这为发展汉民族经济文化创造了条件。虽然秦朝统治仅15年，但其对种桑养蚕也十分重视；这期间，丝织品在国民中的应用非常普遍，如《中华古今注》所记：庶人白袍，皆以绢为之。

延至汉朝，其承继秦制，社会生产力进一步提高。纺织技术有重大发展。当时从中央到地方都设有管理纺织等手工业的机构，京城长安有东织室、西织室，专为宫廷织造高级丝织品。汉武帝时，仅富豪张安世经营的纺织作坊就有700人从事织造规模，并且其妻子也亲自参与纺织，呈现出男耕女织的普遍社会分工局面。正所谓：一夫不耕或受之饥，一女不织或受之寒。

总体看来，两汉以织锦为主要产品，在结构上以经显花经二重夹纬平稳组织。较为突出的是绒圈锦，是汉代首创。与锦同样出名的还有刺绣，且出品地区相当广泛，其仍以辫绣为主；此外，还出现了几种新针法，如齐针绣、铺绒绣、和网绣。

贾谊《新书》云："匈奴之来者，家长以上故必衣绣，家少者必衣文锦。"可知汉代世风之奢华，这便促进了刺绣业的发展。以西汉出土刺绣为例，绣品种类有长寿绣、信期绣、乘云绣；纹样有茱萸纹绣、方棋纹绣、云纹绣。其主题基本相同，蔓藤加云纹、变形动物等。而东汉刺绣品则多出土于"丝绸之路"沿途。

三、民族融合促进纹样发展

待到三国时期，蜀汉成为丝织中心之一，以四川成都地区生产的蜀锦闻名并畅销全国，在汉代即位居全国第二，且质地坚韧厚重、织纹精细匀实，题材更为宽泛，图案设计新颖；在织造工艺上，虽仍采用汉锦的经显花夹纬经二重平纹组织，但经纬线比较细，织造精密，经纬密度比汉锦大；在用色上，采用分区循环方法。

到了两晋，随着北方人的大量南迁，桑蚕业也大多南移。南朝时纺织手工业技术提高很快。东晋时，北方后赵丝织业相当发达，都成邺（今河北临漳）生产的邺锦和蜀锦同样有名。有大、小登高，大、小光明，大、小博山，大、小茱萸，大、小蛟龙，蒲桃文锦、斑纹锦、凤凰朱雀锦、稻纹锦、核桃文锦、蜀绨、青、白、黄、绿、紫绨等。此间，正值民族大融合之时期，也是佛教自东汉传入后开始盛行之际，这从其服装面料图案纹饰和刺绣品中即可反映体现出来。并且，除继续运用前代辫绣和齐针法外，还首次发现应用滚针和钉绣针法。大量具有西域特色的纹样自此传入中原，如莲花纹、葡萄纹、卷草纹、忍冬纹等。其纹样结构大多比较对称，二方及四方连续图案使用比较广泛。

四、佛教织绣大幅发展

隋朝结束了魏晋以来长期的分裂局面，社会生产得到恢复和发展，纺织手工业有了很大进步。纺织品生产的主要地区在河南、河北、山东一带，所生产的锦、绫、绢等纺织品质地精良，南昌、苏州的纺织业也很发达。而唐朝的纺织品种类繁多，从《唐六典》的记载来看，各地向宫廷进贡的纺织品有绢、麻、葛、布、棉、縠、纶、毛、交绫等。纺织品产地主要在河南、山东、河北、江苏、浙江等地。中唐以后，社会经济重心南移，江南的丝织技术有了很大提高。除早已闻名的蜀锦外，吴越地区的吴绫、吴朱纱，江浙的罗、绢、缭令等也著称于世。此外，佛教的空前盛行，使得各种佛教艺术品也大行其市，织绣自然也被用来制作佛像和佛经等用品。史载江南东道进贡的丝织品种类繁多，仅绫一种就有水纹、方纹、鱼口、绣针、花纹、御服乌眼、绯、自编、文、交绫、十样花纹、吴等10多个花色。麻布产品种类也不少，有苎布、斑布、蕉布、细布、丝布、纻布、弥布、竹布、葛布、楚布等几十种。

唐代纺织工艺已达成熟，发明了纬线起花的织锦法以及双面锦、缂丝等织造工艺。唐代丝织品图案具有其独特的情态。其一为花卉组成直条连续纹样，一般用于衣服的镶边；其二为散点组成的各种几何形格子纹样，如菱形格、龟背格、棋局格等。但最常见的最具特点的纹样是以团花珠圈为中心，中间纳以各种祥鸟瑞兽或花卉图形，如雁衔绶带、雀衔瑞草、鹤衔方胜、蟠龙、对凤、麒麟、狮子、天马、辟邪、孔雀、仙鹤、芝草、万字、莲花、忍冬、宝相花等。均衡匀称的花纹布局是唐代织绣设计整体风格。

唐代织绣除以宝相花纹、连珠纹、象生花鸟纹锦外，绫一跃成为重要的丝织品种。其中龟甲、双距、镜花绫、交棱绫、方纹绫、水纹绫、樗蒲绫、重莲绫等等。唐代刺绣在针法运用上，除了进一步完善南北朝以来的平针、滚针等技法，还创造出了套针、戗针、接针、缠针、平金、蹙针等众多新针法。

五、缂丝成为宋代时尚

自五代十国到两宋300余年，以宋代为例，发展最为突出的是缂丝，其与刺绣一样，多以名人书画为稿本再创作织绣艺术品，成为当世的一种时尚。

据《蜀锦谱》《辍耕录》记载：北宋彩锦有四十余种，南宋有上百种，且名目繁多。宋锦在京师汇集了当时全国著名品种，其中即包括蜀锦。成都为官营锦院，每年都要向朝廷进贡诰锦、臣僚袄子锦。而京都锦院中的织工，多来自成都，故作品样式亦多取自蜀锦。宋锦对后世影响很大，以至明清时期曾大量仿制，史称"仿宋锦"。宋初，部分织锦沿用唐代初创的纬显花夹经斜纹或平纹组织；宋代织锦到后期，几乎都是纬显花夹夹经斜纹组织。

关于缂丝，古文献上有"刻丝""克丝"等多种称谓，自明代始定为"缂丝"。缂丝是在汉代毛织物——辍毼基础上发展起来的；唐代始移丝织，但仅为小件作品。如唐代缂丝缘，是目前发现最早的缂丝制品。至宋代，缂丝达到了鼎盛期。当时以定州为生产中心，多做书画包首或经卷封面，也不乏大件作品。南宋缂丝除临安外，云间（今上海松江）亦成为著名产地，涌现出朱克柔、沈子蕃、吴煦等缂丝名匠。

宋代刺绣亦受书画影响，作品主要用于观赏，并以书画名家为粉本。特别是皇家对其偏爱有加，宋徽宗于崇宁年间（1102—1106）在皇家画院设立山水、楼阁、人物、花鸟画绣专科；皇宫文绣院从全国各地征召而来绣工300余人，如思白、墨林、启美等都是当时著名的绣匠；他们的作品极力模仿和追求书画的笔意和神似及其色彩和墨韵效果，达到了"以针代笔，以线代墨"的另一重艺术境界。正如明代张应文《清秘藏》所评价："宋人之绣，针线细密，用绒止一二丝，用针如发细者为之，设色精妙，光彩射目。山水分远近之趣，楼阁得深邃之体，人物具瞻眺生动之情，花鸟极绰约喔之态，佳者较画更胜。"宋代以绫做官服面料，需大量紫绫、花绫；同时还要向辽、金、西夏馈赠，用量之大，前所未有。当时开封有绫锦院，湖州有织绫务，各地都织不同名目的花绫，如赵州狗蹄绫、柿蒂绫、寺绫等。宋绫以斜纹地斜纹花为主，但在斜纹结构和花纹显现上变化多端。宋代的罗更是风靡一时，为江南名贵丝织品。当时润州专设织罗务，每年贡御服花罗数千匹，有孔雀罗、瓜子罗、春满园罗、宝相花罗等。宋代绫罗织物上的花纹较前世更为丰富，呈现出来自由流畅、清新活泼的具有写实风格的纹饰。而其织锦、缂丝和刺绣织物上的纹饰图案，题材扩大、纤丽典雅、寓意吉祥，更贴近于生活。

第八章 中国传统史学文化

第一节 中国古代史学的思维特征

一、"究天人之际"的整体思维

"究天人之际",即是探讨天人之间的关系,亦即天道对于人事的影响。中国古代史学谈论人事,总是离不开天道,而将天与人作为一个整体来进行思考,体现出天人一体的整体思维特征。

从理论渊源来讲,天人一体的整体思维,最早源自《周易》。《周易》卦画构成原理即体现了天人一体的观念,《说卦传》说:"昔者圣人之作易也,将以顺性命之理,是以立天之道曰阴与阳,立地之道曰柔与刚,立人之道曰仁与义。兼三才而两之,故易六画而成卦。分阴分阳,迭用柔刚,故易六位而成章。"这就是说,《易经》六十四卦每一卦六爻的符号体系,其实是天、地、人三才之统一整体的体现。《系辞传上》也认为,在天人这个整体中,"天地设位,圣人成能",人可以顺应天道,发挥主观能动性,以成就天地生化万物的功能,促成事物的发展变化。《周易》的天等同于自然,其天人合一的思维,是通过对人与自然关系的思考,进而阐发人的作用和价值的。

《周易》天人一体的整体思维,启发了中国古代史学的"究天人之际"。一方面,古代史学与易学关系密切,先秦史官与《周易》的撰述、保存和流传密不可分;秦汉以后自司马迁始,历代大史学家往往都是易学家,因而容易受到易的思维术,其中就包括天人一体的整体思维方式的影响。另一方面,中国古代史官的职责除去记时书事,还有观测天象与制定历法,这也很容易使其接受这种天人一体的思维方式,史官从四时、天象的往复变动中悟出社会人事的变化,同时将天道与人事联系起来解说社会各种现象。不过,在中国古代史学的"究天人之际"过程中,所究"天"的内涵则是比较复杂的。冯友兰从文化史的更广泛角度界定出中国古代"天"的意义至少有五种:物质之天（天空）、主宰之天或意志之天（天帝、天神）、命运之天（天命）、自然之天（天性、天然）、义理之天或道德之天（天理）。这些含义在中国古代史学的"天"论中，也都有不同程度的体现。

其次，《史记》从天人关系来探讨历史的发展变化。司马迁一方面强调天人相分，肯定人事对于历史发展的作用。同时又重视从天人关系角度去思考、记载和评述历史，彰显了天人合一的整体思维特点。《史记》以后的中国古代史学，承继了其"究天人之际"的传统，普遍重视用天人合一的整体思维方式去思考历史，研究历史。

二、"通古今之变"的通变思维

"通古今之变"的通变思维，即是肯定历史变化发展的思维。中国古代史学研究历史，普遍重视对于历史过程的认识，注重贯通的历史意识；而在"通古今"的过程中，则重视运用历史变易的观点来进行审视，肯定历史的变易过程是一种盛衰之变。

"通变"的思想也源自于《周易》，《系辞传下》将《周易》的这一思维集中表述为"《易》穷则变，变则通，通则久"。强调变易是《周易》的显著特点，司马迁说："《易》著天地阴阳四时五行，故长于变。"章学诚《文史通义·易教中》引孔颖达语说："夫《易》者，变化之总名，改换之殊称。"有"变"然后则"通"，《周易》肯定大千世界与人类社会都是周流变通的，所谓"阖户谓之坤，辟户谓之乾。一阖一辟谓之变，往来不穷谓之通"。自然界普遍、永恒的盈虚消长与社会历史的盛衰变化是相通的，所以丰卦象辞说："日中则昃，月盈则食，天地虚盈，与时消息，而况于人乎，况于鬼神乎？"革卦象辞也说："天地革而四时成，汤武革命，顺乎天而应乎人。"《系辞传下》则结合伏羲氏以来的历史，肯定这种社会发展变化的必然性。

三、"成一家之言"的创新思维

"成一家之言"，即是要求史家必须在史学认识上见解独到，史书编纂上发凡起例，也就是具有一种创新的思维。中国古代史学从史学思想到历史编纂，都普遍力求"成一家之言"，强调创新思维。

在中国古代史学史上，最早以"成一家之言"作为历史撰述旨趣的是司马迁。先秦学术虽有诸子百家的称说，却只有史学而没有史家，所以司马谈《论六家要旨》没有标立"史家"名目。司马迁提出"成一家之言"，白寿彝先生认为这"是在史学领域里第一次提出了'家'的概念"。那么司马迁所成史家之"言"的内涵又是什么呢？司马迁两次谈到"成一家之言"问题，其一是《汉书》所载《报任安书》所说,"网罗天下放矢旧闻,考之行事,稽其成败兴坏之理,凡百三十篇,亦欲以究天人之际,通古今之变,成一家之言"。其二是《太史公自序》所谓作《太史公书》,"以拾遗补艺,成一家之言,厥协六经异传,整齐百家杂语,藏之名山,副在京师"。其实这两处的记载,包含了史学认识与史书编纂两个方面的思想,也就是史家之"言"的具体内涵。

四、"以史为鉴"的鉴戒思维

"以史为鉴",即是强调历史的鉴戒功能。中国古代史学研究历史,往往植根于高度的社会历史和民族国家的责任感与使命感,本着强烈的历史忧患意识,通过书写历史的兴亡成败,以为现实政治做借鉴,体现了重视经世致用的特点。

中国古代史学"以史为鉴"的鉴戒思维,最早系统而明确地产生于《尚书》,《尚书·酒诰》记载了武王对其弟康王说:"古人有言曰:人无于水监(鉴),当于民监。今唯坠厥命,我其可不大监抚于时。"表达了周武王要以殷人灭亡的历史作为一面镜子好好地照照周人自己的想法。当然这里"古人有言曰",说明这种以史为鉴的思想还可以上溯到更远的时期。如《召诰》就说"我不可不鉴于有夏,亦不可不鉴于有殷",表明了周人要以夏、商的灭亡做借鉴的执政理念。那么,《尚书》的作者为何有如此强烈的以史为鉴的思想呢?这是与西周初年严峻的政治形势分不开的。历史上的周灭商,其实是"小邦周"灭了"天邑商""大邦殷",所以取得统治的周人自然产生了强烈的忧患意识。周人正是因为有着强烈的忧患意识,所以才会强烈地要以殷人的灭亡作为自己的借鉴。也可以说,《尚书》的以史为鉴思维,其实是周初稳定统治的迫切政治需要。

在中国古代史学史上,像《尚书》这样出于现实政治统治的迫切需要而强调以史为鉴的,以汉初史学的"过秦"思潮和唐初史学的"以隋为鉴"最具代表性。

第二节 中国古代史学的发展特征

中国古代史学传承与发展过程中,十分注重求真观念,在时代进步得到逐步深化之后,如今已经别具个性。为了日后引起更多人对这类史学内容的重视,本文选择针对其发展特征加以客观梳理论证,具有一定的现实意义。

一、善恶的书法不隐

所谓书法不隐，实际上就是先秦史官的史书理念，主要是由先秦国史和书法特性影响而成的。先秦时期许多史官都秉承着国之大本与大经的礼法准则，依照寓褒贬的手法来明辨善恶、规范行为，促使国家、民族得以和谐发展。就像是《礼记·坊记》记载的《鲁春秋》之书晋丧曰："杀其君之子奚齐及其君卓"，是依照当时礼制"未没丧，不称君"规定衍生出的书法，旨在"示民不争也"。由此可以清晰判断，书法不隐强调的就是严格遵守礼法来进行书法，核心目的在于维持礼法和贯彻致用目标，至于求真方面则未能兼顾。须知处于春秋时代，社会变动节奏过快、政权下移现象显著。更直接引发出"周德既衰，官失其守，上之人不能使春秋昭明，赴告策书，诸所记注、多违旧章"的状况。在此期间，包括国家礼法、史学上的书法体系，都遭受了全方位的冲击，不过当中仍旧不乏一些据法守职且不敢胡作非为的优秀史学家，就像是董狐一般的良臣。《春秋谷梁传》曾经针对董狐书法加以解释，即"子为正卿，入谏不听，出亡不远，君弑，反不讨贼，则志同，志同则书重、非子而谁"，归根结底，书法于盾也，而见忠臣之至。面对赵盾这类执政大臣未尽其忠的过失行为，董狐书法过程中绝不予以隐晦，而是一再强调作为忠臣对于君上必须尽到的职责。纵观后世不同朝代，其中宋朝史学家吕祖谦对于史官书法昭明人伦礼制之举极度褒扬，是为"呜呼，文武周公之泽既竭，仲尼之圣未生，是数百年间，中国所以不沦丧者，皆史官扶持之力也"；而清代史学家赵翼在观察到以往史学书法不详、失实的记载现象时，则哀叹道："使无传者之详其事，则首恶者不几漏网，而从坐者不宜覆盆耶"。

二、和曲笔相互对立的直书实录

实录理念主要在班氏父子批评《史记》过程中衍生而来。自此过后，特别是在修史环节中直书、曲笔之间的日渐激烈斗争作用下，令直书实录过渡转化成为衡评史学家、史著作的核心标准，被历代史学家所遵守和贯彻。在该类阶段之中，中国古代史学的求真理念，已然逐步自觉成型了，不过透过直书实录的内涵层面解读，在历史事实如实记录的"真"，和对历史人事善恶褒贬的"是"等方面，还遗留混沌不分的现象，证明其间直书实录与褒贬义例始终维持和谐的关系，彼此冲突现象未曾延展。

班固曾经在《汉书·司马迁传》的论赞过程中，延续其父亲班彪之志进行《史记》深入性评价，阐述到："然自流向，扬雄博览群书，皆称迁有良史之材，服其善序事理，辨而不华，质而不俚，其文直、其事核，不虚美，不隐恶，故谓之实录"，由此可见，实录标准始终基于文直，需要如实地进行一系列已发生过的历史事实记录。在班氏父子眼里，实录是鉴定《史记》史学价值和司马迁良史之才的核心依据，其产生的历史意义往往无比深远，证明史学求真原则之自觉。经过考察发现，"直书"这类词汇最早在杜预的《春秋经传集解·序》中出现，杜预补充说直书和文直包含相同的意义，就是如实性地进行已经发生过的史事记录。西晋之初，时人曾对陈寿《三国志》做出评价："虽文艳不若相如，而质直过之"。这其中的"质直"就是史学和文学之间最明显的差异特征。也就是说，直书和实录交替式沿用之后，就可以更加深入地撰述甚至是批判相关历史。

处于魏晋南北朝和隋唐等时期，各朝都开始鼓励史官进行本朝和前朝史记修撰，因为一直以来政权过度频繁地更迭、民族之间的冲突愈加尖锐，门阀观念亦变得愈加浓厚，许多史官在未知政权厉害、未能照顾到世家子孙荣辱的前提下，积极贯彻实录原则而酿成大祸的现象时有发生。由此证明，直书和曲笔之间的斗争趋势长期激化，这类史学现象开始引起世人强烈的关注。但是这并未影响一些优秀的史学家，他们仍旧将书法不隐的董狐等作为重大榜样，努力发挥出作为史学家应有的道德良知，秉承直书实录的理念进行相应的历史记录。而自从两汉之后，史官修史工作也变得愈来愈制度化，被视为皇朝统治机构的关键性结构单元和统治阶级的政治利益亦形成极为缜密的关联。这种直笔观念证明古代史学家求真的是历史人物的性格以及历史事件的善恶特征，属于一类客观恒定的认知方式。想要达成这类标准，不仅仅要全方位地记录相关历史事实，同时更需要依照自然和人伦之理来评判是非善恶。

三、与褒贬义例相互对立的据事直书

步入宋代之后，理学思潮开始全面覆盖和拓展，同步状况下更对史学求真理念造成极为深刻的影响。在此期间，许多义理派史学家做出深刻强调，历史撰述过程中的善恶得失，关键点就是鼓励史学家遵照天理之正的原则进行历史认知解读。相比之下，还有其余派系史学家，主张事得其实就是历史撰述的关键点。在两类史学家思想的激烈冲突作用下，事实和褒贬的矛盾变得愈来愈深入。发展至清代，乾嘉考史学家选择将直书和实事求是视为同义，就此直书转变成为去除一己的善恶褒贬，更加专注性地记录事实和谨慎考历史的据事直书。在历史事实和事实价值判断逐渐对立开来之后，史学求真观念也开始变得愈加明确和深化了。

在宋代时期，许多理学家都开始将阅读史书作为格物致知的关键路径，认定史学不仅仅属于整合各类事实材料的学术研究工作，同时还必须从中归

纳出统一的义理。但是,理学家强调的义理,并不是透过历史内部归纳出的实际因果联系,而是融入自然和历史宇宙的最高真理,就是依照天理推导出的先验历史法则。也就是说,只有保证善举才能产生对阶段历史更为正向的影响作用,做到引导历史向好的方向过渡发展。而史学家的重要责任,就是配合天理这类核心标准进行历史浪潮中的一切善恶是非评判,最终令历史得以规范,即朝着天理方向运动。所以,在开展史学批评活动期间,许多史学家更加倾向于进行先辈的价值标准重新辨析甚至严厉批判,强调要切实贯彻"治乱安危存亡兴废之理",从中明辨是非,第一要务就是清除个人认知中的人欲因素,进一步做到遵从义理之安。朱熹曾经针对以迁、左为代表的史学家进行严格批判,认定他们凭借一时间的现实效果,即功业成败结果进行历史上的功罪是非断定,属于一种趋利避害的行为方式,本意始终在于权谋功利。这样的"真"绝非直载史事、考求史实能够成功换取的,而务必要依照朱子义例中贯彻的大经大法进行同步掌控。这样一来,史学实践中义利之辨将会更加深入,出现历史认识不甚求、脱离具体历史联系等诸多消极现象。由此证明,单纯将孤立的历史证据作为历史之"真",进一步构建关于历史整体的知识架构,这样换来的"真"是没有任何现实意义的。章学城主张的史德说,就是针对这部分求真理念的反动和深化过程。归结来讲,中国古代史学可谓是源远流长。截至现在,已经历经几千年的时间,饱含自身鲜明的特征。而与此同时,历史又是随着时代变动逐步演变而来的事实,史学著作则始终是史学家编撰出来的,这类现象充分验证,史学史和历史本质意义并不相同,需要我们针对史学发展历程进行更加妥善的概括。

综上所述,中国古代史学的发展特征着实烦琐复杂,不过重在求真。而这部分求真理念也是随着时代变换不断革新更替的。相信经过笔者在此逐步深入地描述和论证之后,有关史学家能够从中汲取更多的宝贵经验,经过长期合作和严格规范之后,令我国史学研究工作变得更加完整、系统和科学合理。

第三节 中国古代史学的伟大成就

一、"史记"

《史记》是中国第一部纪传体通史。它是西汉史学家司马迁毕一生之力,并忍受了肉体上和精神上的巨大痛苦,用生命写就的一部伟大的历史著作。全书包括 12 "本纪"、30 "世家"、70 "列传"、10 "表",8 "书"五部分,约 526000 多字,记述了从传说中的黄帝至汉武帝太初年间约 3000 年的中国历史，开创了中国纪传体史著先河。《史记》同时也是一部文学名著，是中国传记文学的开创性著作。

（一）《史记》的创作宗旨

关于《史记》的创作宗旨，司马迁在《报任安书》中提到，要"网罗天下放矢旧闻，略考其行事，综其终始，稽其成败兴坏之理"，"凡百三十篇，亦欲以究天人之际，通古今之变，成一家之言"。

所谓"究天人之际"，就是要探讨并找出天道与人事之间的内在联系；所谓"通古今之变"，就是要总结人世间古今历史变迁、朝代兴衰过程中所反映的社会治乱之源；所谓"成一家之言"，就是要在历史著述中，体现司马迁对古今世事变迁规律的独特看法。由此可见，司马迁创作《史记》，并非单纯是为了著史，还寄托着他本人的强烈使命感和责任感，蕴涵着他对社会历史终极规律的不懈探求。《史记》在中国古代史书中的重要地位，是与司马迁的这一创作宗旨分不开的。正因为有了对"天人之际""古今之变"的大关怀，才使《史记》超出了一般的"正史"著作，成为中国古代"二十四史"之首。而司马迁在著述过程中所反映出的超人的"吏德""史智"和"史才"，千百年来也一直受到人们的敬仰与推崇，被后世奉为"良史"之楷模。

（二）《史记》的体例

《史记》的基本体例，主要包括"本纪""世家""列传""书""表"五个部分，其中：本纪12篇，主要以历代帝王为中心，概括叙述各历史时期的重大事件和帝王政绩，其形式近于编年体，但较为简略。表10篇，分世表、年表和月表三类，是以时间为线索，综合记录同时发生的各种事件，是全书叙事的联络和补充。书8篇，以事类为纲，记录了天文、历法、水利、经济、文化等方面的专题性质的重要史事及其发展历程，类似于后世的专门史。世家30篇，主要叙述诸侯列国和一部分重要历史人物的历史。列传70篇，记载了汉武帝以前的重要历史人物、少数民族、邻近国家和各种专业如儒林、货殖、日者、龟策等方面的历史事迹。列传的最后一篇为《太史公自序》，是司马迁的自传，也是全书的总序。

总体来看，《史记》的五个部分，分别具有三种不同性质，即以时间为纲的"本纪"与"年表"，以事类为纲的"书"；以人物为纲的"世家"与"列传"。其中，"本纪"侧重于对整个历史发展线索的纵向梳理，"表"则重点在对历史脉络的横向分析，"书"侧重于对历代制度沿革的整体表述，"世家"和"列传"，是《史记》的主要组成部分，它们以人物为纲，详细记载各类重要事件的发展过程。这五种体例，各有侧重，又互相补充，通过多线交织的方式，全面系统地叙述了自上古至汉初中国古代历史的发展轨迹。

（三）《史记》的历史价值

1.《史记》的史学贡献

《史记》一书，全面系统地记载了西汉中期以前约3000年的历史，内容则涉及政治、经济、文化、法律、科技、建筑、军事、道德、宗教、民族、民俗、交通、地理、姓氏、文学、艺术等多个方面，使《史记》成为一部带有百科全书色彩的历史巨著，为后人研究古代各类专史，提供了基础而翔实的素材。

《史记》对中国古代史学研究基本方法的贡献，也颇值得注意：首先，《史记》注重对历史材料的搜集和整理。《史记》取材，范围十分广泛，既有传世文献典籍，也有当时新发现古书、文物和实物资料；既有司马迁游历天下实地调查的资料，也有来自当事人的口述，甚至包含着不少民间歌谣诗赋、俚语俗谚。其次，《史记》强调秉笔直书的实录方法，继承和发扬了中国古代史学的优良传统。在叙史过程中，注重基本吏实的严谨性，不溢美、不隐恶、不以圣人是非为是非，不刻意避讳史实，特别是对汉兴以来的当代历史，敢于大胆批判。另外，《史记》注重"会通"之法，也对后世史学产生了深刻影响。司马迁著《史记》的目的之一，就是要"通古今之变"，"稽成败兴坏之理"，希望通过贯通性的研究，总结历代的历史经验、教训，探索历史的发展规律，以古鉴今，以往知来。

2.《史记》的文学贡献

《史记》也是一部文学名著。它的最高成就，是在实录吏事的基础上，开创了刻画典型历史人物形象的传记文学传统。《史记》全书，大约记录了4000多个人物。这些人物，上至帝王将相、皇亲国戚、文武大臣，下至平民百姓、商人、妇女、游侠、卜者，旁及农民起义领袖、少数民族首领，对3000年间中国古代社会中的各色人等，进行了全方位描绘。在司马迁笔下，这些人物往往个性鲜明、形象生动，使读者如闻其声、如见其人，人物的个性特征得到了充分展示，给人们留下了深刻印象。如，项羽的叱咤风云、直率豪爽；刘邦的豁达大度、机变狡诈；屈原的志行高洁、耿介孤高；信陵君的谦恭平和、礼贤下士；蔺相如的智勇双全、顾全大局；廉颇的忠诚勇敢、敢于认错，等等。不同人物的性格面貌，呼之欲出。成为脍炙人口的典型形象。

《史记》还是一部饱蘸生命激情的作品，其中凝聚了司马迁的信仰、思想和强烈情感，蕴涵着作者对历史、社会和人生的深刻感悟。鲁迅先生赞誉司马迁著《史记》，是"吏家之绝唱，无韵之离骚"，堪称千古不易的论断！

二、"资治通鉴"

《资治通鉴》简称《通鉴》,是我国古代一部非常著名的也是非常有价值的历史著作。它是北宋时期史学家司马光和他的助手们历时十九个春秋编纂而成的。司马光不仅因砸坏水缸救出同伴的故事而被人们传颂,而且以其认真勤奋的精神率领助手们完成了这部历史巨著而为世人称道。《通鉴》始修于宋英宗治平三年(1066)四月,完成于宋神宗元丰七年(公元1084年)十一月,共294卷。书成后司马光将书进献给皇帝。这部书在开始编写的时候没有名字,《资治通鉴》一名是神宗赵顼给起的。

《资治通鉴》是一部编年体通史,所谓"编年体",是以时间为经,以事件为纬来编写的历史,即把历史上发生的事件按时间顺序排列起来,编在某年某月某日之下。所谓"通史"是相对于断代史来说的,指所记不是一个朝代的历史,而是跨越许多朝代。《资治通鉴》所记的历史起于公元前403年(周威烈王二十三年),止于公元959年(五代后周恭帝显德六年),总计1362年。这是我国编年史中包含时间最长的一部巨著。

《资治通鉴》,顾名思义,主要是讲治国经验的,所谓"资"是提供的意思,所谓"治"就是治理的意思,所谓"通"是指书中所记贯通了从古到今的历史,"鉴"原义是镜子,引申为借鉴。中国人自古以来就很重视历史经验,人们深深懂得"鉴往知来"的道理,所以中国才会有《二十五史》《资治通鉴》这类辉煌的历史著作。历史虽然是过去了的东西,但重温过去可以指导当下,预测未来。所谓"前车之覆,后车之鉴",所谓"以史为镜,可以知兴替",所谓"历史的经验值得注意",讲的都是这个意思。读史可使人明智,每个人都应该重视历史。人们常说,要发扬中华民族优秀的文化传统,那么传统是什么呢?所谓"传统"就是"传"而"统之"的,是那些过去有的,现在仍然在起作用的东西。历史是过去了的东西,但人们处理问题的方式不一定成为过去。研究传统,不是为了古人,而是为了今人;不是为了证明古人如何伟大或渺小,而是要让今人活得更明智。如何发扬传统呢?简单地说,就是回顾历史,联系现实,展望未来。

由于意在为政治提供借鉴,因而所记述的历史事实,绝大多数是教皇帝和大臣如何治理国家的。历史已经步入了21世纪,如今已经没有了皇帝,人们也用不着再去作大臣,但《资治通鉴》所提供的政治经验,人生艺术,则具有永恒的价值。例如我们从中可以知道作为一个好的领导者应该具有哪些优良的品质,可以学习到许多领导艺术,特别是领悟到为人处事的智慧和道理。书中所选的故事也尽量丰富多彩,其中有推崇爱国爱民的,有赞美知过改过的；有讽刺君骄臣佞的，有称许尊重人才的；有反映从谏如流的，有描述宽宏大度的；有记执法不阿的，有写清廉忠正的；有表扬坚持真理的，有称道不徇私情的；有鞭挞奢侈的，有歌颂勤俭的；有暴露贪婪的，有揭发伪善的；有夸奖好学的，有反对迷信的……联系现实你就会发现，这些活生生的故事，好像离我们并不遥远。

有关本书的独到之处，概述如下。第一，《资治通鉴》，在已有十七史的基础上，继承和发扬了编年体的传统，以纪年对史实加以系统整理，并吸取纪传体的长处，使编年体更为完整和系统化，为后世撰写编年体史书树立了新的体裁和范例。第二，以史为鉴，供资治而作，这在他的进表中已言之备详。书中选取了有关国家兴衰，生民忧戚，"善可为法，恶可为戒"的政治历史事件，并加以评说，供统治者施行和巩固其统治参考，以达到"以史为鉴，可以知兴替"的目的。第三，史实准确，持论公正，一定程度上体现出"春秋笔法"。在此书的编写过程中，参阅了大量的史书、文集，据说所参阅的书籍达三百多种，往往一事据三、四种资料写成；并通过《通鉴考异》以订正事实。其中的"臣光曰"，表明司马光对人对事的观点和评述，大多数也是比较客观、公正、准确的。第四，行文生动优美，结构谨严，文笔精辟、简明，对问题写得绘声绘色，脍炙人口，不失为优秀的文学佳作。不记怪异和荒诞、离奇故事，也是本书的一大特点。

《通鉴》是我国封建社会仅有的一部贯通古今的通史巨著。900多年来，一直受到学界的备极推崇。清人王鸣盛称："此天地间必不可无之书，亦学者不可不读之书也。"《通鉴》问世，对史学界有很大的震动，仿效该书体例作史者历代不断，可以说《通鉴》不愧是古代史书的典范。

三、《通鉴纪事本末》研究

（一）作者简介与写作背景

袁枢（公元1131年—公元1205年），字机仲，南宋建州建安人，出生于宋高宗绍兴元年，于宋宁宗开禧元年去世，幼年便能作诗，曾在家乡的南安桥上题诗："玉龙倒悬过寒潭，人在云霄天地间。借问是谁题柱去，茂陵词客到长安。"17岁进入杭州太学学习，孝宗隆兴元年（1163年）考中进士，入朝为官任温州判官，开始了袁枢的仕途生涯，此后先后历任兴化军教授、礼部试官、严州教授、太府丞、兼国史院编修官、权工部郎官兼吏部郎官、吏部员外郎、大理少卿，出知常德府、江陵府等职。还曾担任过《宋史》列传的编纂工。由此可见袁枢有很强的史学功底。

袁枢在朝为官时，南宋已经经过了靖康之难，金对南宋的威胁越来越大。而在南宋朝廷内部，也是充斥着朋党之争，统治集团上层忙于争权夺利，排除异己。

袁枢正是处于这种内忧外患的大背景下在朝为官的，这种社会大背景必然会对他对于历史事实的理解产生自己的看法。《通鉴纪事本末》虽然全书是对《资治通鉴》的重新编排，没有添加任何新的史料，但是全书仍然体现出了强烈的现实关怀。

此外，袁枢很喜欢读《资治通鉴》，但《资治通鉴》卷帙浩繁，以时间为主线，时间长，事迹多，同一历史事件难以贯通，又很难读懂，如杨万里所说："介每读《通鉴》之书，见事之肇于斯，则惜其事之不竟于斯。盖事以年隔，年以事析，遭其初莫绎其终，揽其终莫志其初，如山之峨，如海之茫，盖编年系日，其体然也。"《通鉴纪事本末》的出现精简了《资治通鉴》，使其更简单，更易读懂。并且开创了纪事本末体这种独立史书体裁的先河。

（二）本书的特点

1. 体裁创新

《通鉴纪事本末》的问世使纪事本末体成为和编年体，纪传体并列的三大史书体裁。三种体裁的史书都有各自的特点，因为各自叙述侧重点不同，不是专注于叙事，因此容易导致一个历史事件的或重复或碎片化或过于简单。纪事本末体是以历史事件为中心的，可以详细的理解一个历史事件的始末。

《通鉴纪事本末》将分散于《资治通鉴》中的历史事件合在一篇来描写，使事件更为清晰的展现在读者的面前，比如三国这段历史，袁枢根据《资治通鉴》的记载共列了9个标题，从《宦官亡汉》到《晋灭吴》凡是三国时期的重要事件，都有所罗列，得到了完整的叙述。另外，五代十国时期情况比较复杂，《资治通鉴》中写得比较分散，而《通鉴纪事本末》将这一时期的历史写在《王建据蜀》《徐氏篡吴》等11篇中，通过这11篇内容的阅读，可清楚地知道当时十国割据的混乱情况。《通鉴纪事本末》这样把零散的事件集中起来写也有助于读者更好的阅读《资治通鉴》。

2. 标题特点

《通鉴纪事本末》以一事一标题的形式，可以使所写事件一目了然，使读者知道所写事件的内容大概。想找哪个事件就可以看相应的标题，按题目寻找相应的史事，给阅读带来了极大的方便。从列举的这几篇标题来看，每个标题都有一个动词，不仅如此，《通鉴纪事本末》的大部分标题都有一个动词，从这个动词可看出作者的历史观点和史学倾向。中央政权和非中央政权之间的战争，如从中央政权角度来写多用"伐""征""平""讨"等动词，如《唐平东都》《唐平山东》《隋讨高丽》，如以非中央政权的角度来写则多用"叛""寇""篡""据""乱"等，如《羌胡之叛》《曹氏篡汉》《王建据蜀》《黄巾之乱》等。由此可看出袁枢是站在当时的统一政权的角度上的，对于明君忠臣为褒扬如《光武中兴》，对于奸佞之臣则为贬斥如《李林甫专政》等。《通鉴纪事本末》中记载了一些女主专政，但对于女主专政，袁枢是持反对意见的，多用"祸""谋逆""专政"等词。如《窦氏专恣》《武韦之祸》《太平公主谋逆》等。由此可看出袁枢是站在统治阶级的立场上来编写《通鉴纪事本末》的。全书中共出现29次"平"，其中唐代一朝共出现20次，23次"据"，22次"灭"，18次"乱"，15次"篡"，10次"寇"，8次"伐"，6次"讨"，"归""用事""专"各5次，"谋逆（反）""废立"各4次，"兴""亡""变"各3次，此外还有"祸""诛""奸""宠"等等可以反映出作者立场的动词。由此可看出袁枢是站在统治阶级的立场上来编写《通鉴纪事本末》的，反映了其忠君的思想。

3. 史料价值有所欠缺

《通鉴纪事本末》全书照搬《资治通鉴》，甚至包括司马光的史论"臣光曰"，比如《通鉴纪事本末》第一卷第一篇《三家分晋》就是全文照录《资治通鉴》，一字未改。凡是《资治通鉴》以外的史料，一概不取。使它在史料价值上没有什么创新之处，只是对《资治通鉴》的重新整合，以另外一种形式来阐释《资治通鉴》没有增补，凡是《通鉴纪事本末》中有的《资治通鉴》中一定有，但《资治通鉴》中有的《通鉴纪事本末》中不一定有。另外袁枢作此书的目的是为了能够对当时的朝政起到警示借鉴的作用，因此都记录治乱兴衰的历史事件，对于《资治通鉴》中记载的军政设施、土地制度、槽渠海运以及对外贸易没有进行专题性的叙述。

4. 省略史实

前文提到《资治通鉴》全书294卷，约300万字，《通鉴纪事本末》全书42卷，约200多万字。《通鉴纪事本末》比《资治通鉴》少了将近100万字，可见它是有所大删减的，有些比较重要的历史事件没有进行记录，如第一卷的《三家分晋》《秦并六国》《豪杰亡秦》三个标题。司马光认为东周天子承认三晋是诸侯，这是一件大事，因此《通鉴纪事本末》将《三家分晋》作为全书的开篇，有三家分晋之后就写到了秦如何一六国，主要描写战国之后的史事，但《资治通鉴》中有很多战国的史实也是非常重要的，袁枢这样直接过渡到战国的写法，把战国的历史全部忽略了，这样就像是有头有尾，但没有中间一样。《资治通鉴》卷帙浩繁，复杂冗长。要从中挑取历史事件重新整合，工作量之大，可以想见，难免有疏漏，有的疏漏可能是因不符作者的写作意图，而特意没有保留，就像《资治通鉴》中记载的军政设施、土地制度、槽渠海运以及对外贸易、礼乐之事、典章文物制度以及均田制等经济政策和制度等等。此外"大盗"、女主、外戚、宦官、权臣、"夷狄"、藩镇之类的史事也没有涉及。

《通鉴纪事本末》是我国历史上第一部纪事本末体的史书，开创了以纪事为主的本末体这一新的史学体裁，实现了史书编纂体的突破，为史学的发展另辟蹊径，从而出现了编年、纪传、纪事本末三足鼎立的体例，丰富了史学内容。它以事件为中心，把相关的历史人物事件生动的描绘出来，使人们更为清晰的了解所写的历史事件。全书以政治军事事件为主，在当时起到了借鉴历史经验教训的作用，此外其开创的纪事本末体的史学体裁对后世影响深远。《通鉴纪事本末》出现后，又出现了大量这种体裁写成的史书。其中，清高士奇《左传纪事本末》、袁枢《通鉴纪事本末》、明陈邦瞻《宋史纪事本末》《元史纪事本末》、张鉴《西夏纪事本末》、清李有棠《辽史纪事本末》《金史纪事本末》、谷应泰《明史纪事本末》、杨陆荣《三藩纪事本末》被合称为"九朝纪事本末"。一事一标题的写法非常有特点，虽然有一些局限性，但瑕不掩瑜，纪事本末体这种新的史学体裁，在史学发展史上是一创举。

第四节 古代史学传统与中国传统文化

一、中国古代史学的重要历史地位

中国史学起源很早，大概萌发于古代先民对远古英雄人物的传说。在进入文明社会、有了文字之后，即有了最早的历史记载。如《易经·系辞》说："上古结绳而治，后世驿人易之以书契，百官以理，万民以察。"可见有了文字，也就产生了历史记载。但就现有资料而言，中国所知最早的历史记载，还是殷商时期的卜辞和铭文。至于比较详细、完备的历史记载，则是在此之后的《尚书》。以后史学迅速发展，周王朝和各诸侯国都有了编年体的官修史书。到春秋末年，更出现了私人编撰的史书，最著名的就是经孔子整理的鲁国史书——《春秋》。进入战国时期，史学更加发展，除了各国国史更加详细、系统和完备，私人撰述的历史著作也更多涌现，如《国语》《战国策》等等。秦汉以后，中国史学即进入其成熟和发达时期。在直到晚清的两千多年的历史时期里，历朝历代都出现了不少史学大家和著述，并有着丰富多样的体裁，其中，既有以《史记》《汉书》为代表的纪传体史书，又有以《资治通鉴》为代表的更加完善的编年体史书,既有以《通典》《通志》《文献通考》为代表的典志体史书,又有以《通鉴纪事本末》为代表的纪事本末体史书,还有史评、史论和种种不同体裁的史书,诚可谓汗牛充栋,学者如林。

因此,在中国传统文化的发展中,中国史学即以它的丰厚遗产而占有着独特、崇高的地位。如梁启超《中国历史研究法》指出:"中国于各种学问中,唯史学为最发达;史学在世界各国中,唯中国为最发达。"这不仅是由于史学作为中国古代文化的组成部分,有着特别重要的地位,在经、史、子、集的四部分类中,始终位居其二;更重要的还在于,"从广义的文化说,正是历史著作最全面地记录了文明时代人类文化的创造、积累和发展,即最全面地反映了文明时代人类文化发展的面貌"。关键就是它具有双重的文化含义和双重文化功能。这种文化含义和功能决定了史学著作必然要涵盖中国文化的各个方面,如政治、经济、军事、法律、教育、科技、文学、艺术、哲学、宗教与社会生活等等,只不过其研究的角度、表述形式有所不同而已。所以也可以这样说,中国古代的史部典籍乃是中国古代文化的渊海。中国之所以被称为世界文明古国,在很大程度上,也就是由于她的悠久历史和灿烂文化通过史书的大量记载而保存下来。此其一。

其二,就深度和广度而言,中国古代史学的发展也更加丰富了传统文化的内涵。这主要表现在:它的众多宏伟巨著,如《史记》《汉书》《左传》《资治通鉴》《通典》《通志》《文献通考》等,不仅为文化的发展提供了广袤、深邃的背景和丰富的文献资料,而且也以宽阔的视野为中国文化的历程拓宽了道路。以《史记》为例,东汉桓谭就说:"通才著书以百数,唯太史公为广大,余皆残丛小论。"后人也都认为《史记》的宏大气魄和内涵对古代文化有着广泛、深刻的影响。再从文化基础来看,除了专门的历史学家,中国古代的各类文化巨人也无不具有深厚的史学修养。仅就先秦时期而言,在儒、墨、道、法四大学派中,像孔子、孟子、荀子、墨子、老子、庄子、韩非子等大师,即无一例外。这就更加说明,中国古代史学的发展曾极大丰富了传统文化的内涵。

第三,中国古代史学还具有其他学科难以替代的教育功能,对传统文化尤其是民族精神的重塑与延续起着巨大作用。一部《二十四史》即写出了多少历史人物。还有各种体裁的众多史籍,都通过记载,使得许多人物的优秀品质被逐渐凝聚、积淀和升华,并不断再现和重塑着中华民族的崇高精神。以爱国精神说,文天祥的事例就非常典型。他所以能成为名垂千古的民族英雄,一个主要原因,就是由于其少时曾接受多方面的历史教育,使他树立了要学习英雄人物、流芳百世的信念。因而精忠报国,最终以实际行动谱写了

"人生自古谁无死,留取丹心照汗青"的不朽诗篇。更重要的是,他的英雄事迹又通过历史记载继续激励着后人,造就出一批又一批英烈,更加弘扬了爱国主义。可见其作用之大。所以鲁迅虽一方面对国民的"劣根性"无情批判,另一方面也充分肯定了民族精神的优良传统,并指出了中国古代史学的这种作用。他说:"我们自古以来,就有埋头苦干的人,有拼命硬干的人,有为民请命的人,有舍身求法的人,……虽是等于为帝王将相作家谱的所谓'正史',也往往掩不住他们的光辉,这就是中国的脊梁。"

最后,在传统文化的发展过程中,中国古代史学对通俗文化的发展也起着积极的推动作用。其主要表现,就是许多通俗文学、艺术和蒙学读物都取材于历史著作。关于通俗文学,如唐代兴起的俗讲变文,有不少即取材于历代正史,有的也取材于稗官野史,经过俗讲大师的不断创作而成。宋元时期流行的讲史,也是如此。尤其《三国演义》这部著名的历史小说,它"三分史实,七分虚构",更是显著推动了通俗文化的发展。从艺术方面来看,如音乐作品《十面埋伏》,美术作品《荆轲刺秦王》,戏剧《赵氏孤儿》《高祖还乡》等,也都是根据史记记载的真实事件而创作的。至于童蒙读物,最早则发轫于唐代,乃是通俗文化的一个重要方面。它的内容相当广泛,其中不少即取材于史书,并有着很大的影响,如《十七史蒙求》《三字经》《幼学琼林》等。这些童蒙读物都包含着丰富的历史知识,对传统文化的传播和普及曾起到很重要的作用。

二、中国古代史学的优良传统

在漫长的发展历程中,中国古代史学曾形成许多优良传统。这些传统独具品格,既是古代史家的优秀品德、思想、学风和经验的集中体现,也是中华民族的智慧结晶和骄傲。

(一)会通古今

中国古代史家及其著述,一般都具有上下贯通、包容一切的恢宏气象。这种气象最早在《史记》中被充分体现出来,司马迁还明确提出"究天人之际,通古今之变,成一家之言"的史学宗旨。以后即使得会通古今、重视通史的撰述,成为中国古代史学的主流。特别是隋唐以后,随着史学的更加成熟,各种形式的优秀通史曾不断涌现。就是对通史颇多微词的刘知几,也以"总括万殊,包吞千有"的胸襟,纵论古今史学,写出了《史通》这样一部古代史评通史。还有杜佑编撰的《通典》、司马光的《资治通鉴》、郑樵的《通志》、袁枢的《通鉴纪事本末》、马端临的《文献通考》、李贽的《藏书》《续藏书》、赵翼的《廿二史札记》等等。这些著作都以博通的内容、广阔的视野，展现了历史的恢宏气象。即使是断代史书，其中也不乏鸿篇巨制。《汉书》就是一例。故刘知几称赞说，此书"究西都之首末，穷刘氏之废兴，包举一代，……言皆精练，事甚该密"。中国古代史学的这一传统，有力地促进了史学的繁荣和发展，并影响、造就了许多史学大师和名家。

（二）鉴古知今

中国古代史学还特别关注古为今用，关注历史与现实和未来的关系问题。主要可归纳为三个方面：一是重视古为今用，注重历史的借鉴作用。《尚书·召诰》即称："我不可不监于有夏，亦不可不监于有殷。"《诗经》上也有"殷鉴不远，在夏后之世"的诗句。《史记》则总结为："前事不忘，后事之师也。"唐太宗说："以古为镜，可以知兴替。"更可谓深刻。再如司马光写《通鉴》，宋神宗特赐以《资治通鉴》之名，可见对历史借鉴的重视。二是略古详今，注重近代史和当代史的研究，以便于直接来寻求借鉴。司马迁著《史记》，虽然记载了三千年的历史，但其中战国史、秦史和汉史的内容，就占了绝大多数篇幅。以后《汉书》和历代纪传体正史，也都是如此。再如《通典》《文献通考》等，对历代典章制度的叙述同样或详于唐代，或详于宋代。还有许多"实录""国史"或私家著述，都完全是当代史，如《明实录》《清实录》《楚汉春秋》《贞观政要》《圣武记》等。三是在关注现实和未来的基础上，强调历史研究要具有崇高的社会责任和深刻的忧患意识。其突出表现就是中国古代史家对国家的治乱兴衰都给予极大关注，具有饱满的政治情怀和"良史之忧"。他们提倡经世致用，将史学服务于现实，以考论政治得失、惩恶扬善为己任。如孔子作《春秋》，孟子即评论说："世道衰微，邪说暴行有作，臣弑其君者有之，子弑其父者有之，孔子惧，作《春秋》。"他们还结合史实，论述了居安思危、慎始善终以及忧国忧民的进步思想和政治观念。所以龚自珍曾总结说："智者受三千年史氏之书，则能以良史之忧忧天下。"这种优良传统无疑是中华民族的宝贵历史遗产，尽管也存在着史学附俪政治的问题。

（三）秉笔直书

中国古代史学都特别强调对于历史记载真实性的追求。早在中国史学兴起之初，秉笔直书就是古代史家普遍遵循的原则，甚至被视为持大义、别善恶的神圣职责和崇高美德。《左传》襄公二十五年记载：崔杼杀齐庄公，"太史书曰'崔杼弑其君'，崔子杀之。其弟嗣书而死者二人，其弟又书，乃舍之。南史氏闻太史尽死，执简以往，闻即书矣，乃还"。这就是一个史家直书不惜以死殉职的先例。晋国史官董狐，在记载晋灵公被杀事件时，对权臣"书法不隐"，被孔子誉为"古之良史"，也堪称典型。以后这种直书的精神更是发扬光大，可以说比比皆是。所以到了唐代，刘知几在《史通·直书》中就专门总结了以往史家直书的优良传统，以表彰那些不畏强御、无所阿容的杰出史家，并更加弘扬这种高尚的直书精神。他说："盖烈士徇名，壮夫重气，宁为兰摧玉折，不为瓦砾长存。若南董之仗气直书，不畏强御；韦（昭）崔（浩）之肆情奋笔，无所阿容，虽周身之防有所不足，而遗芳余烈，人到于今称之！"

诚然，在中国古代"曲笔"也是始终存在的，所谓"为尊者讳，为亲者讳，为贤者讳"，就是这种现象的一个突出反映。但总的来说，在中国古代，这种曲笔任何时候都没有也不可能成为公开提倡的行为。而且即使曲笔可以得计于一时，也终究要被后人所揭穿。所以曲笔历来被视为丑恶行径，为史家所不齿，直书才是中国史学的主流。

（四）重视史家修养

对史家修养的高度重视，这也是中国古代史学的一大优良传统。关键即在于：史家修养的高低，将直接影响到他们能否直书与曲笔，影响到历史著作的质量，从而也将严重影响到经世致用、以史为鉴的史学作用和价值。

这种重视史家修养的传统，至少可追溯到春秋时期。孔子将董狐誉为"良史"，就体现出他对史家修养的认识。随着史学的发展，古代史家对这一问题的认识也越来越深，提出了许多重要见解。如汉代史家评论司马迁的《史记》说："自刘向、扬雄博览群书，皆称迁有良史之才，服其善序事理，辨而不华，质而不俚。其文直，其事核，不虚美，不隐恶，故谓之实录。"就是从"实录"的角度充分肯定了司马迁的史家修养。唐代史家则进一步指出："夫史官者，必求博闻强识、疏通知远之士。"尤其是刘知几，更是从理论上全面、系统地论述了史家修养问题。他明确提出，史家必须都具有"史才""史学"和"史识"的修养。以后章学诚又补充了"史德"，强调应尊重客观事实，不能因为主观的好恶而改变对历史的真实记载。这样，德、才、学、识就成为对史家素质修养的全面要求及评论史家的标准。

当然，由于儒家学说在古代曾长期居于支配地位，这里所说的史家修养也无不浸透着封建伦理道德观念。乃至可以说，宣传三纲五常就是它的主要任务和具体内容。袁宏撰《后汉纪》，就公开宣称："夫史传之兴，所以通古今而笃名教也。……今因前代遗事，略举义教所归，庶以弘敷王道。"这就不能不影响到历史著作的客观与真实。尽管不能苛求古人，但也应当指出其历史局限，剔除其思想糟粕，批判地继承和弘扬史学的优良传统。

三、史学在传统文化中的地位

（一）史官在社会历史生活中的地位之高

史官在中国历史上出现很早。早在原始社会，我们的先民民神杂糅，巫史不分，史官既承担着'史'的职责，更重要的是还承担者在当时极为重要的政治角色——"巫"的角色，成为沟通神与王的特殊人员。他们主持祭祀，占卜吉凶，用神的意志来引导统治者，成为君王左右必不可少的参政人员。相传夏代有史官终古，殷代有史官向挚，"唯殷先人，有册有典"，当时"册""典"就是由史官来完成的。西周时代，史官的队伍日益扩大，分工趋于明显，他们有的记录史事，有的起草公文，有的掌管文书。据记载天子赐钟鼎给诸侯公卿，往往派史官做代表行给奖礼。周公时代的史佚见于钟鼎文的就不下数十次。而且周天子"动则左史书之，言则右史书之"。可见当时史官的地位很高。春秋战国至秦汉的史职人员，承袭传统职业模式，既从事编册，又进行筮卜、星占、望气、圆梦等宗教迷信活动，他们沟通神人，掌握天人之间的各种事务，可谓上交天子，下接诸侯，在统治集团的决策活动中起着不可或缺的作用。自大唐以后，开始形成设馆修史的制度。各朝都把国史的修撰视为国事并且实行严格管理，禁绝私人修史。撰修国史的人员，职高位显，通常都是朝廷内外的精英人物。他们精通历史，富有学识，是当时社会的名流，备受各朝天子的青睐。正如梁启超所言："一直到清代，国史馆的纂修官一定由翰林院的编修兼任。翰林院是极清贵的地方，人才也极精华之选——其尊贵为外国所无"。"可以说全国第一等人才做史官了"。所以大史学家范文澜先生则明确声称中国文化是"史官文化"，由此可见史学在传统文化中的地位之重。

（二）史书在古典目录学中的分类位次之先

另一个表现史学在传统文化中的重要地位的历史现象，即是史学在古典目录学中的分类位次。目录学素有"辨章学术，考镜源流"的学术价值，目录学中各个学科的分类位次，从侧面反映出当时社会对该学科的重视程度以及对其地位价值的历史评价。从中国古典目录学分类法中可见：从东晋李充的《中经新薄》确立了史部位于第二位的经、史、子、集四部分类次序后，历代国家所编的正史中的经籍志都将史书分在第二类。唐宋雕版印刷术推动下兴盛的私家藏书目录也多把史部列于经部之后。足见史学在传统学术文化中的受重视程度之高。

（三）史存在人们心目中的价值之重

考古学上将历史遗迹和遗物通称为文化遗存。笔者认为从时间及性质角度，亦可将遗迹、遗物等遗存称为"历史遗存"，简称为"史存"。史存既作为考古学研究对象而受到学术重视，又作为人们日常生活中纪念先祖遗风遗德、缅怀往古世事陈迹、发思古之幽情、树无上之精神的人文游历和学习基地而备受青睐。如秦汉以来帝王或文人雅士对黄帝陵、孔里等祖先圣贤遗迹的拜祭瞻仰；苏轼、范仲淹等社会明达游历赤壁之战、岳阳楼遗址而创作的怀古名作《赤壁赋》《岳阳楼记》；普通百姓家亦将祖传之物视为宝贝特加珍藏。如今所有冠以"过去""历史"字样的物件地方，多被列入文物范围而举国皆护之，由此可见其价值之重及意义之大。

史学在传统文化中的重要地位，是与中国重视历史的传统和统治者的大力扶持提倡分不开的。而这些也反过来促进了中国史学的发达和完善。

第九章 中国传统文化的传承与发展

第一节 全球化与中国传统文化

一、全球化对我国文化安全带来的挑战

全球化是当今世界一种不可抗拒的发展潮流和客观趋势，它深刻影响着并将持久影响着世界各国的经济、政治、文化和社会的发展。全球化在给世界带来机遇的同时，也带来了严峻的挑战。在经济全球化的条件下，西方文化迅速扩张，文化呈现出世界趋同或融合的趋势，我国的文化安全受到了严峻的挑战。全球化引起世界各种思想文化：历史的和现实的、外来的和本土的、进步的和落后的、积极的和颓废地展开了相互激荡，有吸纳又有排斥，有融合又有斗争，有渗透又有抵制。作为一个客观历史进程的全球化是不可抗拒的，我们只有积极适应在这个客观进程中世界文化交流、合作、交锋更加频繁的新趋势，保持和发展本民族文化的优良传统同时实现文化的与时俱进，开拓创新，才能更好地促进社会主义新文化建设，为和谐社会建设提供智力支持。

二、中国传统文化的走向

（一）为中国传统文化的现代化发展积蓄文化势能

1. 提高文化自觉

"文化自觉"有两层含义。一层是由费孝通先生提出的，文化自觉就是要对自己的文化有自知之明，有深刻的认识，与此同时也深刻的认识其他国家、其他民族不同的文化特点。自知之明是为了加强文化转型的自主能力，取得决定适应新环境、新时代文化选择的自主地位。另一层含义是在处理经济、政治、文化之间的关系时，应该重视文化的作用。提高文化自觉就是提高民

族意识和主体意识。民族意识是民族利益的抽象表达。实际上，文化资源的争夺就是民族经济利益和政治利益的争夺。因为只有存在民族利益，民族意识才有存在和发展的可能。民族意识是靠主体来表达的，所以民族意识的提高依赖于主体意识的增强。许多发展中国家在西方文化的渗透下失去了自我，就是因为他们的主体意识不强，在学习西方文化的时候失去了自我，在西方文化的强烈渗透下，一步步走向了文化殖民。因此，在强势文化强烈渗透的今天，必须要增强民族意识和主体意识，自觉地发现问题，取世界优秀文化之长，补中国传统文化之短，增强民族意识和主体意识，提高文化自觉。只有这样，中国才能在文化的转型中掌握文化的自主权和话语权。

2. 健全文化心态

当前，中国传统文化在全球化进程中仍然处于弱势地位，还算不上是文化强国。在文化全球化的背景下，更应树立发自内心的自信，既不要有弱国心态，也不要盲目的乐观和自大。在文化全球化的今天，必须承认文化的多元性，尊重不同文化不同文明，反对文化的霸权主义。但是仍要防止文化的孤立和盲目自大。中国传统文化有精华也有糟粕，在具有民族自豪感的同时也要认识到传统文化中的不足，取其精华去其糟粕。面对全球化浪潮的冲击，人们的思维方式和价值观念出现多样化。不同的思维方式和价值观念应当给与尊重，但是要健康引导，健全文化心态，以一种理智的、客观的眼光来看待全球化条件下的传统文化的发展，形成开放的、发展的、平等的、互相尊重的健康文化心态。

3. 推动主流意识形态融入中国传统文化

推动马克思主义作为主流意识形态融入中国传统文化需要处理好两种关系，一是处理好融合的政治层面和学术层面的关系。政治层面的中国化强调意识形态的实践性和革命性，学术层面则注重发扬意识形态的批判性和科学性。政治层面和学术层面既有区别又相互统一，都是为了实现人的自由全面发展。在人类历史上，没有完全脱离政治的学术，也没有完全不关心学术发展的政治，保持意识形态的学术层面和政治层面的合理发展是非常有必要的。二是要处理好融合精英化和大众化的关系。意识形态的大众化是把意识形态与广大人民群众的日常生活实践结合起来，使其成为适应广大人民群众社会实践需要的并为广大人民群众所掌握的思想武器。意识形态的精英化是指把意识形态与国家精英阶层的日常生活实践结合起来，与中国传统文化中的精英文化传统结合起来，创造出为社会精英阶层所掌握的意识形态。在目前的融合过程中，意识形态较好地实现了精英化，但是大众化发展还很欠缺。由于当前对于意识形态的宣传方式总是采用说教和灌输的方式，就使得意识形态的大众化发展遇到了瓶颈。意识形态的大众化发展决定着马克思主义在中国的发展，这比意识形态精英化更为重要。所以就目前的情况来说，更要加强意识形态的大众化发展，转变教育、宣传模式，让马克思主义的意识形态深入民心，用马克思主义科学的理论体系来指导人们的实践生活。

（二）加快中国传统文化的现代化转型

1. 发展文化产业，增强文化传播力

随着全球化进程的加快，文化传播的途径和载体也发生了很大变化，文化产业的发展状况将在很大程度上决定着文化的传播力。文化产业的发展不仅会提高国家经济的增长，更重要的是能够成为扩大文化传播力度的新的手段和途径。要想增强中国传统文化的传播力就要实现传统文化的大众化传播，但是传播大众文化往往具有商业性的特征，因此，就形成了追求文化的先进性和追求商业利润的最大化的矛盾。忽视大众对文化的需要，文化就失去了大众性；如果过于追求商业经济利益而忽视了社会效益，就丧失了提高全民族科学文化素质、满足人民群众对精神文化需求的使命。中国是文化资源大国，对于文化产品的需求量很大。但是在这种情势下，怎样兼顾文化产品经济效益与社会效益的合理发展，成为目前面临的重大问题。因此，应当充分发挥优秀传统文化的资源优势，把中国先进的文化产品送去国外，扩大中国文化的影响力。利用中国传统文化崇高的精神境界和道德规范，规避只求商业经济效益的不良后果，努力做到经济效益与社会效益的统一，实现文化产业的跨越式发展。

2. 积极吸收和借鉴优秀外来文化，增强文化创新力

文化的创新是改变国际文化战略力量对比的关键环节，也是实现文化繁荣发展的重要手段。要增强文化的创新力，就要始终保持文化的先进性，实现文化的与时俱进。文化的先进发展与文化的创新是相互促进、共同发展的。因此，中国传统文化要保持文化的先进性、实现文化的与时俱进就要积极地吸收和借鉴优秀的世界文化。中国传统文化具有包容性和开放性，在几千年的历史进程中，传统文化也不断吸收了其他民族的优秀文化。在文化生球化的背景下，更应加快吸收外来文化的速度和程度。用一种全球的视野吸纳世界的先进文化成果，保持文化的先进性，不断焕发中国传统文化的创新活力。把外来文化融合到本民族的传统文化之中，实现传统文化的创新和发展。但是在借鉴和吸收的过程中，要有所甄别和选择，去其糟粕取其精华，使外来文化更好地融入传统文化中，更好地为民族和国家服务，满足国家和民族的需要，促进传统文化的繁荣发展。

3. 建立国际文化新秩序

随着文化全球化进程的加快，人们的视线由原来的关注国际经济政治秩序，逐渐开始关注国际文化秩序。目前国际文化秩序仍然是以经济和政治秩序为规则和导向，这样是不合理的，也很容易引发国际争端。因此，要想维护真正的和平和稳定，也应着眼于建立合理公正的国际文化秩序。当前国际文化秩序的不合理，是因为国际文化秩序的规则依然沿用国际经济政治秩序的规则，像国际经济政治秩序一样，由少数国家掌握着主动权和话语权。合理的国际文化秩序，应该"世界上的各种文明、不同的社会制度和发展道路应彼此尊重，在竞争比较中取长补短，在求同存异中共同发展"。在国际文化秩序中，应该秉承平等、互助、和谐的原则。让所有主权国家掌握平等的自主权和话语权，让发展中国家加入到国际社会主流中，也能掌握应有的自主权和话语权，也能成为秩序规则的制定者。

第二节 中国优秀传统文化当代的传承困境

传承了五千年的优秀传统文化，在全球化的冲击下，中国优秀传统文化的传承面临着：传承主体传承意识日渐淡薄，传承的人才队伍也日趋匮乏，优秀传统文化教育相对薄弱，传承保障体系还需要进一步完善的困境。

一、传统文化传承意识淡薄

全球化的冲击，使得以欧美国家为主导的资本主义现代文化冲击中国的传统文化，西方价值观和价值体系也在通过文化产品不断向中国渗透，资本主义现代文化的符号充斥在世界的每一个角落，中国人开始越来越疏远自己的民族文化，甚至漠视传统文化，传统与现代之间的关联开始断裂，还有许多中国人开始对传统文化中的思想观念、核心价值观及主流价值体系、政治制度等开始产生怀疑甚至反感，以至于开始出现文化混乱、道德冷漠等等现象。因此，文化全球化浪潮正在影响冲击中国优秀传统文化，消解我们的文化认同，抹杀我们民族文化基因。许多中国人开始出现文化迷茫和纠结，越来越多的国人开始痴迷于过西方节日，而漠视自己民族的传统节日。另一方面，由于我们缺少传统文化传承的意识，许多中国优秀传统文化的元素被西方国家盗用，并进行歪曲诠释，对其进行改造包装，赋予本民族和国家的含义与价值理念，最终成为自己国家和民族的文化产物。譬如美国好莱坞创作的以中国经典传统故事为题材的动画片《花木兰》就是非常具有典型意义，花木兰是中国传统文化中著名的巾帼英雄，而美国著名迪斯尼电影公司则利用中国古代经典故事"花木兰替父从军"这个题材,拍摄了具有显著美国文化元素的动画大片《花木兰》,通过商业运作,将这部富有中国特色的"商业电影"推向世界,电影中仅仅使用了"花木兰"的人物形象,但是却赋予了西方现代全新的女权主义价值理念,深深影响中国青少年。还有中国古典名著《西游记》,美国从2001年开始将这一题材拍成电影,内容从爱情到功夫,与我们的传统价值相廷径远,影响世界对中国的看法。对传统文化缺少传承的意识,使得许多我们民族的瑰宝流落海外,例如:中国的敦煌名扬世界,而敦煌学却不在中国,在美国等一些资本主义国家。韩国比中国人更像中国人地学习中国文化,甚至抢先将中华民族的端午节、中秋节等传统民族节日申报世界非物质文化遗产。中国的文化的瑰宝正被许多人大快朵颐。相反,中国传统文化一些消极内容被放大和神秘化,蛊惑人心。例如,大师"王林"们在当代社会的流行,《周易》与算命、看风水、卜吉凶画上了等号;《孙子兵法》成为官场权谋和商战的宝典,坑人害己。同时由于缺乏传统文化传承的意识,所以对优秀传统文化的开发利用也缺少系统有效的规划。尽管对优秀传统文化的开发和利用是一个耗费时间长、牵涉面广、工程浩大、投入巨大的系统性项目。但是目前在我国在传承优秀传统文化的过程中,没有意识到传承的重要性,对优秀传统文化开发和利用缺少政策支持,同时协调不一,甚至出现地方保护主义,因此,有的地方传统文化传承基础极其薄弱,有的地方传统文化传承则过热,再加上各个地方在文化传承上存在地方保护主义,缺乏统筹协调,整体规划与合理布局,因此使得优秀传统文化没有得到理性的传承,同时在传承中优秀传统文化的经济价值没有得到充分挖掘和合理利用,或者是片面一味追求经济效益,但是造成了对传统文化遗产的破坏。

二、传统文化传承人才队伍亟待加强

在优秀传统文化传承的过程中,人才一直起着基础性和关键性的作用,人才是决定着文化传承抑或失传的关键因素。但是由于传统文化传承意识的淡薄,缺少良好的传承环境,普及力度不够,宣传缺乏力度,教育功利化和现实主义,在全社会缺少优秀传统文化传承的浓厚氛围,中国优秀传统文化专业人才的培养也随之陷入困境。不仅如此,中国传统文化中还包括中国的传统节日,古典戏剧,特色建筑,传统医学,民间工艺,民风民俗,衣冠服饰,音乐饮食等等与中国传统有关的各个方面的知识,从事上述领域的人才队伍也都在不同程度上出现了极大地流失。还有随着中国进入老龄化社会,一些典型的文化传承人都进入高龄状态,马上就要面临衰亡的高峰期,但是年轻一代的传承人却极其缺乏,许多年轻人没有经过传统文化熏陶,难以在短时间内迅速的接掌传统文化,因此造成的文化传承人代际断层,对优秀传统文化的传承形成严重威胁。在现实性和功利性的冲击下,加上传承人自身精力的原因,大部分从事传统文化传承的人收入不高,地位一般,因此造成了部分文化传承人对传承工作重要性认识不足,从事的积极性不高,造成传承人对于其传承工作的热情和动力不足,这都是值得社会关注的问题。此外,由于相关部门的人才意识淡薄,对从事传统文化人才的重视和保护的力度不够,造成了部分优秀传统文化传承人文化层次水平较低,缺乏基本的学术涵养,历史视野稍显狭隘,对优秀传统文化的理解与展现只能停留在自己的实践认识和自然经验的基础上,他们的专业理论水平尚待提高。因此,我们亟待加强传统文化传承人才队伍建设,培养一批深受广大人民群众喜欢的传承人。

三、优秀传统文化教育的薄弱

要实现对优秀传统文化的有效传承,教育是非常重要的手段。但是一直以来优秀传统文化教育始终处于边缘化的层面,学校教育陷入功利主义的陷涡不能自拔。对优秀传统文化内容缺乏全面客观地认识,什么是"优秀"的传统文化,"优秀"的标准从何而来?优秀传统文化的教材内容单一枯燥,优秀传统文化师资队伍薄弱,课程体系设计不合理,教师教育手段单一,教育途径陈旧缺乏创新。

长期以来,受工具理性主义的影响,中国教育始终以功利主义为自身的价值取向,高考成为教育的指挥棒,一切教育的形式、手段和方法都围绕高考而进行;大学的办学则围绕市场,根据社会、市场需要什么学科专业、哪个学科专业热门,就设置什么学科,办什么专业,开设什么课程。教育过程的安排一切都是围绕升学和就业而进行。至于"人文修养""社会道德""国家责任"往往被当作可有可无无足轻重的修饰。对于公民责任和社会担当则忽略带过,根本无法将知识、情感、心智三者放在一个平等的地位,进行有机结合。已经充分形成社会行为惯性和思维心理惯性的文化逻辑,一时难以改变。

学科地位和建设薄弱。优秀传统文化一直以来都没有形成独立系统完整学科体系,长期依托于其他艺术、政治、美学、文化学等学科,尽管这些学科是研究和传承中国优秀传统文化的重要基础和学术背景,但依然无法代表中国优秀传统文化的全部。例如:生命科学、艺术学、民族学、人类学等学科对中国优秀传统文化同样具有重要背景和支撑。优秀传统文化学科有其一定的独立性,与各个学科相互依存相互支撑,然而在国内的学科分类体系中却始终没有自己的位置,因此也就不会有优秀传统文化教育的系统课程设置体系和专业人才培养体系,这对优秀传统文化教育教学的理论和实践指导影响重大。

从事优秀传统文化教育教学的教师匮乏,教师自身的传统文化素质有待提高。随着国家的重视,优秀传统文化教育越来越受到国人的关注,也涌现了一批文化名师,但是从总体上而言,教师数量还是明显匮乏,教师自身传统文化的素质也有待提高。目前国内大部分学校都没有传统文化教师的专门岗位,大部分由语文、历史等文科教师承担起传统文化教学的任务。文科教师兼职传统文化教育的精力一定难以保证,教学质量也无法提高。同时,从事传统文化教育教学的教师自身传统文化的素质也是参差不齐,许多教师对优秀传统文化的内容难以区分,无法正确地选择适合学生成才成长的内容,因此,教师自身素质也有待进一步提高。

另外,传统文化教育的课程体系设计也不合理。课程如何安排,课程实施的进度如何把握,传统文化课程与现代的语文、历史、地理如何协调安排都面临一系列的问题。还有就是传统文化教育的教学方法还停留在就事论事的较低层次。这些都是目前在全社会开展优秀传统文化教育教学所面临的各种问题。

四、传统文化传承保障体系不够完善

近年来,尽管党和政府越来越重视优秀传统文化传承的相关工作,加大了对优秀传统文化的扶持和投入力度,但是,从目前现实情况来看,中央一级的财政尽管有了一定的投入,地方财政投入却基本为零,两者相加与庞大的优秀传统文化传承系统性工程相比显得杯水车薪。同时,政府对引入民营资本参与优秀传统文化的开发,缺少政策支持和法律保障,所以无法发挥民营企业在优秀传统文化传承中的潜力和支撑。另外,由于对优秀传统文化的产业化程度较低,优秀传统文化中经济价值的转换,显得较弱,如果没有自身的"造血"功能,不能自己产生经济价值,一味依靠政府财政投入,优秀传统文化的传承就无法实现可持续性发展。由于传统文化传承的资金投入不足,传统文化传承很重要的依托传承场所文化场馆等文化公共设施建设明显滞后。特别是在一些偏远落后地区,政府财政投入少,文化建设资源匮乏,群众性公共设施严重缺乏,群体性的传统文化几乎没有,群众普遍缺乏文化意识观念。

另外,中国优秀传统文化在传承中缺少系统的制度与法律措施的保障。纵览世界许多文化传承比较的好国家,从很早起,就懂得利用法律和制度措施来保护和加强本民族文化的传承。而在中国通过法律和制度来保护传统文

化,可以说从古至今几乎是空白的。这是因为一方面由于对中国传统文化的继承和发展没有引起国家治理者足够的重视,尽管生活在一个历史悠久文化底蕴深厚的环境中,但是法律和制度在文化传承中的地位和作用一直缺失;另一方面主要是因为对传统文化传承的法律制度保障体系上还存在许多人为的障碍。例如:对优秀传统文化传承立法的角度许多人意见不一;对传统文化传承法律层面的性质存在分歧;对需要法律制度保护的具体传统文化的内容界定不清晰,认识不统一;如何在传承优秀传统文化的法律保护上形成系统性和整体性还缺乏有效沟通。法律在一个成熟的社会拥有强大的强制性、规范性和引导性,因此如果国家一旦以法律和制度的形式对优秀传统文化的传承进行规范和强制,必然引导越来越多的人自觉自发的传承优秀传统文化,从而在整个社会营造一个良好的优秀传统文化传承的氛围,促进优秀传统文化的传承,促进中华民族现代先进文化的建设。因此,党和政府要提高对优秀传统文化法律制度保障体系的重视,制定和完善一系列文化传承相关的法律和制度,加大立法执法的力度。

第三节 中国优秀传统文化当代传承建构

现阶段,我国正处于社会主义改革的攻坚阶段,社会主义现代化建设的各项事业正在如火如荼进行之中,中华优秀传统文化作为中华民族的精华,是中华民族永葆生命力的不竭动力,更是中华民族生生不息、奋斗不止的重要源泉,在新的时代发展形势之下,要重视中华优秀传统文化的创新与发展,积极迎合当前时代发展潮流,在体现中华优秀传统文化包容性和兼容性特征的同时,融入更多的时代内涵,使其朝着现代化、科学化和创新化的方向发展。

一、传承的内涵与原则

在文化学层面,传承是一个使用频率很高的词,传承往往与文化相关,是文化在代际保留的主要方式,也是人们保留民族基因和血脉的主要手段。传承主要通过主体、客体、方式手段、场馆、保障体系和路径等一系列因素综合作用下而实现。在传承的整个过程中还要注意遵循固本强基、整旧如新和革故鼎新的原则,推动优秀传统文化的传承。

(一)传承的含义

在文化学的层面上,传承是一个使用频率很高的词语,传承往往和文化相联,对于优秀传统文化而言,传承是它代代保留至今的唯一方式。但是迄今为止，仍未有人对传承进行定义。

从文字学角度来看传承的含义，传，单从文字的原意上看是掌握制作操作能力的人。在《说文解字》中将传注释为：遽也。辵部曰。遽，传也。传遽，若今时乘传骑驿而使者也，就是指古代专门乘传车驿马的使者。《周礼·秋官·行夫》："掌邦国传遽之小事媺恶而无礼者。"，因此传的第一层就是传递，传送，例如：《孟子·公孙丑上》中"速于置邮而传命。"传递和传送仅仅停留在物质层面，在上升到精神层面，例如知识的传递，"传"成了传授之意，例如："师者，所以传道授业解惑也。"随着传递技能或传授知识时间的不断延长，"传"便具有了流传之意，"功如丘山，名传后时。"（《盐铁论·非鞅》）因此，传不仅仅是一个对物品传递和知识传授的动作，更具有了时间意义上的连续性。承，原意指捧着，因此从人从双手、奉也。受也。由于双手捧着，引申为担当、承担，又因为从接受的动作和承担的使命所以具有了继续、延续的含义。因此传承的内涵可以理解为文化在时间横向传递的连续性，同时也可以体现为文化的一种传递方式，接受和传授过程。传承是双向互动的一个过程。

然而在古代汉语中，传与承并不是一个固定的词语。一直到当代，在民俗学是研究中才出现了传承的用法。例如在《中国民俗与民俗学》《民俗学概论》等有关民俗学的专著中出现了"传承性"一词。从此，"传承性成为民俗的一个基本特征，在民俗学研究中达成共识。"但是传承性在民俗学中仅仅停留在对文化传递表层现象的研究上，例如在钟敬文的《民俗学概论》中传承的概念被界定为"具有文化和传递两层含义，其本意被表述为通过传递的文化现象。"

由于传统文化的形成并不是一次性产生完成的，它是经过几代人不断累积延续至今的。所以传统文化从时间性上可以理解是一个不断移动的过程，在这个移动过程中，部分内容被保留了下来，部分内容被抛弃。同时，传统文化作为一个复杂的系统，传承的对象就是传统文化，传统文化在传承的过程中，从一代传到下一代，从一个国家、民族、地域传到另一个国家、民族和地域。文化即人化，人类在改造主观世界和客观世界的过程中，在不断创造文化的同时还将自身创造的文化传承下去，在文化传承的过程中，根据主客观对象可以分为文化的传者与受者，传者是指文化在流动过程中传送的一方，受者是指文化在流动过程中接受的一方。因此无论是传者还是受者，文化传承的主体是人。传统文化传递的过程中，首要条件在于如何有效长期保存，不因客观环境的变化而流失。因此，人们往往通过文字、语言和其他符号形式记录和储存传统文化，这就是传承的形式，是传承方式、媒介和策略等的总和。在传承的过程中,政府、制度和经济等将对文化的传承起到促进和阻碍作用,这些成为传承的保障。

总而言之,传承是文化的内在要求,没有传承就没有文化,文化通过传承实现了存在的意义和价值,传承则因为文化而彰显特殊使命。中国优秀传统文化就是在这种传递—承接的循环反复中,构成了中华民族核心价值、思想、制度,造就了中华五千年的灿烂文明。

(二)传承的原则

文化的传承不是照搬全收,它必须在历史、现实和未来的三维视角中,坚持一切从中国国情实际出发,以优秀传统文化的全面现代化为目标,遵循固本强基、整旧如新和革故鼎新的原则进行传承。

首先是固本强基的原则。在五千多年的发展过程中,中华民族产生了许许多多珍贵而优秀的思想文化遗产,其中许多在当今仍具有重要的意义和价值。例如:热爱国家和民族的情感、家族的归属感、勤俭持家、尊老爱幼等。这些对国家和民族的统一起到了非常重要的作用,也将是支持我们走向民族复兴的精神动力,是我们中华民族精神和文化的根本,成为我们今天制定治国方略的重要历史资源和思想资源,成为推动我国现代化建设的强大动力。对于优秀传统文化的这部分具有恒久和普世价值的部分,应当毫无保留的予以选择,并在当今中国不断强化,大力宣传,加以应用,发扬光大。

其次是整旧如新的原则。经历五千年洗礼的传统文化面对文化全球化的背景,面对现代化转型的要求,许多旧元素已不适应文化的转型发展,在文化选择的过程中需要在马克思主义的指导下,以辩证的观点,科学的解释和创造性的融入现代社会的新元素,使之不断完善和发展,将传统文化精髓通过现代社会的形式继续发扬光大。对传统文化的需要改造的旧因素,要因时因地制宜,运用唯物辩证法进行创新性改造,以适应当代社会发展。

最后是革故鼎新的原则。另外,在优秀传统文化当中,由于历史的原因,还有一些糟粕性的元素依附在优秀传统文化的内容里,这些糟粕性的元素本身已经被历史所遗弃,已经完全不适应现代社会发展的要求,甚至还阻碍优秀传统文化向现代化的转型,它们的存在同时还使得人们对优秀传统文化辨识变得模糊不清,影响人们对优秀传统文化的认识、理解和传承。所以我们应该对优秀传统文化内容进行辨析,析离出这些糟粕性的内容,进行抛弃批判和完全革除,代之以现代文化中优秀的元素。其中主要包括:一是与封建社会密切相关的君主专制的政治文化;二是贵阳贱阴的社会伦理道德。另外还有一些宣扬迷信落后的思想。我们要坚决的抛弃这些落后的思想与文化。

在今天我们传承优秀传统文化比较重要的一条原则就是对传统文化进行科学理性的辨析，抛弃那些落后腐朽的内容，保证优秀传统文化健康发展。我们只有"大力发展先进文化，支持健康有益文化，努力改造落后文化，坚决抵制腐朽文化"，才能使真正的优秀传统文化得到继承和发扬。

二、中华优秀传统文化传承体系建设的意义

在经济全球化的当代社会，中华优秀传统文化传承面临一些困境。一是在外来文化冲击下，一些人乐于接受外来文化，对传统文化关注不多，甚至否定传统文化；二是当代社会科技发展日新月异，现代科技改变着人们的生活方式、审美情趣和价值观念，一定程度上影响着人们对于传统文化的接受，并且影响着文化传承的传统方式作用的发挥；三是由于文化生态变化，一些传统文化事象的生命力和影响力下降，有的传统文化事象功能萎缩、作用被代替；四是由于缺乏对传统文化内容、受众等深入研究，许多传统文化传承方式和传承策略不当，传承内容没有考虑不同受众的接受能力和认知方式，文化传承效果不理想。文化传承困境导致许多优秀传统文化事象消失、消解、扭曲、变异等，对传统文化的保护、发展和创新产生了消极影响。加强传承体系研究，建构中华优秀传统文化传承的科学体系意义重大。

（一）传承中华民族的传统美德和民族精神，为建设社会主义核心价值体系服务

社会主义核心价值体系的灵魂是马克思主义指导思想，其主题是中国特色社会主义共同理想，其精髓是以爱国主义为核心的民族精神和以改革创新为核心的时代精神，其基础是社会主义荣辱观。民族精神与社会主义荣辱观等都与中华优秀传统文化的继承创新有密切关系。中华传统文化中的爱国主义、团结奋斗、诚实守信、帮扶济困、自强不息等积极思想，是社会主义核心价值体系的重要内容。继承这些积极思想，对于建设社会主义核心价值体系有着十分重要的意义。

（二）促进中华民族共有精神家园建设

任何一种文化都有历史传承性，任何一个民族文化的持续发展都是在既有的文化传统基础上进行的。否定传统，隔断历史，民族的精神家园就没有依托。中华优秀传统文化是中华民族几千年共同创造的文化遗产，是中华民族生存之本、发展之根，凝聚着中华儿女的深厚感情。建设中华民族共有的精神家园，必须继承和弘扬中华优秀传统文化。

（三）为开发利用文化资源，发展文化产业奠定坚实的基础

文化具有多种属性，一些文化要素可以发展成文化产品，形成文化产业。西方国家文化产业发展起步早，目前已成为这些国家国民经济的支柱产业，创造了大量财富和收入。我国文化资源丰富，文化产业发展前景十分广阔。随着经济的快速发展，人民群众对文化产品的需求与日俱增，大力发展文化产业可以满足人民群众日益增长的文化生活需求。中华传统文化中许多内容如民族歌舞、传统工艺、传统医药等均可作为文化产品开发，是发展文化产业的重要资源。传承与保护中华优秀传统文化，是文化产业发展的重要基石。

（四）有利于中华民族的统一

中华优秀传统文化是中华民族赖以生存的精神支柱，是海内外华人一致认知的思想基础，是海峡两岸统一的文化基石。有效传承中华优秀传统文化，对中华民族立于世界民族之林，特别是对于建设社会主义先进文化，完成中华民族的统一大业，实现中华民族的伟大复兴，都具有重大而深远的意义。

（五）促进优秀传统文化的有效传承，推动中华文化的创新与发展

传统文化是一个民族的"根"，是文化发展进步的基础。文化发展与创新必须在继承传统的基础上进行，离开传统文化，文化的发展与创新便是无根之木，无源之水。在当今社会，要发展、创新中华文化，必须首先继承中华优秀传统文化。优秀传统文化的丰富内容和独特方式体现出民族风格，中国气派、中国风格的文化很大程度上要通过继承民族传统文化来体现。加强中华优秀传统文化的传承体系建设，促进中华优秀传统文化的不断传承，是中华文化发展创新的需要。

三、传承体系构成的要素

中华优秀传统文化传承体系是一个复杂的系统，其构成要素主要有：传者与受者、传承场、传承内容、传承方式、保障体系等。

（一）传者与受者

传者与受者是文化传承的主体，传者是文化的传递者、传播者，受者是文化接受者、继承者。传者的核心是人，在传统社会中，传统文化代际传承的传者往往为师者、父兄、尊长。横向传播的传者较为复杂，多表现为社区、

村落、同龄群体间的横向传播，但官员、商人、士兵、传教士等在文化传播中均发挥过重要作用。在现代社会中，学校、政府、企业、社会组织、现代媒体等也成为传统文化的传者。传统文化的受者主要是人，其中青少年是主要群体。受者对于传统文化的接受受到传统文化内容、传承方式与策略等影响，也受到受者的文化程度、职业类别等因素的影响。

（二）传承场

所谓传承场是传者与受者进行文化传承所建立的关系网络，它可以表现为特定的自然空间，也可以表现为复杂的社会文化空间，但更多的是自然空间与社会文化空间的结合。如壮族歌墟，集市是一种自然空间，在集市中建立的人际网络则是社会文化空间。

（三）传承内容

传承内容主要指中华优秀传统文化。任何民族的文化都有优劣之分，中华文化的传承内容应是其优秀、精华部分，包括中华文化代表性的民族伦理精神、文化符号、民族艺术、社会制度、知识体系、节日习俗、生活方式等。

（四）传承方式

传承方式是文化传承的形式、方法、工具、手段和策略等的总和。中华优秀传统文化的传承方式是传统传承方式与现代传承方式的结合。主要有民间传承，包括体现于生产、生活方式中的师徒、家庭、社区、节日等各种传统传承方式；学校教育传承，历史上的官学与私学对于中华文化，特别是上层精英文化的传承发挥过重要作用，现代学校教育仍是文化传承的主要场所；媒体传承，传统社会的各种媒介，特别是以典籍为代表的纸质媒介是文化传承的主要方式之一，在现代社会中，又增加了报纸、杂志、广播、电视、网络等现代媒介；场馆传承，在现代社会，博物馆、纪念馆、文化馆、艺术馆、资料馆、图书馆、档案馆等场馆对于文化传承越来越重要。文化产业传承，文化产业传承是一种消费型的动态传承方式，产业化的传统文化以一种形象化的手段和新的形式对受者产生教育。

（五）保障体系

所谓保障体系是指保障文化传承良性运行的制度、法律、政策、措施，以及民间传承机制等方面构成，还包括运行机制与监控与评估体系等。

四、传承建设

（一）通过文化比较拓宽优秀传统文化的视野

文化比较是人类不断实现自我完善的一种方式和一种手段，是人类日渐趋于完美实现自我全面发展的一条途径。文化自身多样性和开放性的特征决定了开展文化比较是进行文化发明的必须阶段。首先，世界各个民族文化存在与发展呈现差异性特征，因此导致了世界文化的多样性存在，文化发展的多样性是人类社会发展历史上普遍恒久的特征。经济学家斯蒂芬·玛格林断言："文化多样性可能是人类这一物种继续生存下去的关键。"因此，只有将本民族的优秀文化置身于多样性的世界文化氛围中进行比较才能择优驱劣；其次，开放是文化发展过程中呈现的必然规律，只有开放才能比较，才能采借吸收各国优秀民族文化和先进文明成果，才能实现世界各民族文化的共同繁荣与共同进步。文化比较本身就是文化创造的一个过程，在比较的过程中人的文化自觉的激发，对不同文化特点、形态的思考与分析，对自身文化不足的反思以及新的建构都是文化创造的过程。成中英教授指出："比较本身即是一种整体性创造。"它是比较双方进行对话开展互释互动的过程。语言之间的比较，促成各语言充实受益。因此，文化比较负载着引领社会改革和推动文化进化的使命，通过文化比较，寻找出文化发展规律，开启新的文化方向，为文化建设提供理论依据。"我们不仅要了解中国的历史文化，还要睁眼看世界，了解世界上不同民族的历史文化，去其糟粕，取其精华，从中获得启发，为我所用。"其实，在历史上中华民族很早就开始注重与其他不同的民族文化进行交流，在交流互动中开展比较，例如：历史上著名的丝绸之路不仅联系东西方经济往来的通道，更是文化比较交流的桥梁，中华民族的四大发明也正是通过这一通道传入西方，对西方文化的进步起到了重大的作用；在公元初年，西方的基督教也开始进入中国，景教会的建立则进一步表明西方文化在中国中古时期就已经有了立足之地；印度佛教在东汉时期传入中国后，与国内儒家思想文化不断碰撞磨合，随后产生了宋明理学等等。只是自鸦片战争以来，如何处理与西方文化的关系使我们付出了深刻的教训和沉重的代价。从中体西学到全盘西化，这些都是历史给予我们深刻的教训。让我们深深的明白，文化的多样性存在是无法回避的，只有正视文化差异，才能决定排斥与接纳。历史证明，只有在多样性的文化环境中，承认文化的差异性与丰富性，在文化的差异性中，在文化信任宽容的基础上，寻找建立起文化沟通对话的桥梁，只有这样我们才能在文化不同差异的比较中，重点把握中国优秀传统文化的特质，发现挖掘其他不同民族文化的优质，在全世界范围内与其他不同民族的优秀文化进行交流合作。同时,21世纪是全球化语境中多元文化碰撞交融的世纪,文化发展的规律应当是全球化视阈中普遍性与多样性的统一发展,中国传统文化的发展离不开世界文化的大背景,这就决定了我们必须敞开大门,对世界不同民族的文化进行比较,对不同民族传统文化的相似性和差异性进行分析比较,寻找共同特征与各自"长短",去劣存优,得出合理性元素,特别是代表文化发展方向的元素,例如:西方文化中的人对自然的主观能动性,重科学理性,重实证主义,以及对人的价值理性的追求……通过对不同民族文化的科学分析,兴利除弊,发掘代表文化发展方向的元素,去伪存真,取其精华,融入中国优秀传统文化体系之中,使中国优秀传统文化发展建设成真正先进的文化,最终成为多元繁荣世界文化中一元。

(二)提升传承主体的文化自觉,发挥传承主体的作用

在文化形成与发展的过程中,不断会形成一种文化主体(政府、政党、知识精英、民众)与文化内容之间的互动关系,其中主要是因为人是一切文化过程中的目标主体,也是文化行为主体,即是文化的创造者和传承者。因此传承主体是优秀传统文化传承创新过程中最为关键的因素。在全球化的时代境遇下,传承主体如何强化文化的自我意识或者主体意识,清醒的认识自我,强化文化自觉,深刻总结和认识文化在推动历史进步中发挥的作用,主动掌握文化发展客观规律,责无旁贷担当传承文化的历史责任,对于传承创新传统文化具有非常重要的理论和实践意义。

《决定》明确指出,"推动社会主义文化大发展大繁荣,队伍是基础,人才是关键",人是一切文化行为活动的主体,在优秀传统文化传承过程中发挥了关键性的主体作用。因此在中国优秀传统文化传承的过程中,必须以人为本,重视发挥人的主体性作用,特别是通过提升中国人的文化认同,来增强中国人的文化自觉性,使优秀传统文化代代相传。

提升广大民众文化自觉性的关键在于以下几点:首先,要进行文化反思。我们只有将传统文化放置于现代化社会转型的环境中,通过对现代与传统的比较,思考什么样的文化才能推动人类历史的进步,文化在人类进化的历程中所起的作用,只有这样人才会主动担负起文化传承建设的重任,人才会体会到文化的巨大力量,文化自觉才得以产生。其次,不断推进优秀传统文化的大众化进程,使大家广泛认识了解什么是中国优秀传统文化。认识了解是认同的基础和起点,知之才有可能信之。对于广大普通民众他们较缺乏自觉性、自主性,只有认同文化价值后,他们才会自觉实践文化的价值规范,逐渐成为约定俗成、根深蒂固的生活理念和价值取向,文化才能得以代代相传。

要使优秀传统文化成为人民群众普遍认同的思想观念和态度，就必须要先说服人民群众全面科学准确地把握优秀传统文化的基本内容和精神实质。通过将中国优秀传统文化通俗化、精炼化，在把握中国优秀传统文化本质的基础上，用简单易懂的、生活化语言阐述出，以增强传统文化的说服力，使之更好地被人们所掌握。然后，要积极发挥精英作用。中国优秀传统文化是经过几代知识精英不断总结和凝练出的，只有不断通过知识精英对思想创造的完善，深入的诠释，不断将精英文化与公民文化相整合，全社会范围内形成公民理性思维，才能使优秀传统文化成为全社会共同的文化自觉。所以，只有依靠知识精英对传统文化的热忱与底气，通过文化的再解释与灌输，实现传统文化的创造性转化，通过提升广大民众对传统文化的认同，才能实现创新性传承。最后，还是要高度重视提高青少年对中国优秀传统文化的认同。在全球化的冲击下，全世界各个民族拉近了距离，各种各样的外来文化接踵而至，既有积极意义的西方现代先进文化还有夹杂各种敌对的垃圾落后不良文化，这些文化在青少年群体中都受到了不同程度的欢迎，这些文化的冲击下，部分青少年开始漠视自己本民族的优秀传统文化，不再接受本民族的历史文化内容，甚至对优秀传统文化进行排斥和蔑视。所以我们要进一步加强对青少年进行传统文化的教育和传承，在青少年群体中普及优秀传统文化内容，提高他们对优秀传统文化了解与认识，使他们在对优秀传统文化学习过程中，增强文化认同，提升文化自信和自尊，主动自觉的承担起传承优秀传统文化的使命

（三）坚持和加强中国共产党的领导

习近平总书记指出："在带领中国人民进行革命、建设、改革的长期历史实践中，中国共产党人始终是中国优秀传统文化的忠实继承者和弘扬者。"作为马克思主义政党，中国共产党既是政治上的先锋队，也是文化上的先锋队，既是传统文化的传承者，更是先进文化的开拓者。从此，中国共产党人以其高度负责的文化自觉和坚定不移的文化自信带领人民进行文化建设，朝着实现文化自强目标努力迈进。在这个伟大的历史进程中，中国共产党人接二连三创造着历史的奇迹，不仅建设了新民主主义文化，还开创出具有鲜明中国特色的社会主义文化，不断以思想观念新觉醒、文化传承的新硕果、文化发明创造新成效，推进整个中华民族不断崛起。因此，中国共产党在优秀传统文化传承中的领导地位既是历史过程形成的，也是经过人民考验后的正确选择。我们只有始终坚持中国共产党在优秀传统文化传承中的绝对领导地位，才能始终正确把握文化发展的客观规律，才能使优秀传统文化成为人民大众

的文化、体现人民大众的利益和需求，才会始终朝着既定的目标——先进文化，既定的路径——中国特色社会主义发展，最终实现整个民族的复兴和强盛。在传统文化传承中坚持党的领导，首先必须将共产主义、社会主义这些外来的价值观同中国本土文化价值相互协调和平衡，在优秀传统文化的教育中处理好西学与国学的关系和比例，在传统文化的传承中保护好56个民族共同的物质文化遗产和非物质文化遗产等等；其次要建设一支作风硬、能力强、敢担当的党员领导干部队伍，要始终确保优秀传统文化传承事业的领导权、主导权和解释权掌握在坚定的人民的公仆——共产主义战士手中。最后要充分发挥文化战线上党各级组织的战斗堡垒作用，特别是发挥基层党组织在文化传承中的作用，增强基层党组织的战斗力，只有充分调动基层党员干部的积极性和主动性，以身作则，积极推动传统文化在社会基层和民众之间的传承，确保国家优秀传统文化传承政策的执行效率。

（四）发挥教育基础性作用，建立优秀传统文化的接受机制

一直以来，各类教育在优秀传统文化传承的过程中都发挥着基础性和先导性作用。"从中国教育历史发展来看，学校教育这个场域以及教育内容这种载体形式传承与发展中华传统文化，是任何其他场域和形式都无法替代的。"人是文化的创造者，而且不仅是优秀传统文化的传承主体，也是最终是优秀传统文化传承的客体。如果优秀传统文化无法深入取得最广大人民群众的文化认同，无法成为大家内心最稳定的心理结构和精神动力，优秀传统文化的传承就毫无意义。因此只有将优秀传统文化能够成为每个中华儿女的内心深处的文化认同，成为每个人自觉自在的行为准则，才是优秀传统文化传承的真正意义。把优秀传统文化真正使人们产生文化认同，并内化为个人行为准则规范的根本途径就是通过教育的方式。教育具有综合性、阶段性、长期性、渐进性、全面性的特点。教育不是简单的知识记忆而是通过知识启蒙，实现人的从自然到理性状态的提升，具备一定的创造力和创新力，这是现代人的本质特征。只有受过教育后的人才能从内心深处认同中华文化，才能真正担当起传承优秀传统文化的重任，才能创新创造优秀传统文化，推进中华民族的伟大复兴。但是目前中国在开展优秀传统文化教育上还有一些显著问题，例如：尚未在全社会范围内形成加强开展中国优秀传统文化教育的氛围和共识，对中国优秀传统文化内容和体系本身的认知和理解还比较繁乱，传统文化教育内容的安排和设计系统性和整体性不足，教育过程中过多侧重进行知识性普及，而对文化精神实质阐述和文化结构解析相对较弱，传统文化课程设置的系统性和教材编写的体系化有待完善，从事传统文化教育教学的师资

队伍整体水平有待提高，全社会共同参与的教育合力有待加强等。我们必须坚持习近平总书记系列讲话精神为指导，围绕立德树人的根本任务，以人的全面自由发展为最终目标，以优秀传统文化仁爱精神为主线，在教育过程中注重自然科学知识和传统人文知识两者有机和谐统一，不断培养学生科学理性思维和人文关怀；要积极探索青少年成长成才的规律，充分掌握青少年群体心理趋势和需求，寻找传统文化教育契合点；注重加强基础教育和高等教育的有机衔接和联系，加强优秀传统文化教育的针对性，既做到因材施教又能实现不同层次教育的一体化；不断繁荣哲学社会科学，以哲学社会科学为基础，为优秀传统文化教育教学奠定良好学科背景和基础；加强优秀传统文化与公民理性思维培养和公民社会建设相结合，推进社会伦理道德的层层落实，为建设美风良俗的公民社会打下基础；不断深化传统文化教育教学改革，加强传统文化课程体系的系统性设计安排，建立优秀传统文化课程标准，有针对性、系统性的编写优秀传统文化专业教材，并组织编写优秀传统文化具有大众性趣味性普及读物，加强优秀传统文化教学方法的改革与创新，鼓励教师在传统文化授课方式上充分运用现代数字媒体技术，提高优秀传统文化的教育能力；加强对传统文化教师队伍的进修与培训，建设一支素质高、专业强的传统文化师资队伍；充分利用青年学生年龄特点，依托学生社团组织开展形式多样的传统文化活动，在学校校园内营造传承优秀传统文化浓厚氛围；加大对国家民族语言文字的保护，在全世界范围内推广汉语，在国内普及繁体字。通过各种形式，最终实现优秀传统文化的代代传承。

（五）开发和完善媒介传承方式

长期以来，在中国文化的传承方式都是以口头传承和行为传承为主，它们是一种面对面的直接交流和传承的方式；随着文字和知识的普及，书籍、报纸、杂志、传单、小册子等纸质媒介传承，越来越成为文化传承的主要媒介，但是口头传承和行为传承并未消失。周星曾经撰文指出，"传承大都在日常生活中被人们反复实践着，或口耳相传，或'以心传心'或借助文字、教育及其他各种包括非语言的方式（行为）而代代相传"。随着科学技术的发展，当代世界发展日新月异，视频、图像、影像等电子媒介已经逐渐取代报纸、书籍等纸质媒介。现代传媒的出现，使得文化传承打破时空界限，时间与空间的隔阂逐渐消除，使得文化传承具备了广泛性与自由性，同时在传承的过程中不断增加知识性与娱乐性，产生出独特而强大的创造力、冲击力、传播力和感染力。例如：央视拍摄的《舌尖上的中国》，通过对中国传统美食的介绍唤起人们对以往生活的怀念和追寻，通过电视媒介将传统文化中的美食文化在青少年群体中传承下来；许多电视台通过对中国各地民俗文化风情的介绍，在吸引大量的游客的同时，也传承了文化。所以，当代人们的生产生活方式被各种电子视听全面覆盖，并深受影响，电子媒介传承将成为文化传承的主导。因为"每一个社会成员不再是旧格局下被动的信息接受者，而是网络传播格局中不可忽视的信息选择主体、内容创造主体、传播发布主体。"利用电子媒介进行文化传承成为当代文化传承的主要方式和手段，挤占了过去传统的传承渠道。越来越多的人知道和了解传统文化不是通过日常生活的言行传承，也不是纸质媒体，而是电子媒体。电子媒体在大众生活中的无孔不入，使得人们随时随地都有可能接触到媒体所传播的信息。在电子媒介传承的语境下，广告文字、电影、电视、网络等传承方式，让我们处处感受到一种传统文化的魅力。

所以，我们要重视电子媒介的传承方式，不断完善和提高科技发展能力，充分依托现代数字化多媒体技术，加大对传统文化内容的挖掘，创造生产出更多令人喜闻乐见的优秀作品。首先政府要充分关心和支持依托数字媒体技术对优秀传统文化的创造开发，在国家行政立法、政策制定、体制保障、制度完善、管理优化等多个方面进行支持；其次是要积极将中国古代文化典籍资源开发挖掘进行数字化工作，并且积极推进将国家非物质文化遗产进行数字化工作，要积极培育和鼓励发展中国优秀传统文化创意创新产业；再次是要不断探索挖掘出利用电子媒介传承传统文化新途径新方法；最后认真学习西方部分发达国家充分利用电子媒介技术传承优秀传统文化的方式方法。

虽然现代科技作用下的电子媒介使受众比言行传承受到更为深刻的感染，但是这种传承仅仅只形成了视觉上的冲击，缺少了人作为主体的身体力行，缺少相关的亲身经历和记忆，所以，这种传承也仅仅只是浅表性的传承。另外，技术也是有限的，并且还存在异化的危险，不同技术使用者对传统文化的理解也会不同，技术使用者对传统文化的理解也会产生偏差，所以很多传统文化内容无法借助现代电子媒介来完整深刻的体现或保存，而仅仅作为一种"机械复制"。因此，现代电子媒介不可能成为完全取代传统传承文化的媒介，言行传承有着悠久的历史，并有其便利性、深刻性和历史性。科学技术的发展和进步，不能只是一味地促进和推动传统文化的创新传承，而可能遗失掉最具创造性的文化因素。技术仅仅只能作为辅助的手段，只有人自身才是最主要的传统文化的承载者。

（六）发挥文化场馆的传承作用

文化场馆是传统文化传承的集散地，提供一种可触摸的、具象化的、体验式的现实载体，是人与传统文化交互碰撞影响的传承空间，是展品、参观者和社会文化交互碰撞的学习空间，可以在相对有限的实体空间内，囊括传统文化精髓，以丰富多彩的形式展示传统文化精髓，切实增加参与者的了解度和亲近感。文化场馆具有范围广、内容短小精炼、简单直观、氛围浓厚、场域独特、周期长、影响大等特点，在传承优秀传统文化方面发挥不可替代的作用。文化场馆或传统文化体验馆的建立，为传承艺人们技能的发挥、文化的传承提供了更广阔的平台，保护了优秀传统文化传承的积极性。文化场馆还能为热爱传统文化的青少年提供一定的实习、就业机会，让更多的年轻人亲身参与优秀传统文化的传播与发扬中。所以我们要高度重视文化场馆在优秀传统文化传承中的作用，积极研究和制定充分利用文化场馆进行文化传承的方案和制度。第一，是积极增加场馆数量，政府要加大文化场馆建设的支持力度，扶持和鼓励民间文化场馆的建设；第二，要科学规划、主题明确，充分加强文化场馆的内涵建设，根据文化场馆的不同功能和主题进行设计，不断增强文化场馆的内涵、特色和吸引力，提升文化场馆开展文化传承的效率和作用，使市民自觉自愿地接受传统文化的熏陶；第三，实行鼓励引导多元投入的建设投入方针，试行"政府总负责，全社会总动员和广泛筹资"的建设投入机制，为文化场馆建设提供资金保障，针对市民实行免费开放的政策，体现公益性和市场性的有机结合；第四，在文化场馆建设中还要城乡统筹，有所侧重，和谐统一的做法，在城市中注重建设高规格、高品位具有标志性的文化场馆，增强城市在文化传承中的辐射力、影响力和竞争力，成为优秀传统文化传承的主要基地，同时还要考虑乡村群众对传统文化的需求，加强农村文化场馆建设，重点建设反映中国传统文化中美风良俗的场馆建设，另外还要积极与学校、科研院所、家庭社区以及其他机构合作、使文化场馆融入社会之中；最后，根据文化场馆的特点，政府要不断提高管理效率，完善管理制度，确保文化场馆的健康稳定运行。

（七）加强文化立法，为优秀传统文化传承提供法律保障

加强对优秀传统文化传承法律制度保障从根本上确保优秀传统文化传承的保证，是中国当代法治国家建设的重要组成部分。优秀传统文化传承的法律保障体现了国家对人民享有文化权利法律保护充分体现。如果失去完善的法律体系保障和良好的制度运行环境，传统文化的传承将毫无依靠、漂泊不定。通过制定相应的法律制度来规范和保障优秀传统文化的传承，特别是配置完善的知识产权法以保障传承体系的建设意义重大。通过加强传统文化传承的法律法规建设，可以设计优秀传统文化具体的传承措施，规范引导文化

市场主体和传承主体与客体之间彼此的权利和义务，通过划清范围、明晰责任，保证优秀传统文化传承。促进文化主体在进行文化生产和相关文化活动的过程中的合理性与合法化，形成良好的秩序，减少文化领域内部或与外部的纠纷、摩擦甚至是对立冲突，避免不正当竞争，规范市场行为，最终实现文化领域资源的合理配置，实现优秀传统文化在法律体系框架内有序化、规范化传承。经过多年的努力，我国虽然制定了一系列的法律制度来保障优秀传统文化的传承，但是相较于我国文化内容的丰富和世界其他国家的有益借鉴，仍然存在许多不足。比如说我国在优秀传统文化传承的立法还存在较大欠缺，在传承的许多领域，法律还是一片空白，另外部分领域的立法层次较低，无法形成有力的法律保障。优秀传统文化传承的立法保护关系优秀传统文化传承能够形成长效机制，能否从法律制度层面保障国家文化建设。因此第一，加强对优秀传统文化的整理和归纳，系统性的明确需要法律保护的传统文化内容，尽快制定有关文化传承、各类民间艺术保护、各类优秀思想的保护和传承主体的法律制度。构建完整的优秀传统文化传承法律保障体系，对优秀传统文化的内容做好详细的界定和区分，对优秀传统文化传承体系进行各类职能划分，对文化传承中的各项制度的落实、责任的明确做出详细规定，在文化传承法律立法上应当充分尊重文化传承主体的意见，开展立法咨询制度等，摸清梳理好文化传承立法上的难点和重点问题，特别是加强对优秀传统文化中美风良俗的法律保护。第二，进一步分清传承主体与客体二者之间在法律上的权利与义务。根据对象目标的原则，传承主体与客体分别是优秀传统文化传承过程中的承载者和接受者，构建优秀传统文化的现代传承体系就是保护传统文化遗产的拥有者和传承人。而要保护拥有者和传承者，最重要的前提就是明确双方各自承担的权利和义务。所以，应通过立法对优秀传统文化传承主体与客体，以及传承过程的进行责权利的明确，充分保障传承主体、客体和传承内容、过程在法律上的地位和权利。法律和制度应当充分保护文化传承者的各项权益，使得优秀传统文化在产业化经济化的过程中实现效益的最大化，也使得优秀传统文化在被消费使用的过程中，在受到法律制度保障的同时，还能实现经济与社会效益二者协调统一。第三，系统化的构建政府与民间两者在文化传承过程中协调统一的法律保护机制。优秀传统文化的传承不仅仅是政府一方的责任，更需要全社会所有机构和成员的共同参与，特别是民间群众自发共同的参与，这就需要我们在制定文化传承法律的过程中，首先要明确政府的责权利，确保政府在文化传承中的地位，规定政府参与的范围和内容，特别是要重点确保政府在文化安全、文化发展政策、文化资金筹措、文化保护等方面的积极行为；其次，还要充分调动民间各种力量的主观能动性，鼓励民间大众积极广泛的参与，使民间对文化传承的行为上升到法律层面。通过对民间力量的鼓励和引导，使文化传承在全社会形成共识，产生合力。最后，还要通过法律强制制约作用可以充分保障中国优秀传统文化的传播的有效性和广泛性，它既能保证优秀传统文化传播的效率，又可以保证优秀传统文化的安全。通过立法建立传统文化的防御体系，保障我们国家优秀传统文化免受外部西方资本主义腐朽文化的过度冲击，使广大人民群众自觉地维护国家文化安全，以高度负责的文化自觉和文化责任感，保护传统文化在世界范围的传承，营造一个和谐的与世界各民族文化交流合作的氛围。

（八）积极实施"走出去"战略，推广中国优秀传统文化

文化起源于交往实践。马克思指出："语言也和意识一样，只是由于需要，由于和他人交往的迫切需要才产生的"当今世界正处在大发展大变革大调整时期，世界多极化、经济全球化深入发展，科学技术日新月异，各种思想文化交流交融交锋更加频繁，文化在综合国力竞争中的地位和作用更加凸显，维护国家文化安全任务更加艰巨，增强国家文化软实力、提升中华文化国际影响力的要求更加紧迫。改革开放以后，中国打开国门，实行自由开放的市场经济政策，从此中国经济、社会、政治、文化等方面取得了巨大成就，中华民族逐渐屹立于世界东方，全世界都开始将眼光聚焦在中国。所以在当代，中国优秀传统文化传承面临近现代以来前所未有的大好时机。所以我们要加大实施中国优秀传统文化走出去和引进来的力度，积极向世界推广和传播中国优秀传统文化。

第一，要立足当前具体国情，制定中国优秀传统文化走出去和引进来各项发展战略。我们要将中国优秀传统文化与世界各民族文化交流合作当做实现国家民族富强的重要组成部分，把振兴民族文化和对外推广传播优秀传统文化上升到事关国家民族前途命运的高度，纳入国家发展战略，明确以政府为主导、鼓励企业、社会组织和个人积极参与的实施主体，形成文化走出去的合力，传递中国形象，不断增强中国优秀传统文化的感染力、辐射力和影响力。

第二，打造多元化的文化走出去渠道。文化交流的渠道是多元化的，不同的传播渠道有着不同的特色与优势。我们要打造多元化的交流沟通渠道，丰富中国优秀传统文化走出去和请进来的途径。我们要运用各种形式和手段，包括巡演巡展、汉语教学、学术交流和互办文化年等，进一步推动中华优秀文化走出国门、走向世界，增强国际影响力。我们在坚持依靠政府主导强力

推进方式的基础上,进一步重视经济传播文化的渠道,拓展教育交流合作的渠道,加强大众媒介传播的渠道,积极推行人际传播的渠道,充分调动社会组织和民间个人的积极性,将政府推动与社会民间组织相结合,努力形成宽视角、多领域、全覆盖的对外文化交流合作新局面和新水平。

第三,创新传统文化传播方式,不断提升中国优秀传统文化走出去的影响力和创造力。发挥市场在文化资源配置中的积极作用,创新文化走出去模式,为文化繁荣发展提供强大动力。尽管在现代通过杂志、网络、多媒体、新媒体、电影电视等传播媒介以及传统的经济交往和文化合作交流途径上加载的文化信息和文化产品具有很强的直观性和传播力,但是却很难改变另一国国民的文化观念和行为。正如鲁思·本尼迪克特(Benedict Ruth)认为,文化是一个民族、群体形塑他们生活的"模具",正因为人们的生活长期以来已被"模具化",要通过文化的传播来改变对方是很难的。因此,我们必须创新文化走出去模式,积极发挥市场效应,通过民间社会的商业的文化传播模式,通过文化产品来传递优秀传统文化。因此,我们要在处理好经济效益与市场效益的基础上,积极对传统文化进行产业化和市场化的开发,发展健康文化产业。另外,加快文化体制改革与创新,调整文化利益大格局,不断激发文化产业的效益和积极性,增强传统文化走出去的实力与活力。党的十七届六中全会也在文化体制改革方面,提出了以要加强通过市场对资源进行配置,扶持民营企业快速发展,要调整文化产业和企业结构,早日形成以公有制企业为主体、其他多种所有制企业共同发展繁荣的文化产业发展新局面。

(九)树立文化安全意识,抵御文化霸权

国家文化安全,是一个涉及国家民族文化主权、文化形象、民族精神创造力、综合国力以及国家长治久安的战略性问题。在全球文化日益多元化发展的今天,文化安全更加成为影响和制约民族国家生存和发展的重要战略安全中非常重要的一部分。冷战结束以后,虽然和平与发展成为当今世界的主题,但是在经济全球化的冲击下,当前我国文化发展依旧面临非常复杂的形势:"既要参与经济全球化的历史进程,又要抵御西方国家推行的文化霸权和文化殖民即全球化进程中强势文化形成的超时空、跨地域的浪潮,正在有力的冲击着以民族国家为基础的世界文化存在的全部合法性与合理性"。既要大力传承中国优秀传统文化,又要应对处理好我国社会向现代转型过程中的西方落后腐朽价值理念和文化商品化倾向在中国思想心理、文化领域的渗透和冲击。因此,文化安全是国家安全综合体系中一个非常重要组成部分,对于确保和维护国家政治、经济、军事等各项安全具有非常重要的意义。

第一，坚持马克思主义指导地位的不动摇，加强文化改革创新，加快推进中国特色社会主义文化建设的步伐。"一个国家的民族文化的兴衰根本上取决于文化自身能否随着历史的步伐不断前进、不断创新。"只有不断提升整个民族创新创造能力，打破思想的固化和僵化，不断更新整个民族的思想与观念，才能使国家民族传统文化永远郁郁葱葱蓬勃发展，实现整个人类文明的共同繁荣与共同发展。维护国家文化安全并不是维护传统文化和现代文化的纯洁性，也不是拒绝外来文化的影响和渗透，而是保障和促进传统和现存的民族文化沿着先进性的方向发展。拒绝接受外来文化，决绝原有文化的更新改造，不仅在过去没有成为维护文化安全的有效手段，而且在今天更不可能真正维护国家文化安全。一个民族国家文化要想在全球化的竞争中，不被淘汰，充满竞争力，充分保障国家民族文化主权，最核心的就在于自身的文化符合文化本身发展客观规律，能否代表文化发展的方向，能否代表最广大人民的根本利益，能否成为先进文化为解决全人类面临的困境提供有效对策。对于中国而言，就是在优秀传统文化推广传播的过程中，能否始终坚持马克思主义基本原理的指导地位，能否将马克思主义基本原理与中国革命建设的具体实践相结合，能否不断实现中国特色社会主义建设新飞跃新进步。因此我们必须坚持将马克思主义基本原理作为社会主义的主流意识形态，坚持以社会主义核心价值观为引导，核心价值体系为保障，努力推进中国特色社会主义文化建设取得新成就。只有当中国自身成为社会主义文化强国后，我们才能有实力和有能力保护自己的民族文化，抵制西方腐朽没落的文化。

第二，建立系统完善的国家文化安全预警机制。优秀传统文化在海外传播过程中还要特别注重文化安全的保护，必须通过建立系统化的文化安全预警防护机制来保护传统文化在海外传承的过程中的安全。"国家文化安全预警是指一个国家根据本国国家整体利益的需要，对文化运行状态所可能威胁到它自身以及整个国民经济和社会发展的安全状态进行监测，并在此基础上做出预期性警示评价和对策的国家文化安全的政策过程和反应控制系统。"开展文化安全预警首先必须做好对文化传播过程中相关性数据的采集和分析工作，对文化传播的时态进行监测、整理和评判，及时掌握了解文化传播过程中的存在各种风险隐患，及时对文化安全状态做出评估，系统的构建预警体系，在遇到文化安全挑战时能够快速反应，及时发布预警信息。国家文化安全预警机制是确保优秀传统文化有效传承的保障，也是对国家对文化进行宏观调控的有效手段，是国家积极有效应对各种国际文化霸权和腐朽文化渗透的重要屏障，是国家文化有效规避风险，抵御西方文化冲击和挑战的重要保障。科学、高效、系统和完善的国家文化安全预警机制主要包括以下几个方面：第一，明确监测预警各类对象，划分好预警监测的范围，例如：需要将文化产业、文化传媒、文化生态、文化技术、文化市场、文化语言、文化网络等领域确定为事关文化安全的预警监测对象，实施全方位全时段的重点监测；第二，加大政府对文化市场监控监管的力度，加强对文化商品进出口贸易的规范管理和检查监督，建立健全相关文化产业投资风险评估审核和综合安全管理体系；第三，积极借鉴国内外对于开展国家安全保护体系建设的先进措施，构建符合中国国情的文化安全预警机制；第四，加强对文化安全研判与分析，及时对西方各种强势文化或者腐朽文化的发展和威胁进行预见性和警示性或惩戒性反应。

参考文献

[1] 王思义. 中国传统文化与企业管理的民族特色 [M]. 沈阳：辽宁大学出版社，2000.2.

[2] 吴定求. 论中国传统义利观的历史和现实意义 [J]. 山东社会科学，1996，(8).

[3] 李家珉. 论中国传统文化价值取向的特征及转型 [J]. 上海电力学院学报，1995，(5).

[4] 陈明芳，陈小凤. 浅析中国传统文化的价值取向——"信" [J]. 中南民族大学学报（人文社会科学版），2007，(6).

[5] 刘丹. 新时期以来中国戏曲美学研究的回顾与反思 [D]. 山东师范大学，2016.

[6] 李娇璐. 探究中国戏曲艺术对中国舞蹈的影响 [D]. 山东师范大学，2011.

[7] 楚小庆. 全球化格局与中国戏曲发展的若干问题 [J]. 艺术百家，2011，27（01）：17-24.

[8] 吴馨. 全球化语境下的中国画艺术延展与创新思考［J］. 北方文学旬刊，2017（2）：35-36.

[9] 夏美娟. 关于中国画艺术语言创新与转化的思考［J］. 戏剧之家，2014（1）：99.

[10] 李先逵，郑孝燮，罗哲文，等. 小城镇及村庄规划建设中的历史文化城镇和古民居保护 [J]. 小城镇建设，2000（4）：28.

[11] 周鸣鸣. 中国传统民居建筑装饰的文化表达 [J]. 南方建筑，2006（2）：116-119.

[12] 中国营造学社. 中国营造学社汇刊 [M]. 北京：国际文化出版公司，1997.

[13] 陆元鼎，杨谷生. 中国民居建筑 [M]. 广州：华南理工大学出版社，2004.

[14] 刘加平. 关于民居建筑的演变和发展 [J]. 时代建筑，2006（4）：82-83.

[15] 罗文媛，赵明耀. 建筑形式语言 [M]. 北京：中国建筑工业出版社，2001.109-255.

[16] 王振复. 中国建筑的文化历程 [M]. 上海：上海人民出版社，2000.22-27.

[17] 孙大章. 中国民居研究 [M]. 北京：中国建筑工业出版社，2004.

[18] 黄保源. 中式民居建筑空间的魅力 [J]. 广西艺术学院学报，2005，19（3）：89-90.

[19] 徐东. 中华民族服饰文化［M］. 北京：中国纺织出版社，1996：101.

[20] 周锡保. 中国古代服饰史［M］. 北京：中国戏剧出版社，1984：78.

[21] 叶立诚. 服饰美学［M］. 北京：中国纺织出版社，2002：66.

[22] 华梅. 人类服饰文化学［M］. 天津：天津人民出版社，2001：92.

[23] 张竞琼. 现代中外服装史纲［M］. 上海：中国纺织大学出版社，1998：46.

[24] 张岂之. 中国传统文化［M］. 北京：高等教育出版社，2001：28.

[25] 王受之. 二十世纪世界时装［M］. 广州：岭南美术出版社，1986：81.

[26] 催荣荣. 现代服装设计文化学［M］. 上海：中国纺织大学出版社，2001：22.

[27] 赵荣光，谢定源. 饮食文化概述 [M]. 北京：中国轻工业出版社．2001．

[28] 胡兆量. 中国文化地理概述 [M]. 北京：北京大学出版社．2001．

[29] 仓阳卿. 中国养生文化 [M]. 上海：上海古籍出版社，2001．

[30] 洪烛. 中国人的吃 [M]. 北京：中国文联出版社，2012.

[31] 吴尚平. 浅论中国茶俗文化在民族文化中的地位 [J]. 农业考古，1996（2）：59-64.

[32] 贾之曦. 论中国茶文化的内涵 [J]. 茶博览，2013（17）：129-134.

[33] 陈功. 中国的茶礼俗 [J]. 衡阳师范学院学报（社会科学），2001（1）：106-110.

[34] 施由明. 论中国茶文化在中国传统文化中的地位 [J]. 艺术探索，2014（19）：86-89.

[35] 孙状云. 茶文化的弘扬与发展 [J]. 农业考古，2015（5）：32-37.